本书系浙江工商大学东亚研究院暨日本研究中心后期资助项目成果

本书为 2018 年度国家社科基金重点项目"明清日琉汉文行记的整理与研究"
（课题编号：18AZD030）中期成果

浙商大日本研究丛书

江静 主编

# 坐看风云起
## ——日本室町时代史研究

陈小法 著

中国社会科学出版社

# 图书在版编目（CIP）数据

坐看风云起：日本室町时代史研究 / 陈小法著 . —北京：中国社会科学出版社，2019.11

（浙商大日本研究丛书）

ISBN 978-7-5203-3820-2

Ⅰ.①坐… Ⅱ.①陈… Ⅲ.①日本—中世纪史—研究—室町时代 Ⅳ.①K313.330.7

中国版本图书馆 CIP 数据核字（2018）第 292141 号

| | |
|---|---|
| 出 版 人 | 赵剑英 |
| 责任编辑 | 陈雅慧 |
| 责任校对 | 王佳玉 |
| 责任印制 | 戴　宽 |

| | |
|---|---|
| 出　　版 | 中国社会科学出版社 |
| 社　　址 | 北京鼓楼西大街甲 158 号 |
| 邮　　编 | 100720 |
| 网　　址 | http://www.csspw.cn |
| 发 行 部 | 010-84083685 |
| 门 市 部 | 010-84029450 |
| 经　　销 | 新华书店及其他书店 |
| 印刷装订 | 北京君升印刷有限公司 |
| 版　　次 | 2019 年 11 月第 1 版 |
| 印　　次 | 2019 年 11 月第 1 次印刷 |
| 开　　本 | 710×1000　1/16 |
| 印　　张 | 23 |
| 插　　页 | 2 |
| 字　　数 | 321 千字 |
| 定　　价 | 108.00 元 |

凡购买中国社会科学出版社图书，如有质量问题请与本社营销中心联系调换

电话：010-84083683

版权所有　侵权必究

# 序 一

古代中国发明汉字、礼仪开化在先，官方正史向来有为周边民族或国家立传记史的传统，以辨华夷之别，天下之大。公元1世纪东汉班固所著《汉书》的"地理志·燕地"条记述曰："乐浪海中有倭人，分为百余国，以岁时来献见云。"此19个字，即中国正史对日本的最早记述。200年后，陈寿的《魏志·东夷传》中有关日本记述的篇幅猛增百倍，内容之丰富、翔实，远超《汉书》，但因方位记述语焉不详，留下邪马台国在哪里的千古之谜。此后历朝中国正史的外国传皆列入东瀛，国号亦先后记作"倭""倭国""日本"等。但说到研究，却远远滞后。

至少到明代中期的成化至嘉靖年间，备受"北虏南倭"袭扰的明朝人，开始研究日本。直浙总督胡宗宪挂名主编的《筹海图编·倭国事略》，与军中幕僚郑若曾的《日本图纂》《日本国考》，以及南京守备李言恭等《日本考》、常州训导薛俊的《日本考略》、出使日本的郑舜功的《日本一鉴》等十余种图书问世，涉及日本的历史沿革、山川形势、语言习俗，其重点在探讨倭寇的缘起、兴衰，附议平定倭寇之策。万历朝鲜之役期间，明人再次关注丰臣秀吉治下的日本。可以说，自明代起，正史中的日本不再安分。国防安全也成为研究日本的新内容。

进入近代，伴随资本主义世界市场的组建，欧美列强西力东渐，东亚面临未曾有的大变局。日本开港后的幕末改革走在洋务运动的前头，一场明治维新更决定性地拉开中日两国近代发展的差距。明治年间，日本侵台湾，吞琉球，发动中日甲午战争、日俄战争以及吞并韩国，中日关系遭到彻底扭曲。大正年间的"二十一条"要求，昭和初期逐步升级的侵华战争，中国学人的日本研究，不得不直接面对中华民族生死存亡的重大现实问题。故近代以来，除了学术性思考，更多的现实性需求，成为中国研究日本的思维方式。在近代的不同时期，日本政府或各类日本人游移于敌乎、友乎、师乎之间，陆离光怪，景象万千。在中国周边国家之中，能像日本这样影响近代中国命运的国家，屈指可数。清季至民国，有关日本研究的成果林林种种，不一而足。特别是戎马倥偬的抗战岁月，中国学者在艰苦卓绝之中坚持日本史研究，其治学与报国的精神令人钦佩。

1949年中华人民共和国成立后，周一良、吴廷璆、邹有恒先生等第一代学者筚路蓝缕，为日本研究奠基。1972年中日邦交正常化，为学术互动开创了有利条件。除1976年井上清教授来北京大学主持日本近现代史讲习班之外，日本史研究进展不大。1978年改革开放以来，中国的日本史研究进入学术史上的最好时期，在创新观点、成果积累、人才培养、国际交流等方面前所未有地活跃兴旺。特别是日本史研究资料的大量获取与积累，结束了理论见长，但资料不足的失调。1990年前后，日本六兴出版社推出多卷本的"东亚视野中的日本史"系列，标志着第二代中国日本史研究者的学术水平得到日本学术界的承认；1997年浙江人民出版社出版的《中日文化交流史大系》，将中日学者的合作研究推向新高峰。嘲笑中国日本史研究不过是"中小学生水平"的说法已是明日黄花，对等交流成为主流。

进入新世纪，学术研究群体在新老交替过程中，实现了年轻化、高学历化、国际化和多元化。第三代、第四代学者成为中国日本史研究的中坚，日本史教学科研的主力军，他（她）们接过老一代学者的接力棒，开拓前进，再创新业绩。在此期间，国家和地方政府加大了对人文学科，包括日本史研究的资金投入，如同南开大学日本研究院多卷本的"日本现代化研究"丛书、"近代以来日本对华认识"系列研究等力作陆续推出，展示了日本史教学科研的新成果和阵容。与此同时，网络时代的"草根史学"兴起，日本史研究不再一枝独秀于讲坛史学的象牙塔，网络化、社会化日新月异。中国的日本史研究的发展前景，令人鼓舞。

新时期的中国日本史研究业绩显著，也面临着新老问题与挑战。例如，日本史的学术研究与现实关注如何协调，基础研究与应用研究如何配置，援引与创新如何兼顾，各断代史如何均衡发展，跨地区与跨国别研究如何推进，老一代治学风范和业绩如何发扬光大，国际接轨与争取中国学者的学术话语权，等等。

回顾古代中国正史外国据实记史的传统，点检近代以来中国日本史研究的历程，基于东亚和平、中国的国家安全、中日博弈与共赢等现实问题的思考，愈加需要客观把握一个真实的日本。发现日本人身在列岛却未必能想得到、看得到并能认识清楚的日本问题，已经是新世纪中国研究日本的新课题。在日本史研究理论、视角、思路、资料运用等方面，展现中国学人的治学特色，进一步创建中国日本史研究体系，可谓任重道远。

因此，浙江工商大学推出"日本研究丛书"，可谓恰逢其时。按照分辑出版、每辑多部的节奏，推出东方语言文化学院与东亚研究院教师的最新科研成果，努力再现浙东学人精心治学、勇于创新、知行合一的学风，突出注重日本文化研究的特色。对此，应该点一大赞。作为希望，谨提两点：其一，此丛书力求学术研究不拘一格，精益求精，凸显新时期中国日本史学术研究的新面貌。其二，与全国其他地区的学人互通声气，切磋学艺，再创佳绩。东西南北携手合作，共同扩展中国学人的日本史解释体系，为创建中国特色日本史研究体系添砖加瓦。盛举可期，可庆可贺！

是为序

宋成有
于北京海淀蓝旗营
2018年11月28日

# 序　二

说到浙商大的日本研究，大致可分为两个阶段。

第一阶段始于1989年杭州大学日本文化研究所的成立，终于2004年研究所移砚浙江工商大学，为时15年。其间的1998年，因杭州大学并入浙江大学，研究所更名为"浙江大学日本文化研究所"。2001年，研究所创始人、所长王勇教授在《中日关系史论考》（2001年）一书的前言中，对于研究所的基本方针和多年成就有如下言简意赅的总结：本所创建之初，确立了"立足本地，放眼世界；开门办所，促进交流"的基本方针，通过共同申请课题、举办国际会议、出国讲学进修、邀请专家讲演等方式，不仅与国内同行建立起良好的合作关系，成为国内日本文化研究的重要基地之一，而且开拓了与日本、韩国、欧美学界的交流渠道，为中国的日本研究与国际接轨做出了微薄的贡献。笔者以为，这一阶段，研究所在研究内容和研究方法方面，都形成了自己的特色和风格。具体而言，研究内容以中日文化交流史为主，研究方法表现为重视资料的搜集、整理和保存，以建立在原典解读基础之上的实证研究为主要方法，同时，注重与日本学界的交流与合作，对于日本学界的最新研究成果有充分的吸收和客观的批判。代表性成果首推十卷本中日文版《中日文化交流史大系》。这一时期的日本文化研究所作为中国学界研究日本文化的一大重镇，受到中日学界的广泛关注。

2004年4月，在王勇、王宝平两位教授的带领下，日本文化研究所移师浙江工商大学，承时任校长胡祖光教授鼎力支持，我们成立了只有一个专业的日本语言文化学院,从此开启了浙商大日本研究的新时代。时光荏苒,转眼间,我们已在浙江工商大学度过了近15个春秋。15年间,我们的日本研究人员由最初的7名增至26名,大多具有海外留学背景,部分成员通晓中日韩三国语言,形成年龄结构合理、锐意进取、勇于创新的研究团队。我们拥有两个省部级科研平台:教育部区域国别研究中心"日本研究中心"、浙江省哲学社会科学重点研究基地"东亚研究院"。我们也是日本国际交流基金海外日本研究据点之一。我们相继获得"日语语言文学""亚非语言文学"硕士学位授予权和"外国语言文学日本及东亚研究方向"博士授予权。与前一阶段相比,我们的研究视野和研究领域由日本扩展至东亚,开始把东亚国家作为一个有机联系的整体进行综合研究,并将日本置于整个东亚乃至全球的视域来认识与考察。我们的研究内容也在保持中日文化交流史研究特色的同时,开始关注东亚三国语言、文学、国际关系和经济贸易等。我们的研究方法也有了新的变化,除了坚持在文献考证与田野调察基础之上对研究对象进行细致入微的考察与分析,也开始寻求实证研究基础之上的理论构建和理论创新,并开始关注现实问题的研究。

今年,恰逢日本文化研究所成立三十周年,也是浙商大日本语言文化学院(2015年因新增阿拉伯语专业而更名为"东方语言文化学院")成立十五周年。三十年,在历史长河中只是稍纵即逝的瞬间,可是,对于浙商大日本研究者而言,却是极不平凡的三十年,有创业的艰辛,有失败的痛苦,也有成功的荣耀;有王勇、王宝平等前辈学者勇立潮头、运筹帷幄的智慧与担当,也有后继者们淡泊名利、不辞辛苦的进取与奉献。为纪念这段历史,展示近些年的研究成果,也为鼓励我们的研究人员继承前辈的事业、潜心学术、砥砺前行,我们策划了《浙商大日本研究丛书》的出版。

本丛书系浙江工商大学东亚研究院和日本研究中心研究成果之一。丛书既然冠以"浙商大"之名,也就意味着丛书的作者们与我校有着或深或浅的关系。或是我校特聘专家,或是我校专职教师,或是我校兼职研究员，或是我校毕业生，总之，皆是我们的"自家人"。就收书范围而言，可以是学术专著，也可是论文集；文风肃穆井然也好，轻松诙谐也罢，皆无限制。我们只有一个要求：所有的著作皆需出自严谨的学术态度，遵守规范的学术道德，是长期积累、精雕细琢的学术精品，而非粗制滥造、追逐名利的学术垃圾。

"志之所在，逾于千里"。我们相信，我们的研究者们既有"著书不为稻粱谋"的品格和境界，也有"但开风气不为师"的勇气和胸怀，能以"鹰击长空，鱼翔浅底"的学术追求和学术自由，以"舍我其谁"的责任与担任为中国的日本研究做出应有的贡献。

有所望焉！是为序。

江　静
2019年1月7日

# 自　序

　　长期以来，每当论及中国人的日本研究水准及态度之际，人们就会想起民国时期戴季陶的名言，他说："中国这个题目，日本人也不晓得放在解剖台上解剖了几千百次，装在试验管里化验了几千百次。我们中国人却只是一味地排斥反对，再不肯做研究工夫，几乎连日本字都不愿意看，日本话都不愿意听，日本人都不愿意见。这真叫作思想上闭关自守，智识上的义和团了。"这段耳提面命的训诫影响了几代人，直至如今，仍被广泛引用。

　　吟味戴氏的上述评论，应基于当时国人对日本政治懵懂无知、藐视日本文化等认识误区有感而发，但是否也有为其《日本论》一书的集辑出版而造势之嫌？真情不得而知。然而笔者所关心的是，国人日本研究的历程和心态果真如戴氏所言吗？

　　《日本论》一开始，戴氏就提出"除了三十年前黄公度先生著了一部《日本国志》以外，我没有看见有什么专论日本的书籍"。可见，在戴氏看来，中国的日本研究者中，唯有黄遵宪一人可入其法眼。

　　众所周知，黄遵宪的《日本国志》正式出版于1887年，这部40卷的巨作，被张之洞誉为"出使日本者必不可少之书目"。那么，在黄遵宪之前和之后，中国的日本研究情况又如何呢？

　　出于不同历史原因，中国历史上曾出现过几次日本研究的高潮。且不说较远的明代，为了抗击倭寇曾出现了《日本考》（李言恭、郝杰)、《日本一鉴》(郑舜功)、《日本风土记》(侯继高)等一批优秀的著述外，就戴氏提到的黄遵宪时代而言，大量知识分子的东游日记为时人多角度、生动地呈现了日本的社会风貌，而姚文栋的《日本地理兵要》(1884年)和黄遵宪的《日本国志》(1884年)、叶庆颐的《策鳌杂摭》(1884年)、陈家麟的《东槎闻见录》(1884年)、顾厚焜的《日本新政考》(1888年)、傅云龙的《游历日本图经》(1889年)等百科全书式的日本研究，对中国建立相对正确的日本认知来说功不可没。此外，该时期外交官们向政府提交的带有侦察性质的有关日本的报告，质量都较高，这为中国做好防范准备起到了积极作用。这些游记、资料集、报告开创了中国研究日本的新局面，相信并非是戴氏一言而能略之的。

不能否认，任何研究都会囿于时代。但平心而论，中国的日本研究在相当长的时期内遥遥领先于日本的中国研究。不仅如此，中国也是世界上最早记载和研究日本的国度。若要研究汉字传入之前的自家国史，如不凭借中国史料而仅凭考古发掘等手段，就连日本学界的研究都极易沦为无源之水抑或空中楼阁，面临孤证难立之风险和窘境。甚至可以说，任何一位研究日本古代史的专家，无论国籍如何，都不能无视中国历朝历代所积累的日本传记资料和研究成果。而为此立下筚路蓝缕之首功者，非历代正史中的《日本传》莫属。

在中国的文化遗产中，史学可谓最辉煌的一个篇章。不仅史官设置之历史由来甚古，而且中国史学所用的体裁也相当进步和科学。最难能可贵的是，中国的史家犹如法官，秉承"寓褒贬、别善恶、重名分、严内外"之春秋笔法，坚守"中正"之史学精神，雄踞世界史林之首，为后人留下了浩瀚而弥足珍贵的文献。就正史中关于日本的记载而言，始于《后汉书》，止于《清史稿》，时间跨度达到1500余年。如此延绵不断的外国历史记载之传统，无人能出中国之右。

历代正史中列有"倭""倭人""倭国""日本""日本国"专条的共有16种17篇，它们分别是《后汉书》(倭)、《三国志》(倭人)、《晋书》(倭人)、《宋书》(倭国)、《南齐书》(倭国)、《梁书》(倭)、《南史》(倭国)、《北史》(倭)、《隋书》(倭国)、《旧唐书》(倭国)、《旧唐书》(日本国)、《新唐书》(日本)、《宋史》(日本国)、《元史》(日本)、《新元史》(日本)、《明史》(日本)、《清史稿》(日本),它们主要为后人提供了日本列岛各时期的地理、社会、政治、习俗以及各时期中日通交往来的情况。记载有繁有简,有主有次,现在读来,尽管免不了猎奇、传闻甚至谬误之成分,但在通交往来限山隔海之时,信息传递迟缓落后之世,这些记载应该显示了当时中国人认识日本的最高水准。

因此,对待中国的日本研究,诚如《大学》所告诫的"人莫知其子之恶,莫知其苗之硕"一样,要有所知,有所明。中国的日本研究确实存在历史局限、视野狭窄、自大思想等"子之恶"的问题,但关键是要有自知之明,知其恶源,摒弃恶行,否则将是夜郎自大,后患无穷。同时,也要正确评价中国在日本研究上取得的成就,明了自己"苗之硕"之事实,切忌妄自菲薄,不明事理。

如今,东亚局势复杂,中日之间围绕历史认识、领土纷争、海洋冲突等问题关系紧张,互信下降,前途雾里看花。不过,我们可别忘记自己手中所持的一件法宝——历史的经验与教训。历史往往有其惊人的相似之处,纵观中日几千年的关系轨迹,又何尝不是如此呢?因此,我们应该深挖历史底蕴,谋划未来蓝图,正所谓他山之石可以攻玉。

因此,笔者认为拙著所涉及的日本室町、战国时代史研究是非常有必要、有价值的。然而与日本古代史、近现代史相比,上述两个时代的研究似乎还是略显薄弱,成果并不是那么多。从研究专著来看,吉林大学出版社1992年出版的宿久高先生的著述《日本中世文学史》可以说是一本较早关注日本中世的研究著作,尽管该书仅以文学为研究对象,但它首启了这个领域的一扇门。2001年,汪向荣和其孙女汪皓出版了《中世纪的中日关系》(中国青年出版社),虽然其内容主要涉及元明时期的中日关系史,但在理解日本中世纪的对外关系上可圈可点之处很多。

到了2009年，台湾三民书局股份有限公司推出了郑梁生先生的大作《日本中世史》，笔者认为，该书向世人展示了当时中国人在此领域的最高水准。众所周知，郑先生是研究明代中日关系史的大家，出版过多部巨作，一年一本的《中日关系史研究论集》一直是我案头的书籍之一，读来爱不释手。2003年我在日本皇学馆大学留学之际通过书信结识了郑梁生先生。自此，我便与郑先生鸿雁传书，相互畅谈各自的研究体会，而郑先生是高产学者，每有新作出版，都会在第一时间送我一本，一直到先生驾鹤西去。

四年后的2013年，大陆学者王金林先生的《日本中世史》（上下）由昆仑出版社出版。王先生是研究日本古代史的专家，日本中世史对他来说犹如顺水行舟，驾轻就熟。上下两册大作，应该是大陆学者日本中世史研究中的代表作了。如此一来，海峡两岸在日本中世史研究上的"两雄并立"之势呈现雏形，共同为世界的日本中世史研究添砖加瓦。

2014年，世界图书出版公司出版了韦立新先生的《日本中世文化研究》，对日本镰仓文化、室町文化的特点进行了较深层次的剖析，又是一本日本中世史特定领域的力作。

无论是资历，还是学识，我是上述几位先生的后辈，不敢撰写所谓的书评，只是他们的大作我都认真拜读过。那么，我为什么还要专门写一本关于日本室町、战国时代的研究专著呢？主要有两个目的：第一，我的专业是明代中日关系史研究，多年来跌跌撞撞也写过一些文章，出版过几本小书。在学习和研究之际，接触最多的自然是日本的中世史，所以很想把自己的一些体会行诸笔端，与大家共享。第二，上述提及的五位先辈的著述中，三部是中世史的某一专题的研究，两部是通史。由于篇幅的限制，室町、战国时代的历史读起来还是有些蜻蜓点水、余味未尽之感，而本书的第二个目的就是希望能弥补这一缺憾。至于结果如何，就要看各位读者的评判了。

本书的写作前前后后经历了五年多的时间，在充分吸收国内已有成果的基础上，也曾多次赴日请教过日本的同行。我在京都国际日本文化研究中心任外国人研究员、神奈川大学非文字资料研究中心担任访问研究员之际,访得不少相关资料,为写作打下了基础。尽管如此,对并非日本中世史专业出身的我来说,这项工作仍然非常艰巨和困难。因此,体例上仍然跳不出一些前人的窠臼,难免落入俗套。内容上的创新点不够多,对学界贡献度可能也不高。

本书的出版,得到了中国社会科学出版社的大力支持,尤其是陈雅慧编辑的鼎力相助,在此表示衷心感谢。

陈小法

2019 年 7 月 1 日

# 目　录

序章　南北朝之缘起 …………………………………………（1）

## 第一章　南北朝的新政与内乱 ………………………………（13）
　　第一节　建武新政 ……………………………………………（14）
　　第二节　"或起兵乱" ………………………………………（19）
　　第三节　南北对峙 ……………………………………………（30）

## 第二章　南北朝的对外关系 …………………………………（49）
　　第一节　与中国的关系 ………………………………………（49）
　　第二节　与高丽的关系 ………………………………………（65）
　　第三节　与琉球的关系 ………………………………………（69）

## 第三章　南北朝的经济与社会生活 …………………………（80）
　　第一节　庄园制的衰落 ………………………………………（80）
　　第二节　农工商的发展 ………………………………………（81）
　　第三节　社会生活 ……………………………………………（83）

## 第四章　南北朝文化 …………………………………………（90）
　　第一节　艺能 …………………………………………………（90）
　　第二节　文学与宗教 …………………………………………（94）

## 第五章　室町将军的政治生涯 …………………………（101）
　第一节　足利义满 ……………………………………（102）
　第二节　足利义持 ……………………………………（122）
　第三节　足利义教 ……………………………………（129）
　第四节　足利义胜 ……………………………………（141）
　第五节　足利义政 ……………………………………（143）
　第六节　足利义尚 ……………………………………（149）
　第七节　足利义稙 ……………………………………（152）
　第八节　足利义澄 ……………………………………（155）
　第九节　足利义晴 ……………………………………（157）
　第十节　足利义辉 ……………………………………（159）
　第十一节　足利义昭 …………………………………（161）

## 第六章　室町时代的内政 ……………………………（166）
　第一节　统治机构 ……………………………………（167）
　第二节　一揆与内乱 …………………………………（169）
　第三节　经济 …………………………………………（174）

## 第七章　室町时代的外交 ……………………………（181）
　第一节　外交奉行 ……………………………………（181）
　第二节　与明朝的关系 ………………………………（182）
　第三节　与朝鲜的关系 ………………………………（209）
　第四节　与琉球的关系 ………………………………（223）
　第五节　与南蛮的关系 ………………………………（230）

## 第八章　室町时代的社会生活 ………………………（235）
　第一节　守护和国人 …………………………………（235）
　第二节　衣食住 ………………………………………（236）

第三节　疾病和医学 …………………………………… (241)
　　第四节　风俗习惯 ……………………………………… (242)

**第九章　群雄纷争与战国大名** ……………………………… (247)
　　第一节　应仁之乱（应仁、文明之乱）………………… (248)
　　第二节　国一揆与下剋上 ……………………………… (256)
　　第三节　战国大名的出现 ……………………………… (260)
　　第四节　战国时期的室町幕府 ………………………… (276)

**第十章　战国时代的经济与生活** …………………………… (280)
　　第一节　经济状况 ……………………………………… (280)
　　第二节　社会生活 ……………………………………… (282)

**第十一章　战国时代的对外关系** …………………………… (294)
　　第一节　对明交往 ……………………………………… (296)
　　第二节　对朝交往 ……………………………………… (303)
　　第三节　对琉交往 ……………………………………… (308)

**第十二章　室町文化** ………………………………………… (311)
　　第一节　佛教的发展 …………………………………… (312)
　　第二节　文学艺术 ……………………………………… (319)
　　第三节　建筑艺术 ……………………………………… (325)
　　第四节　书画艺术 ……………………………………… (330)
　　第五节　趣味与文化 …………………………………… (335)

**参考文献** ……………………………………………………… (343)

# 序　章

## 南北朝之缘起

### 一

与世界各国的权力斗争史相似，日本历史上围绕皇位继承而导致同室操戈的闹剧亦是屡见不鲜。仁治三年（1242）即位的后嵯峨天皇育有三子，长子宗尊亲王为镰仓幕府的第六代将军，也是皇族出身的第一位征夷大将军。次子久仁亲王在四岁时继承皇位，史称"后深草天皇"。而后嵯峨天皇自己建立院政，稳坐"上皇"之位，以进一步巩固自家的政权。但是，鉴于后深草天皇体弱多病，后嵯峨上皇认为他并非理想的皇位继承人。正元元年（1259），上皇强迫后深草天皇退位，三子恒仁亲王即位，是为"龟山天皇"。

被剥夺皇位的后深草天皇自然怨愤，由此埋下了天皇家内讧的祸根，造成历史上皇统的"大觉寺统"和"持明院统"的分裂。在1317年的"文保和谈"中，虽然双方达成"两统迭立"的共识，即双方轮流执掌皇权，但事与愿违，治标不治本。在幕府的掺和下，大觉寺统明显占了上风。更有甚者，大觉寺统中的后醍醐天皇即位后，毅然决定推翻在皇位继承中指手画脚的幕府，从而能使自己的子嗣长期霸占皇位继承权。野心勃勃的后醍醐天皇的这一"天皇造反"举措，可以说直接导致了五十多年的南北两朝的对峙，让日本国土硝烟弥漫，生灵涂炭。

本书就从后醍醐天皇的倒幕行动开始叙说，直至室町幕府灭亡，贯穿了将近两百年风起云涌的日本时代史，内容主要涵盖了南北朝时代、室町时代、战国时代的政治、经济、文化、社会生活以及对外关系等。

中国学者韩毓海在《重新开眼看日本》一文中提到，真正具有日本特色的政治体制是幕府制度，他把这种延续了六个多世纪的制度称为"幕府演义"。虽然幕府制度不断有所变化，但由中央军事贵族集团"幕府"、地方豪族军事集团"守护"以及"守护家臣"这三股势力构成的三足鼎立式的武装统治结构，一直延续至明治维新，甚至依然是今天日本人所理解的"日本固有制度"的最一般形式，是人间正道，是最正常、健康的社会形态。①

众所周知，上述所谓的真正具有日本特色的政治体制——幕府制度始建于12世纪末，开创者是镰仓幕府的第一代将军源赖朝。源赖朝虽然是个精明的领袖，但他杀光了近亲中的几乎所有能人，两个儿子又不成才，所以在1199年他去世之后，源赖朝当年的部下就开始了权力之争，最终其遗孀北条政子和她娘家的男性逐渐掌握了政权，直至1333年幕府灭亡，北条家族始终通过"执权"这一职位把持着镰仓幕府。源氏历尽千辛万苦战胜平氏得来的政权，却未能保住自己后嗣世袭其地位，更具有讽刺意味的是，北条氏属于平氏血统。

幕府大权旁落北条氏引起了朝廷的极度不满。承久三年（1221），后鸟羽上皇从附近的皇家庄园和佛教寺院纠集了一批武装力量，准备推翻幕府。其结果是朝廷方大败，包括后鸟羽在内的三位上皇遭到流刑，许多公家庄园被没收，参与讨幕计划的许多贵族与武士亦被处死，而京都则增设"六波罗府"，以加强对朝廷的监视，史称"承久之乱"。自此之后，朝廷丧失了拥有军队的权力，皇位继承及朝廷政治也由幕府决定，国家权力严重倾向武家。平衡在京都和镰仓之间的政治、文化力量一旦被打破，推动历史进程的

---

① 韩毓海：《天下：包纳四夷的中国》，九州出版社2011年版，第4—31页。

动能便会应运而生，而这运势的推手就是上文提到的后醍醐天皇。

历经艰辛推翻了镰仓幕府的后醍醐天皇如愿开始亲政，实行带有理想主义色彩的"建武中兴"，导致国家权力的天平过于倾向于公家，于是以足利尊氏为代表的武家力量开始反动，使得新政迅速夭折。失势的后醍醐天皇只得退守吉野，而足利尊氏在京都另立天皇，日本历史上"两帝双京"的南北朝时代就此拉开了序幕。

吉野南朝、京都北朝、室町幕府构成的三足鼎立之势延续了50多年。1392年，室町幕府第三代将军足利义满统一了南北两朝，迎来了足利时代的盛世。本书对15位幕府将军进行了较为详尽的描述，力争通过他们波澜壮阔的人生轨迹来勾勒同期风云多变的时代史。

在此特别要提出的是明朝16位朱姓皇帝与日本15位足利将军之间上演的一曲曲时代剧。

首先是朱元璋。这位底层农民出身的皇帝与日本人有面对面的交流，文献记载就有其与日僧绝海中津关于徐福传说的诗文唱和、询问使者留下的《答大明皇帝问日本风俗》等。同时，朱元璋还写过一首名为《倭扇行》的诗文，对日本人进行了揶揄，全文为：

> 沧溟之中有奇甸，人风俗礼奇尚扇。
> 卷舒非矩亦非规，列阵健儿首投献。
> 国王无道民为贼，扰害生灵神鬼怨。
> 观天坐井亦何知，断发斑衣以为便。
> 浮辞尝云弁服多，捕贼观来王无辨。
> 王无辨，褶袴笼松诚难验。
> 君臣跣足语蛙鸣，肆志跳梁于天宪。
> 今知一挥掌握中，异日倭奴必此变。[1]

---

[1] 朱元璋著，胡士萼校注：《明太祖集》，黄山书社1991年版，第438页。

可见，朱元璋对日本并无好感。文中"君臣跣足语蛙鸣"可能是当时中国人对日本的普遍看法。语言不通说其是"蛙语"也在所难免，可"君臣跣足"那就有些落伍了，或者说片面了。随着"胡惟庸通倭"事件的发生，朱元璋终于将日本列入15个不征国之一，断绝了与其之间的往来。

大明建立的1368年年末，十岁的足利义满就任室町时代第三代将军。洪武年间正值日本南北朝分裂，虽然朱元璋的主要交往对象是南朝征西府的怀良亲王，但与北朝的足利义满之间也有过几次接触，遗憾的是始终未能建立实质性的外交关系。

可就是这位在对日交流中并无多大建树的洪武帝，却意外地与日本存在瓜葛。第一，日本学者常将白手起家的朱元璋与日本枭雄丰臣秀吉相提并论，主要从出身、发迹、长相、出家经历等方面来论述两者惊人的相似之处。第二，在日本五山僧侣中还曾有"大明老皇帝（洪武帝），乃由良开山（无本觉心）再诞"之说，其中的一个理由是"老皇帝，常居板屋，此亦日本前生所居如此故也"。①

到了建文帝的时代，虽然朱允炆在位时间短暂，但他与足利义满之间的交流为朱棣打下了基础。由朱棣与足利义满建立的中日两国关系堪称"蜜月期"，两国互动频繁，关系稳定，日本顺利进入了明朝的册封朝贡体系，而明朝也由此迎来了一个良好的国际局势。不料足利义满之子足利义持继位后一反常态，拒绝与明交往，中日关系一度跌入低谷。重开中日官方贸易的是室町幕府第六代将军足利义教，这位被称为"万人恐怖"的将军在对明交往中有其过人之处，但最后落了一个被臣下谋杀的下场。

由永乐大帝正式开始的中日勘合贸易，一直持续到了嘉靖时期，最后一次遣明使离境是在嘉靖二十八年（1549），横跨了一个半世纪。其间，明朝的皇帝由成祖朱棣经由仁宗朱高炽、宣宗朱瞻基、英

---

① 陈小法：《明代径山禅寺与日本的文化交流》，载王勇主编《人物往来与东亚交流》，光明日报出版社2010年版，第285—296页。

宗朱祁镇、代宗朱祁钰、宪宗朱见深、孝宗朱佑樘、武宗朱厚照到世宗朱厚熜，而日本从足利义满经由义持、义量、义教、义胜、义政、义尚、义材、义澄到义晴，大明的皇帝与日本的将军围绕"朝贡贸易"和"倭寇扰乱"两大主线展开交涉。无独有偶，英宗朱祁镇在1457年复辟，第二次即位大明皇帝。而日本的第十代将军足利义材在1508年复辟，再次登上幕府将军之宝座。

"嘉靖大倭寇"爆发之后，中日两国并未能像朱棣与足利义满的时代那样，步调一致地采取积极的措施，所以祸害无穷。主要原因有两个，一是无论是明朝还是日本，此时的国力都不如15世纪初期，尤其是日本，将军对大名的控制几乎沦为有名无实。二是因为倭寇本身的复杂性：无论是在成员组成、活动范围，还是在抢劫目的、外围势力等方面，倭寇都与以往有较大区别，加之大航海时代的到来，倭寇流动性进一步增强，这越发增加了剿灭倭寇的困难性。随着勘合贸易的终结，中日官方交往命悬一线。因此，尽管倭寇如此猖獗，但鲜见明朝皇帝与室町将军的隔空喊话。到了万历朝，两国进入了兵戎相见的时代，1592—1598年的中日朝三国战争，不仅荡尽了中国人对日本仅存的一丝好感，而且"分娩"了东亚国际的新秩序。

## 二

13世纪中期的日本，镰仓幕府的政治舞台上出现了不协调的声音，即朝廷围绕后嵯峨上皇的继承问题面临分裂的危机。文保元年（1317），经过镰仓幕府的调解，持明院统与大觉寺统最终达成协议，即由双方轮流继承皇位，这就是所谓的"两统迭立"，史称"文保和谈"。

文保二年（1318）二月，持明院统的花园天皇（1297—1348）禅让于大觉寺统的尊治亲王（1288—1339），即后醍醐天皇，这一年他31岁，算是在异常高龄即位的天皇了。后醍醐天皇是后宇多天皇的第二皇子，原本皇位应与他较远，但不料哥哥后二条天皇英年早逝，于是幸运降临到了他的头上。

◆ 坐看风云起

**图 0-1　后醍醐天皇亲署的"尊治"**

这一决定看似解决了问题,但埋下了皇统与皇统、皇统与幕府之间相互仇恨的种子。承久三年(1221)的"承久之乱"后,幕府掌控了皇位继承和上皇担任院政的大权,据文保元年(1317)幕府提议的"两统迭立"方案,虽然后醍醐天皇即位,但其皇子并没有皇位继承权。因此,后醍醐天皇悟得,要解决此问题,别无选择,只有推翻幕府。

**图 0-2　后醍醐天皇(藤泽市清净光寺藏)**

存世的后醍醐天皇肖像画有多幅，其中最为著名的就是藤泽市清净光寺所藏的那幅。画中的天皇头戴被称为"冕冠十二旒"的玉冠，身着象征王权的特别袈裟。如此装束的肖像画，类似的只有奈良斑鸠寺所藏的"圣德太子胜鬘经讲赞像"。可见，后醍醐天皇像受到了圣德天子像的影响。据说，此画出自僧人文观（1278—1357）之手。在文观看来，后醍醐天皇是弘法大师的转世，而大师又是圣德太子的后身，因此，后醍醐天皇乃圣德太子的化身。不仅如此，后醍醐天皇本人可能也有同样的想法，即认为自己就是圣德太子转世。

关于后醍醐天皇上述的心路历程，兼好法师在《徒然草》的第二三八段中有如此记载："当今皇上在做太子时，东宫在万里小路殿。其时我因事去拜访崛川大纳言，大纳言正在翻阅《论语》，见了我说：'太子想读"恶紫之夺朱也"那一则，没有找到，就让我检索，所以在翻阅此书。'"① 日本学者森茂晓在《后醍醐天皇》（中央公论新社2000年版）一书中认为，这里的"朱"暗指朝廷，"紫"借喻幕府，即后醍醐天皇在太子时代就想从《论语》中寻找批判幕府的根据，也就是说，后醍醐天皇的倒幕计划在践祚的瞬间或许更早的时候就已萌芽。

元亨元年（1321）十二月，开始亲政的后醍醐天皇决定对政治进行革新：首先，设立诉讼机关记录所②；其次，破格任用日野俊基（？—1332）等人；再次，废除一些以京都为中心的商业法令，如该年废除了京都酒曲役赋课令和神人公事，以期直接统治京都。同时，推翻腐败镰仓幕府的计划，即"倒幕计划"也紧锣密鼓地筹措着。

正中元年（1324）九月，第一次推翻幕府的政变计划因美浓武士土岐赖员（赖兼）走漏风声而宣告失败，史称"正中之变"。结果，参加"无礼讲"（不拘身份、地位高低和礼仪而举行的宴会）的成员

---

① 吉田兼好：《徒然草》，文东译，中国长安出版社2009年版，第202页。
② 郑舜功在《日本一鉴·绝岛新编》卷3中对"记录所"作如下解释："在夷王禁里，为主诏判之所。"（北海图书馆1939年版，第2页）

多治见国长、土岐赖贞被六波罗探题斩杀，日野资朝（1290—1332）和日野俊基被捕。翌年，日野资朝被流放到了佐渡，而日野俊基因证据不足被赦免。后醍醐天皇自身也幸亏得益于万里小路宣房（1258—?）向幕府的解释而逃过一劫。

然而，后醍醐天皇心中多有不甘。嘉历元年（1326）夏，中宫禧子怀孕，于是后醍醐天皇以祈祷顺产为名义，实为自己倒幕成功而活动；另一方面又让法胜寺的圆观（1281—1356）、立川流①大成者醍醐寺的文观动员全国各社寺之僧兵，同时从各地募集勤王之军。

不仅如此，后醍醐天皇还亲自巡幸南都（大和兴福寺）、北岭（近江延历寺）等地进行助力倒幕计划的各种活动。并于嘉历二年（1327）十二月六日，让皇子护良亲王（1308—1335）登上比睿山延历寺天台座主之位而韬光养晦，以待他日蓄势待发。

倒幕计划万事俱备，只欠东风。但不幸的是元德三年（1331）四月，后醍醐天皇的倒幕计划因亲信吉田定房（1274—1338）②的告密再次失败，日野俊基、文观等被捕。因日野俊基属于再犯，翌年六月被斩首于镰仓。而文观被流放至硫黄岛（现鹿儿岛）。与此同时，日野资朝也在佐渡被处以死刑。元德三年（1331）八月九日，朝廷改元"元弘"，但幕府不予认可，继续使用元德年号。

关于日野资朝，兼好法师在《徒然草》中多次提及，兹录相关行文如下：

---

① 所谓"立川流"，实际上是融合了阴阳道和一些民俗宗教因素在内的真言宗的一派，以骷髅为本尊。据文永九年（1272）成书的《爱法用心集》记载，它的行法比较复杂，首先在骷髅上涂上油漆，装上假牙，放入箱子。然后在此箱子前与美女交合，用交合之水涂在箱子上面，要涂满120次。之后的每晚子丑之时，要用一种被称为"反魂香"的香料熏烤，同时念咒反魂真言1000遍，最后在骷髅上描绘男女交合的曼荼罗。上述的整个行法要坚持七年不断，到了第八年骷髅就可以说话预知未来了。因此，这种宗教被当时称为邪教而遭到取缔。此宗派的祖师据说是后三条天皇第三皇子辅仁亲王的护持僧仁宽。

② 吉田定房与北畠亲房、万里小路宣房三人得到后醍醐天皇的重用，合称为"后三房"。而日本历史上有"前三房"之称的就是得到三条天条天皇重用的藤原伊房、藤原为房和大江匡房。

## 序章 南北朝之缘起

西大寺静然上人身躯佝偻，眉发皆白，一眼望去就是德行深厚的人。上人进宫时，西园寺内大臣大人见了，就说："真是令人尊敬的相貌啊！"脸上流露出极其虔诚的神态。资朝卿看到这情形，说："不过是年岁大而已。"改天，资朝卿派人抱着一只年老脱毛的狮子狗进献给内大臣大人，附言说："真是令人尊敬的相貌啊！"（第一五二段）

为兼大纳言入道被捕后，在众武士的监护下，被押送至六波罗。资朝卿在附近遇见，感叹道："真是令人羡慕啊，人生有此一回，足矣！"（第一五三段）

资朝卿有次在东寺门下避雨，那个地方当时聚集了许多残疾人，无不手足扭曲、身体怪异，全是世上无双的畸形人。起初，他还极感兴趣，目不转睛地观看他们；不久便败了兴，觉得惨不忍睹，心情也为之极差。转念想世上最好看的，莫过于天然无异常的事物吧。回家以后，又醒悟京中那些爱好盆栽的人，喜欢把枝条弄得盘曲诡异，就像喜欢那些畸形的人一样，真是极其无聊。于是将家中的盆栽花木全部拔除丢弃。这真是参悟了佛理的行为。①

元德三年（1331）八月二十四日，越挫越勇的后醍醐天皇为了躲避执权北条氏的通缉，秘密携带三种神器逃离京都，在山城国的笠置寺再聚倒幕之兵。二十九日，消息传到镰仓，二十万幕府大军以迅雷不及掩耳之势一举攻陷了笠置阵营，活捉了后醍醐天皇。九月二十日幕府另立了持明院统的光严天皇（1313—1364），要求后醍醐天皇交出三种神器。这位性格倔强的天皇始终不愿意，一会儿称神镜被扔到笠置寺的本堂了，一会儿又说神玺挂在了途中的枝条上了，还威胁说，要是谁想要来拿神剑，就以死护之。

后醍醐天皇于元弘二年（1332）三月（一说四月）被流放到了

---

① 吉田兼好：《徒然草》，文东译，中国长安出版社2009年版，第138—140页。

隐岐岛（岛根县），当时的随行者据说只有宠妃阿野廉子（1311—1359）以及千种忠显（？—1336）等极少的几人。而所有参与谋划的皇子、朝臣也一律遭到流放，史称"元弘之变"。

关于宠妃阿野廉子，这里还想稍做交代。后醍醐天皇个性奔放自在，时有放荡不羁之举。据《增镜》的记载，他曾在前太政大臣西园寺实兼位于京都北山的宅第夺其女禧子（1303—1333），即位后禧子升为女御，旋即被立为皇后。然而，后醍醐天皇又被中宫御所之"女房"（即内宫女官）阿野廉子的美貌吸引，遂封其为准后，以取代皇后禧子地位而使其居正室地位。阿野廉子生有恒良、义良等子，而义良在1399年被立为太子，引起宫中纠纷。

图 0-3　皇居前的楠木正成铜像（笔者摄于2015年11月26日）

言归正传，倒幕势力并没有因此而消退。野火烧不尽，春风吹又生，自镰仓末期因饥馑、疫病以及统治者腐败、社会贫富差距等原因积蓄而成的改朝换代的燎原之火，此时已经熊熊燃烧起来了。元弘二年（1332）十一月，护良亲王和楠木正成①分别在吉野、河内千早城举兵造反，反幕府运动迅速蔓延至全国。元弘三年（1333）闰二月二十四日拂晓，后醍醐天皇在伯耆国守（鸟取县）名和长年（？—1336）的营救下，逃离隐岐岛，来到船上山。

图0-4　名和长年（菊池容斋作《前贤故实》）

---

① 楠木正成（1294—1336），出身不明，诸说不一。一说是武藏国东国御家人，也有人认为是河内国的土豪、畿内周边的恶党（无赖）或者商人。最近有研究表明，楠木正成可能是得宗北条高时的家臣，出生骏河国入江庄附近楠木村。如果上述观点成立，正成就成了北条权力中的害群之马了。明治时代以后楠木正成被当作忠诚天皇的楷模，其生平不仅成为各校教导日本国民效忠天皇的教材，以至每所小学均竖立其铜像，成为学子们日常行为之楷模。实际上，真正的楠木正成不仅具有出色的军事才能和政治见识，而且具有对权力的强烈反抗精神。楠木正成可能是经由后醍醐天皇的心腹、同为醍醐报恩院僧侣的文观和道祐的引进而接近后醍醐天皇的，最后成为倒幕运动的主将。

此时的后醍醐天皇为了更广泛地呼吁倒幕武士、缩短和武士之间的距离，常采用"纶旨"（即天皇口谕）的方式，直接给武士下旨，以进一步激起他们的勤王之心。幕府方的征讨大将足利高氏（即之后的足利尊氏，1305—1358）在船上山接受后醍醐天皇的敕语后，在丹波的筱村八幡社前突然倒戈，响应官军，并组织起近畿地方的武士反过来逼向京都。元弘三年（1333）五月七日，足利高氏消灭了幕府在京都的六波罗探题，占领了京都。与此同时，九州、四国的武士分别消灭了九州探题和长门探题，上野豪族新田义贞（1301—1338）在上野新田庄举兵响应，攻陷了镰仓。五月二十二日，北条高时（1303—1333）一族二百八十余人在菩提寺的镰仓东胜寺集体自杀，史称"东胜寺合战"。统治了日本150年之久的镰仓幕府寿终正寝。

图0-5 新田义贞肖像（藤岛神社藏）

乍看起来，在推翻镰仓幕府的过程中，足利尊氏和新田义贞起到了关键性作用，但真正的原动力应该是像楠木正成、赤松则村（1277—1350）、名和长年这些中小武士和人民大众。

# 第一章

## 南北朝的新政与内乱

就在北条高时自杀的那天,赤松则村等将领联名奏请后醍醐天皇回京都主持政务。元弘三年(1333)六月四日,离开京都两年左右的后醍醐天皇以巡狩还幸之仪返回京都,开始亲政并实施新政。值得一提的是,后醍醐天皇在船上山期间,曾发布过倒幕敕谕,这些命令、军法是体现后醍醐天皇对战争以及战后处理基本方针的重要文件。从这些文件中可知,当时的后醍醐天皇已经想从一名战争实施者变为和平维护者,但战争总是残酷的,结果并未能如其所愿。①

新政的一切以天皇为中心,以平安时代的醍醐、村上天皇的政治为楷模,废除了以往的院政、幕府政治和摄关政治。翌年(1334)后醍醐天皇采用光武帝消灭王莽以复兴汉朝的年号"建武"为自己的新年号,史称"建武新政"或"建武中兴"。因年号中含有"武"字,遭到公卿的强烈反对,但后醍醐天皇一意孤行,不予更改。

近世以前,天皇生前也被称为"天皇"的,只有后醍醐天皇,其余一般被称作"院",死后才在谥号中加上"天皇"的字眼。这是因为日本人受到道教世界观的影响,认为天上的天皇大帝就是指天照大神之后的天皇诸灵魂。"天皇"是死后在天上的称号,死后作为"天皇大帝"在天上注视着其子孙的统治。

---

① 小林一岳:《元寇と南北朝の動乱》,吉川弘文館2009年版,第123—125页。

## 第一节　建武新政

历史上把后醍醐天皇上述一系列的改革称为"建武新政"。但是，这些新政是否名副其实还有待商榷，因为后醍醐天皇憧憬的是回归幕政以前的平安时代，实乃复古的乌托邦。或者说，"后醍醐天皇'建武新政'的目的就是把朝廷的政治体制引导到天皇专制上去。但这种专制却又不同于平安时代的那种天皇专制制度，它没有律令制的依托"。①

而日本中世史研究大家网野善彦在《交感的中世》一书中认为，所谓的建武新政只不过是试图把宋朝的皇帝专制体制引进日本而已。但是在中世日本，"中国化"派的势力不可能完全取胜。后醍醐天皇为了除掉敌对势力北条氏，无奈求助"御家人"（即将军家臣）第一人足利尊氏。而足利尊氏本身就是当时反"中国化"的代表人物。所以，建武新政其实从一开始就注定了它悲惨的命运。②

倾倒于密教的后醍醐天皇推崇朱子学，重用了许多像北畠亲房（1293—1354）、禅僧玄惠（建武新政失败后被幕府重用）等这样的朱子学人才。后醍醐天皇建立新政的真正理念是实现"公家一统"，让天皇成为真正、唯一的统治者，公卿百官为其辅助，武士阶级居于其下。但实际上这种开历史倒车的"新政"无非是理想而已，并没有实行的可能。所以，在实际施政的过程中，鉴于武士力量的强大以及地方势力的顽固，后醍醐天皇只能对武家做出妥协，而推行"公武合体"的治国方针。具体表现在以下两个方面：第一，任命武士出身的足利尊氏出任关东武士之首的镇守府将军，而自己的儿子护良亲王只是得到一个徒有其名的征夷大将军的职位。第二，地方的武士首领守护仍然掌控着一国的政权，国司难以发挥其真正的作用。

---

① 陈杰：《室町幕府》，陕西人民出版社2013年版，第4页。
② 与那霸润：《中国化的日本——日中"文明冲突"千年史》，何晓毅译，广西师范大学出版社2013年版，第50—51页。

第一章　南北朝的新政与内乱

## 一　论功行赏

首先，倒幕的第一功臣足利高氏受赐天皇之名"尊治"中的"尊"字，摒弃名字中由北条高时所赐的"高"字，改名足利尊氏。同时赐正三位参议，封地武藏、常陆、下总三国，并委任尊氏为镇守府将军。

图 1-1　传足利尊氏像（广岛县尾道市净土寺藏）

那么，这位得势的足利尊氏究竟为何许人物？其实，南北朝时代的《梅松论》中就有梦窗疏石对他的评价，大意是说尊氏勇猛过人，无所畏惧，有同情心，无欲，对金钱恬淡，笃信佛教，每天坚持坐禅冥想，即使大醉之日也不放弃。但是尊氏的性格也具有两面性，即无谋、急躁、寡断等，这方面已有许多学者论及。[①] 而在日本历史上，

---

① 村井章介：《分裂する王権と社会》，中央公论新社2003年版，第64—67页。

像足利尊氏这样评价复杂的人物也不多见，有称赞其为时代英雄或革命领袖的，亦有贬其为逆臣贼子或功利奸雄的。在 1991 年 NHK 的时代剧《太平记》中，编剧一改以往足利尊氏的"逆贼"形象，而把他作为一名艰辛生活在动荡年代中的人物来描述，引起了很大的社会反响，成为其翻身的鼎力之作。

其他受封的功臣还有：新田义贞叙从四位上职，受封越后守，领有越后、上野、播磨三国；楠木正成叙从五位下职，出任摄津、河内守；护良亲王受封征夷大将军。

## 二　机构整顿

### （一）中央机构

后醍醐天皇的理想是建立以天皇为绝对中心的律令制国家。在政府机构中，除保留了太政官和中务、式部、治部、民部、兵部、刑部、大藏和宫内八省外①，还重开或新设了一些机构，主要有"记录所""恩赏所""杂诉决断所"和"武者所"。

"记录所"在之前的后三条天皇时就有，因此属于重开。主要负责调查与庄园有关的文书及处理重大的土地问题，也即处理有力寺社的诉讼。"恩赏所"是元弘三年（1333）八月新设的政府机构，主要处理倒幕运动中的赏赐问题。而"杂诉决断所"初设于元弘三年（1333）九月之前，是政府的诉讼机构，具有独立裁判权，主要处理武士之间的各种土地纷争，可以说是新政府最重要的职能部门。后醍醐天皇颁令，武士的领地需要得到政府的重新认证，所以，拿着各种领地证明的武士蜂拥而至，"杂诉决断所"一时人满为患。"武者所"相当于卫戍部队，主要负责京都的治安，执掌军事、警察事宜。当时

---

① 郑舜功在《日本一鉴》中对八省有个简单说明，即中务省：中书令诏敕命之司；式部省：吏部，内外文官之司；治部省：礼部；民部省：户部；兵部省：内外武官兵甲之司；刑部省：事理囚人沙汰之司；大藏省：诸国钱米、金银、珠玉、杂物之司；宫内省：司农官职，经理诸国杂物、官田之司；宗人省：亲王之司。（《绝岛新编》卷3，第6—7页）

还有注所、侍从所，职能大致与武者所类似。

此外，后醍醐天皇对中央官制也进行了改革，主要体现在对官司请负制（官职世袭制）的否定和八省改革上。例如把掌管京都商业的重要职位"东市正"一职由世袭的中原氏替换成名和长年来出任等。对八省的改革就更是大刀阔斧了，把原担任左右大臣、大纳言等的上级贵族，降级至八省长官的卿位，从而由自己直接掌握朝廷内部的人事任免权。但是这种改革使得朝廷内部产生了极度不满，埋下了不安定的种子。

（二）地方组织

元弘三年（1333），后醍醐天皇在奥州和镰仓两处设立了"奥州将军府"和"镰仓将军府"。镰仓将军府中，以后醍醐天皇的皇子成良亲王为最高长官，尊氏的弟弟足利直义（1306—1352）为执权，管辖关东十国，同时还设置了关东厢番，以牵制北条残余势力，团结关东武士。斯波家为奥州总大将，享有军事指挥权，统领奥羽。下设引付、政所、侍所、式评、定众等机构，俨然是一个小幕府。康永四年（1345），幕府在奥州将军府增设奥州管领，任命畠山国氏与吉良贞家担任这一职位。

为了改革地方的旧行政体制，后醍醐天皇在各国同时设置了国司和守护。出任国司的主要是公家，他们掌管全部的指挥命令权，并且频繁进行交替，从而直接掌握全国的国衙领地。而守护以武士居多，是军事指挥官。由于守护制是镰仓幕府的遗留，因此在很大程度上被世袭化了。设置国司的目的是试图从武士首领中夺回政权，但从结果来看，这样做不仅达不到目的，反而由于守护具有兵权，得以经常干预国政。从元弘三年（1333）七月颁布的《领有确认法》也可以看出，除去北条氏以及反政府势力外，后醍醐天皇承认了大小领主的土地所有权，这其实是对敌方势力的又一次妥协。

为了显示皇权，后醍醐天皇曾一度想重建承久元年被烧毁的皇居，于是采取了两项增加财源的措施。第一，指定安芸、周防两国为主要财源地。第二，征收全国地头武士收益的二十分之一。但实际上这种额外增加的沉重年贡①和徭役最后还是转嫁到了百姓头上，于是引起了各国农民的强烈反对，该计划被迫流产。

南北朝时期，日本国内出现过一种被称为"岛钱"的私铸钱，但也未能持久。而"建武新政"期间，也曾有过发行纸币的动向，这极有可能是受中国宋朝交钞的影响。② 具体来说，后醍醐天皇于建武元年三月二十八日下诏，决定铸造铜钱并发行纸币，这种新货币被统称为"乾坤通宝"，同年八月正式设置铸钱司，由中御门宣明（1302—1365）出任长官，第二年由五条赖元担任副长官。但是新货币发行计划并没能付诸实施。③ 关于"铸钱司"，郑舜功在《日本一鉴·绝岛新编》中的"司"一项中也有所提及，但"而今罢铸，惟用中国古钱"。④ 因此，至今也没有留下任何实物。根据《太平记》的记载，发行货币主要是为了筹措营建皇宫的费用。所以这一事业被认为是后醍醐天皇观念上的一种复古思潮的产物，但是也要看到这是一种对应镰仓时代以来货币经济急速发展的现实策略。⑤

### 三 建武德政

后醍醐天皇还发布了德政令⑥，其内容主要包括两个方面：其一是规定可以用本金的一半赎回原先抵押的田地。其二是关于已经出卖的土地认定——规定"承久之乱"后对买主的权利一概不予保障，如果买主随着镰仓幕府的灭亡而流亡他乡的话，土地回归原先卖主。若

---

① 提到日本中世的年贡，有一点必须注意，那就是以大米纳贡只是一部分而已，在东国主要以纤维制品纳贡，而西国的濑户诸岛以盐纳贡，中国山地一带以铁纳贡。
② 东野治之：《貨幣の日本史》，朝日新闻社2004年版，第92—93页。
③ 井上清在《日本历史》上册（天津市历史研究所译校，天津人民出版社1974年版，第195页）中提到，后醍醐天皇为了修建皇宫，发行了纸币并强制通行。
④ 郑舜功：《日本一鉴·绝岛新编》卷3，北海图书馆1939年版，第6页。
⑤ 上岛有：《戦乱と一揆》，讲谈社1976年版，第39页。
⑥ 关于"德政"一词的解释，郑舜功在《日本一鉴·穷河话海》卷4中有如下记载："曰彻众：注云德政，土一擦（揆之误）也。"（北海图书馆1938年版，第7页）所谓德政，亦称仁政、善政，在中世以前泛指国家在天灾、地异等异常现象发生时，政府为赈恤百姓实施的减租、缓刑、施仁布德的措施。王玉玲：《日本室町时期的德政一揆及其影响》，《世界历史》2018年第4期，第118页。

买卖双方对新政府皆有军功，那就由政府来裁决。此外，"元弘之乱"后的土地买卖，幕府一律不认可，全部回归原先卖主。

之前的"永仁德政"保障了幕府予以认可的土地买主，但"建武德政"与其相比，其适用对象从一般武士扩张至广大民众，出现了一个大飞跃，可以说渗透到了社会各界。但是这种政策带来的后果，大大超越了发布者的意图，它与15世纪各地频发的"德政一揆"①有着不可分割的联系。

## 第二节 "或起兵乱"

新政举步维艰，危机暗流涌动。建武元年八月，讽刺和批判当时社会现象的一首儿歌流行一时，歌名叫做《二条河原落书》，作者署名"京童"，共有88句，开头写道（括号内为笔者译文）：

此頃都ニハヤル物　夜討　強盗　謀綸旨（最近都城流行夜袭、强盗、假纶旨）
召人　早馬　虚騒動（宫廷征选舞姬的快马引来虚惊骚动）
生頸　還俗　自由出家（头颅遍地，和尚还俗，俗人随便出家）
……

虽然只是一首流行于京都儿童的儿歌，但其中对建武政治的批判、世风日下的嘲笑显得入木三分，以致写本传至今日。

据《太平记》记载，建武元年的秋天，许多人在大瘟疫中丧生。那时每晚紫宸殿顶上都有一种被称为"以津真天"的怪鸟不停乱叫，

---

① 一揆，语出《孟子》，表示在思想、方法、行动上保持一致。从词性来看，它既是动词又是名词，既指一致的行为，也指采取一致行为的集团之意。与汉语中的暴动、起义不能简单等同，原因有二：第一，一揆参与者的社会身份往往具有一定的限定性。第二，一揆的组织方式往往遵循一定的流程与规则。王玉玲：《日本室町时期的德政一揆及其影响》，《世界历史》2018年第4期，第119页。

感叹天下生灵涂炭。这种鸟长着人脸，弯曲的喙，锯齿状的牙齿，两足长着利剑一般的爪子。因怪鸟的叫声引起了人们的恐慌，最终被护卫隐歧次郎左卫门广射杀。①

前面已经提到，关于"建武"年号中的"武"字，很多大臣持反对意见。其中尤其以大藏卿平惟继最为激烈，他甚至预言此年号"或起兵乱"。纵观建武新政这段历史，可以说真被他一语成谶。

## 一 中先代之乱

"建武新政"没有得到武家的广泛支持，尤其是北条氏一族的残余势力在各地暴动不止。建武二年（1335）六月，在镰仓幕府曾经担任过关东申次一职并与北条氏有关联的公家西园寺公宗（1310—1335）和日野氏等匿藏潜伏在京都的北条高时之子北条泰家（时行）以图谋反。计划因西园寺公宗之弟西园寺公重的告密而失败。结果，西园寺公宗等人被诛杀，而北条泰家却躲过一劫，流亡各地招兵买马以备举事。

蛰伏北条氏老根据地——信浓的北条泰家，在旧谱代诹访赖重及滋野氏等的支持下再次铤而走险，举旗造反。与此同时，北陆北条氏一族的名越时兼也举兵响应。反军来势凶猛，战胜了镰仓将军府军队和前来迎战的足利直义，征夷大将军护良亲王被杀。战败的足利直义带着足利尊氏的幼子足利义诠以及后醍醐天皇的皇子成良亲王逃离镰仓。北条泰家暂时控制了镰仓。

撤退至三河国的足利直义及时向京都报告了战事，足利尊氏要求领兵出战，同时希望天皇加封自己为"征夷大将军"，但未得允可。一怒之下，足利尊氏在没有天皇的敕状下私自出战，后醍醐天皇无奈追赠足利尊氏为"征东将军"。与足利直义会师后，幕府军队一举夺回了失守二十天左右的镰仓。北条泰家逃跑，而诹访赖重自杀而亡。

因这次战乱主要在先代（北条氏）和后代（足利氏）之间展开，

---

① 于森编著：《图画百鬼夜行》（上），北方文艺出版社2018年，第190页。

并且镰仓一时失守,所以史称"中先代之乱",它揭开了日本六十年战乱的序幕。

## 二 "公战朝敌"

收回镰仓失地的足利尊氏,率领对新政府同样怀有不满的武士们来到若宫大路的镰仓幕府旧址,扎营安居。尽管天皇一再命令其返回京都,但是足利尊氏却不听皇命,而且自封"征夷大将军",大行封赏武士,强化自己的军事力量,开始了谋逆犯上的计划。在当时,谋反的人被称为"朝敌",被列为征伐对象,这种公开的战争被称为"公战"。

得知足利尊氏谋反的消息后,后醍醐天皇任命新田义贞为讨伐大将,分别从东山道和东海道两路进攻镰仓。同时传檄奥州,命令北畠亲房从足利尊氏背后攻击。

十一月二十五日,新田军在三河的矢引川击败足利尊氏干将高师直(?—1351)的先遣部队。十二月五日,在骏河的手越河原大破足利直义的部队,战况一时对天皇一方非常有利。但是各地对新政府不满的豪族纷纷响应足利尊氏,加之幕府降军佐佐木道誉(1296—1373)的倒戈,两军在箱根的竹下开战,结果足利尊氏军队获胜。尽管楠木正成智勇双全,但是足利尊氏在播磨赤松则村、赞岐细川定禅的协助下,乘势进攻京都。新田义贞见势不妙,连夜进京护送后醍醐天皇逃往比睿山。十二月十一日京都沦陷,足利尊氏率部进京。翌年正月十六日,楠木正成、新田义贞以及前来勤王的北畠亲房父子开始反攻,半个月后的十二月三十日收复京都。

战败的足利尊氏西逃备后,蓄势待发,而后醍醐天皇没能认清形势,率群臣大摆庆功宴。这时,被废的持明院统旧帝光严院瞅准了时机,令足利尊氏招兵买马,讨伐"伪帝"后醍醐天皇。建武三年(1336)二月十五日,在九州豪族的迎候下,足利尊氏西下九州。三月二日,在九州的博多,足利尊氏战胜菊池氏大军,迅速恢复了元气,史称"多多良浜合战"。这场战争对足利尊氏来说,不仅是军事上的胜利，也是政治上的胜利。延元元年（1336）四月三日，足利尊氏率领50万大军以迅雷不及掩耳之势组织海陆大军直逼京都。回到京都的足利尊氏迎接了光严上皇与丰仁亲王，恢复"建武"的年号，八月，足利尊氏向上皇保证不进犯上皇所有的长讲堂领地及其他各地的皇室土地，并宣言承认各寺社、诸家领地。八月十五日，举行光严天皇（丰仁亲王、1336—1348在位）的即位大典，并拥戴光严上皇为"治世之主"。

那么，足利尊氏究竟为什么要拥立持明院统的那位被后醍醐天皇所废的光严上皇呢？有人以为这出自其本意，也有人主张这是足利尊氏听从赤松圆心建议的缘故。但就是这样一个至今不明理由的举措致使日本当时形成了"君与君争天下"的局面，内乱变成了大觉寺统与持明院统之争。

上述足利尊氏利用西国九州的军事势力来对抗朝廷的现象非常有意思。众所周知，日本东国和西国在文化、语言、社会构造上的区别，早就有学者指出并进行研究。① 极端地说，假如当时战败的日本被东西国分而治之的话，那现今又多了一个类似南北朝鲜的问题，两个地区将成为有很大区别的民族，甚至在语言上都难以相互沟通。但是有趣的是，日本东北势力经常和东国政权保持对抗关系，而极力结交西国的朝廷，例如镰仓幕府创业期间，后白河法皇就利用奥州藤原氏来牵制幕府。而与此相对的是，东国政权也采取远交近攻的策略加强了和九州的联合。这种"东国+九州"对抗"西国+东北"的政治构图在平安末期已见雏形，到了南北朝内乱时期，这种构图就十分明显了。因此，东国政权内部分裂的表面化，是建武新政成功的有效前提。纵观建武新政时期，后醍醐天皇在东北设立陆奥将军府，派遣皇子和北畠显家（1318—1338）共同对抗镰仓，西国和东北因此联合。同时，足利尊氏插足九州，意欲掌控九州的军事指挥权，东国和

---

① 具体可参见网野善彦《中世再考——列島の地域と社会Ⅱ》"東国と西国：地域史研究の一視点"，日本エディタースクール出版部1991年版，第117—168页。

九州的联合也就此诞生。上述东西国两种势力的冲突结果形成了建武大动乱，影响了日本列岛。可以这么说，如果无视东国和西国的区别，就很难正确地理解日本的中世史。

### 三 凑川之战

兵库凑川乃楠木正成败走麦城之处。楠木正成是谁呢？《太平记》卷3中首次出现他的大名，但是他的成长过程、出生、家庭几乎都是谜团。司马辽太郎推测，楠木家在大阪府南部河内郡千早赤坂村一带，曾是商人头领。① 根据河内地区的传说，幼名"多闻丸"的楠木正成曾在金刚山麓的观心寺研习学问。楠木正成善书，书风受到宋人的影响。除此之外，他还心仪宋学中的大义名分论。虽然和后醍醐天皇之间没有主从关系，但楠木正成忠实地履行着一个臣子的职责，"凑川之战"就是最好的证明。

前面已经提及，足利尊氏重整九州和中国地区的军队卷土重来，准备一举攻入京都。足利部队兵分两路，足利尊氏率领水军，足利直义指挥陆军。迎战的总大将是新田义贞，他拥兵一万余骑，布阵在兵库和田岬的海滨。而楠木正成的七百余骑则扎营于能够俯视播磨街道的会下山。

因新田义贞中了足利尊氏的调虎离山之计，致使足利水军不伤一兵一卒就登上了兵库。于是，楠木正成的军队被足利方前后隔断，大军孤立无援。这一天是延元元年（1336）五月二十五日，楠木正成开始了悲壮的战斗。

战斗从早上十点左右开始一直持续至下午四五点钟，楠木正成与对手进行着一场游击战，最后剩下 73 人。在来到今天凑川神社附近时，楠木正成脱下战袍，发现身上有刀伤 11 处。最后，楠木正成与弟弟楠木正季等发誓"七生报国"后殉节，年仅 43 岁，当时儿子楠木正行（1326—1348）只有 11 岁，著名的《樱井诀别》

---

① 司马辽太郎：《司馬遼太郎の日本史探訪》，角川书店1999年版，第47页。

讲的就是这对悲壮的父子生死离别的场面，京都岚山脚下的宝箧院①内有该场面的图画一幅。

对于楠木正成历史功过的评价，日本学界一直未能达成一致意见。作为旁观者的中国学人，又对此做何评论呢？试举一例，张玉祥在《评楠木正成》中有一典型的中国式评价，他认为，对于楠木正成应该辩证地看待：倒幕有功，保后醍醐有过，但人品高尚，军事才能突出，在日本历史上影响较大。②

朱舜水也曾为楠木正成纪念碑题过词，称之为《楠公碑阴记》（又称《凑川碑文》），全文如下：

图1-2 楠木正成像（楠妣庵观音寺藏，传狩野山乐画）

  忠孝著乎天下，日月丽乎天。天地无日月，则晦蒙否塞；人心废忠孝，则乱贼相寻，乾坤反覆。余闻楠公讳正成者，忠勇节烈，国士无双，搜其行事，不可概见。大抵公之用兵，审强弱之势于几先，决成败之机于呼吸。知人善任，体士推诚。是以谋无不中，而战无不克，誓心天地，金石不渝，不为利回，不为害怵。故能兴复王室，还于旧都。谚云："前门拒狼，后门进虎。"庙谟不臧，元凶接踵。构杀国储，倾移钟簴。功垂成而震主，策虽善而弗庸。自古未有元师妒前，庸臣专断，二大将能立功于外者。卒之以身许国，之死靡佗。观其临终训子，从容就义，托孤寄命，言不及私。自非精忠贯日，能如是整而暇乎！父子兄弟，

---

① 宝箧院的正门又悬挂着上书"宝筐院"三字的匾额，应该是将"箧"与"筐"字搞混了，二者在中国是两个完全不同的汉字。

② 张玉祥：《评楠木正成》（《日本风云人物评传》），天津人民出版社1988年版，第84页。

第一章 南北朝的新政与内乱

世笃忠贞，节孝萃于一门，盛矣哉！至今王公大人以及里巷之士，交口而诵说不衰，其必有大过人者。惜乎载笔者无所考信，不能发扬其盛美大德耳。

右故河摄泉三州守赠正三位近卫中将楠公赞，明征士舜水、朱之瑜、字鲁玙之所撰，勒代碑文，以垂不朽。

图1-3　《楠公碑阴记》

朱舜水以颇具颜味风格书写的碑文，满怀忠贞义勇之豪气于其中。全文明示正统之有归，发揭孤忠之大节，以昭示来世。据称，德川末期因朱氏碑铭崇尚忠孝仁义、忠君爱国之精神，被明治维新的志士们广为传颂，起到了激励幕末维新志士的作用。

为了怀念这位英雄，明治天皇下令在兵库县神户市营建凑川神社以示纪念。

◆ 坐看风云起

"凑川之战"最让人觉得不可思议的是盟军新田义贞竟然不去救援楠木正成。这是否因为楠木正成卑贱的出身？真正的原因还有待进一步探究。但《太平记》中的一则《悲恋物语》似乎对我们思考此问题有所启示。

图1-4 位于京都岚山的楠木正行菩提寺宝箧院（笔者摄于2013年3月）

图1-5 神户市内的凑川神社

第一章 南北朝的新政与内乱

故事讲的是新田义贞和勾当内侍的故事。此处的"勾当"是"事务员"之意，与中文的意思大相径庭；"内侍"是宫廷内侍司的总称。这位勾当内侍的真名、生卒年皆不详，只知是书道家一条（藤原）经尹的三女，即藤原行房的妹妹，时任后醍醐天皇的宫中内侍。新田义贞与美貌的勾当内侍一见钟情，在天皇的恩赐下，两人完婚。但正是这段充满浪漫色彩的婚姻，改变了新田义贞的命运。

上文提到过，足利尊氏曾一度败走九州，本来这是一个乘胜追击的好机会，但此时正是新田义贞与勾当内侍如胶似漆之际，两人不愿分开，因此错失了大好机会，给了足利尊氏喘息休整的时间，这直接导致了数月后楠木正成的"凑川之战"大败。不仅如此，护驾后醍醐天皇至比睿山的新田义贞还在夺回京都的战役中，因与勾当内侍难分难舍，导致发军迟缓，丢尽了指挥者的颜面。但新田义贞似乎并没有从中吸取教训，在逃往越前、金崎城之际，勾当内侍始终紧随其侧。最后实在无奈，两人只得在琵琶湖西南岸的今坚田依依惜别。

图1-6　琵琶湖（笔者摄于2013年6月）

◆ 坐看风云起

  两年后,新田义贞原本准备回到今坚田与勾当内侍会面,但天公不作美,新田义贞战死沙场,两人无缘再次相见。据说,新田义贞时年三十八岁左右。落单的勾当内侍回到京都后,亲眼看见了新田义贞的首级,痛苦之余,落发嵯峨的往生院,寂寥度日,最后在琵琶湖的琴浜投水而亡,以致今日在当地还有一种往勾当内侍坟墓上涂琴浜之泥的风俗。这就是《太平记》中披露的关于新田义贞鲜为人知的柔情的一面。

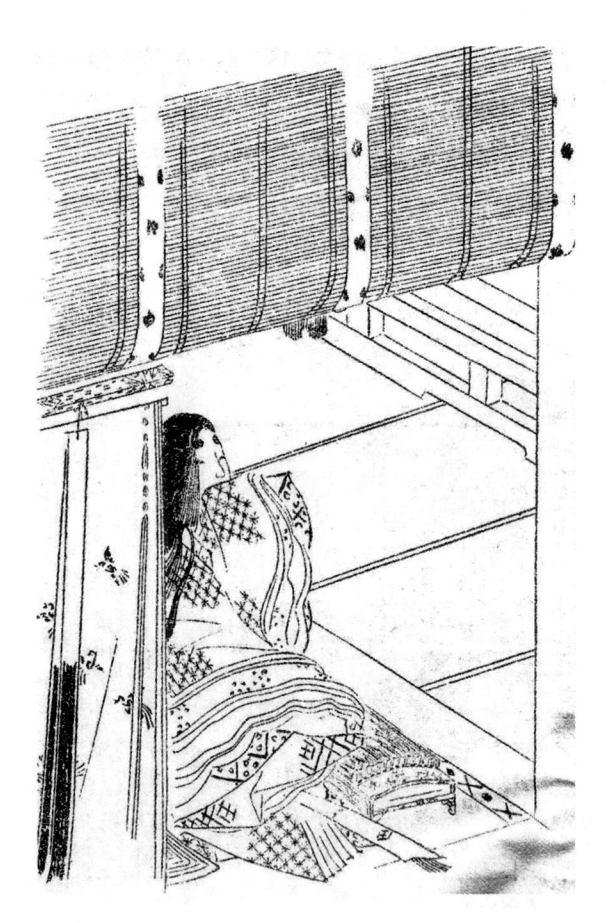

图 1-7 勾当内侍画像(选自《前贤故实》)

"凑川之战"后,足利尊氏攻陷京都,后醍醐天皇只得再度出逃至比睿山。双方经过了四个月的激战,最终和解。11月,被幽禁在京都花山院的后醍醐天皇被迫把神器移交给光明天皇,接受太上天皇(上皇)的尊号,宣告了建武新政的结束。最近有学者提出,后醍醐天皇对军事指挥权的过分掌控,是导致新政权崩溃的重要原因。① 应该说这是一个值得关注和研究的新观点。

　　值得一提的是,在"凑川之战"后的三个月前后,即建武新政即将结束之前的八月,足利尊氏亲笔撰写祷文,表示愿意遁世而去,而把权力让给自己的弟弟足利直义。历史学家对这封《尊氏亲笔愿文》的解读有所不同,有的认为这是足利尊氏爱惜足利直义和其真诚之心的表露,也有的认为这是尊氏对自己不能解决光严上皇和后醍醐天皇之间的倾轧而内心纠结的表现。② 但事实证明,足利尊氏不仅未能遁世,而且其兄弟阋墙的戏码还越演越烈。

　　延元元年对后醍醐天皇来说,绝对是悲壮之年,因为他的四个宠臣相继战死:正月结城亲光在京都战死,五月楠木正成在凑川战死,六月千种忠显和名和长年分别在近江和京都战死。他们四人又合称"三木一草"③,这一称呼在当时的京都好像相当流行,现在的日语词典中还载有此词。

　　从上文可以发现,足利尊氏是一位十足的机会主义者,随时准备临机应变,转变结盟对象。这种转换效忠对象在中世纪武士中是常见之事,也即效忠个人是有限度的,务实胜过原则。因此,传说中的武士形象其实与其实际形象形成了强烈的对比。如果把中世纪

---

　　① 市沢哲:《公家社会の混乱と倒幕戦が生んだ建武の新政》,《日本の歴史》(22),朝日新闻社2013年版。
　　② 佐藤和彦:《足利尊氏の見果てぬ夢》,文艺春秋编《エッセイで楽しむ日本の歴史》(上),文艺春秋1993年版,第414—417页。
　　③ 在日语里,"木"一般念"きki","草"读"くkuさsa"。在楠木正成、结城亲光两人的姓氏中都有"き",而名和长年为伯耆守,"伯耆"读作"ほうき",故此三人称为"三木"。而千种忠显的姓氏"千种"读作"ちtiぐguさsa","ぐさ"与"草"同音,所以把他称为"一草"。

的武士同第二次世界大战中的日本军人相比，后者似乎比前者更愿意战斗至死。这也可以说是由第二次世界大战中的日本军人对中世纪武士的误解所致。

## 第三节　南北对峙

建武三年（1336）十二月二十一日夜晚，被幽禁在隐岐岛的后醍醐天皇在一名叫义纲的看守的帮助下，以一身女装逃出京都，直奔高野山，不料高野山因害怕被卷入纷争竟把后醍醐天皇拒之门外，不过这一行为在后来却得到了足利直义的书面嘉奖。无奈的后醍醐天皇只好转向位于奈良南部的吉野。当时，其随从只有刑部大辅景繁以及装扮成抬轿的近臣上百名。后醍醐天皇在此建立行宫以处理朝政，并改元"延元"。翌年，即建武四年（1337），关白近卫经忠和前内大臣吉田定房也投奔吉野朝。虽然不清楚当时有多少公卿以下的中下级贵族聚集在吉野朝，但显然是无法与京都朝廷抗衡的。

到了吉野的后醍醐天皇主张恢复公家政治，并宣称一月前交出的神器实乃赝品，真品仍一直为自己所持，自己的皇位才是正统，这就是吉野朝，日本历史自此进入南北朝时代。

### 一　两帝双京

关于南北朝时代的划分，史学界的意见存在分歧。一般认为是从建武三年（1336）后醍醐天皇在大和国吉野建立南朝政权开始，终于后龟山天皇回归京都的1392年，共持续了56年的时间。但是把前期的建武新政时期纳入南北朝时代的学者也不少。笔者认为，既然是南北朝时代，必然要将两帝双都的出现作为其开始的最明显标志，所以本书的"南北朝时代"指1336—1392年。

（一）吉野南朝

对于吉野朝的建立，兴福寺的大乘院门主在日记中夸大地将其称为"一天两帝南北京"。而与之形成鲜明对比的是当时足利尊氏的反应，当接到来自看守武士的天皇出逃的飞报时，足利尊氏的表情略显轻松，因为终于可以不用每天煞费心机地警戒后醍醐天皇了。

提到"吉野"，一般认为这是个与外界隔离的闭塞之地，如671年大海人皇子在此出家隐居，并于次年的"壬申之乱"中战胜对手大友皇子而登上天皇的宝座。再如平安末期源义经也曾一度避难于此。其实，吉野并非如此偏僻和不便：其内的吉野川西连和歌浦流入纪伊水道，东接伊势的宫川和栉田川直通伊势湾，而当时伊势湾的大凑、泊浦是中世著名的港口，可通往全国各地；北边的大和国中虽是北朝的势力范围，但略往西的宇智郡却是供给护良亲王"野伏"（农民武装）的大本营；由此再深入而抵达的河内，原是楠木正成的根据地，再往前就是著名的堺市了；而东北的宇陀郡、东山内甚至伊贺都曾是护良亲王组织农民武装之地。因此，后醍醐天皇认为吉野周边布满了自己的追随者，是个易守难攻之地。

图1-8 春天的吉野山

吉野朝在组织上虽然不甚完备，但作为一个与京都对抗的政治、军事据点却基本够格。而且，南朝依靠的不仅是吉野及其周边地区，北陆的新田义贞、奥州的北畠显家军团等，都是南朝非常重要的力量。

在吉野朝廷诞生的同时，建武三年（1336）八月十五日，足利尊氏拥立丰仁亲王践祚，光明天皇（1321—1380）自此登基。"治世之王"光严上皇向全国颁布诏书，完成了后醍醐天皇让位光明天皇的仪式，尽管后醍醐天皇既不在场也不承认。自此，日本出现了两个朝廷。吉野朝位于奈良，因"奈"字以 N 开头，所以史称"南朝"，而京都的"京"以 K 开头，所以史称"北朝"。当然也有人说是因为吉野在京都之南，故称吉野朝廷为"南朝"，京都朝廷为"北朝"。

后醍醐天皇的理想是建立一个权力高度集中的中央集权王国，构想在自己掌控所有政策和决策的前提下，把辖地分为几个地区，各地区设立相应的区域政府，然后让自己的皇子出任各地的政府长官。这简直就是中国封建社会分封制的翻版。

令人口老龄化日趋严重而出生率持续下降的现代日本人羡慕的是，这位后醍醐天皇皇子的数量足够任其在每个地区配置一位皇子。根据《太平记》的记载，后醍醐天皇有子女十六人，而根据《天皇家系图》来看，其有皇子十七人，皇女十五人，共计子嗣三十二人，有的连名字都没有。主要的皇子有尊良亲王（1311—1337）、世良亲王、恒良亲王（1324—1338）、成良亲王、义良亲王（1328—1368）、护良亲王、宗良亲王（1311—？）、怀良亲王（1329？—1383？）等。

尊良亲王在"元弘之乱"之际潜入笠置，结果被北条高时的军队捕获流放至土佐。足利尊氏反叛之后，和新田义贞一起对其进行征讨，不料败北，驻守越前金崎城，最后城破自杀。

世良亲王曾被寄养于龟山上皇的皇女昭庆门院处，官至大宰帅，聪慧过人，后醍醐天皇曾对其寄予厚望，但不幸早逝。

恒良亲王在建武元年成为皇太子，根据《太平记》的记载，后醍醐天皇曾让位于他。建武三年（1336），新田义贞侍奉这位新皇在越前

图 1-9 金崎城的尊良亲王自杀地（陵墓）

的金崎城、杣山与足利尊氏的军队开战，翌年金崎城失守被捕，在京都被杀。

而成良亲王在其年仅八岁的时候，即元弘三年十二月，在足利直义的拥戴下赴任镰仓，建武二年（1335）出任征夷大将军，翌年成为光明天皇的皇太子，不久被废。

义良亲王也被称为"宪良"，历应二年（延元四年，1339年）于吉野即位，称"后村上天皇"，在位三十年。由于南朝政权在政治军事上不占优势，加之后村上天皇缺乏灵活的政治手腕，所以至死也没能完成统一天下的梦想。

护良亲王出家改称"尊云"，曾任天台座主，世称"大塔宫"。因参与讨幕计划还俗，为建武新政奔走于奈良、吉野、高野等地，一度出任征夷大将军。后足利尊氏联合天皇的宠姬藤原氏，谗言护良亲王谋反①，建武元年十月二十二日（一说为二十一日），护良亲王于进宫途中被武者所武士拘捕，据《太平记》记载，此系名和长年、结城亲

---

① 建武元年十月二十二日，入宫觐见的护良亲王突然被结城亲光、名和长年抓捕。关于其罪名有多种说法，主要有"尊氏阴谋说""天皇谋略说"和"亲王谋反说"。

光奉敕而为。此时，楠木正成正在河内饭盛山讨伐盗贼，无暇顾及护良亲王的安全。对于楠木正成来说，护良亲王被捕无疑意味着他失去了一支重要力量。政府内部的这种派阀对立，使得足利尊氏势力增强。半个多月后，护良亲王被移交到了镰仓的足利直义处。建武二年（1335）北条时行率兵五万攻打镰仓，欲闻风而逃的足利直义命其手下渊边义博，将被囚禁在东光寺土牢中的护良亲王杀害。

经营东海地方的宗良亲王一生政绩平庸，于1380年在信浓病死。

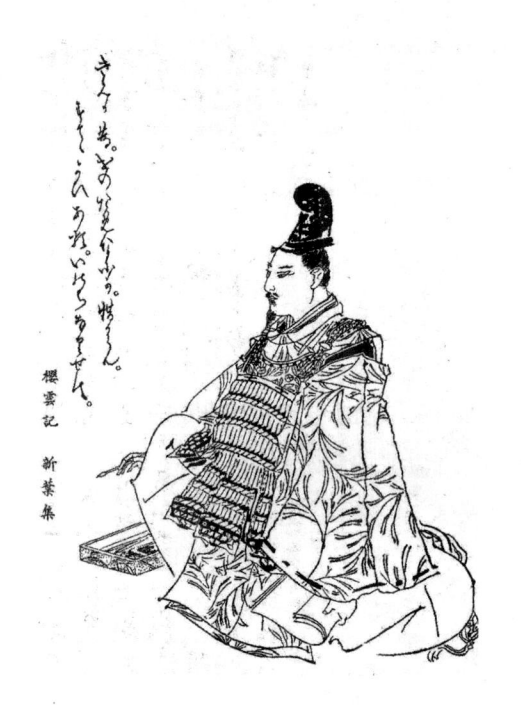

图1-10　宗良亲王（选自《前贤故实》）

如上所述，后醍醐天皇在各地分封皇子拟建立南朝据点的设想，几乎都以失败告终。但是九州是一个例外，在怀良亲王的经营下，该地区曾经有过短暂的辉煌。在后醍醐天皇的众多皇子中，怀良亲王也许是唯一一位被中国人熟知的异国皇子。他在明代各种史籍中频频登场，不过中国史书都将其记作"良怀"。不可思议的是，这位日本历史上的风云人物竟连出生地和生母都不为人所知。而且，由于怀良亲王的生父后醍醐天皇的庶子很多，以至于连其与其兄弟间的排位都不明，据《太平记》记载，怀良为第六皇子。

图1-11　怀良亲王（选自《前贤故实》）

历应元年（1338），十岁的怀良亲王以征西大将军之名在五条赖元等十余人的拥护下奉命进发西国。目的地原定于肥后，但鉴于北朝势力掌握了周围的制海权，无奈只好在伊予的忽那群岛（现爱媛松山市）暂作停留，这一停不料就是三年。康永元年（1342）五月，在忽那氏的努力下，怀良亲王终于踏上了九州的土地。但是登陆地并不是肥后，而是萨摩。萨摩的守护岛津氏虽然拥戴北朝，但多数国人①仍愿意追随南朝，而谷山氏就是其中的代表，也正是这位谷山氏迎接了怀良亲王。结果，怀良亲王在萨摩一住就是五年。1350年发生在

---

① 国人，就是对日本中世时期当地领主、乡村武士等人的称呼。

幕府内部的"观应扰乱"给怀良亲王的九州统治带来了转机，怀良亲王相继战胜一色氏、少弐氏等地方势力，终于于康安元年（1361）八月进驻大宰府，从离开吉野时算起来已达二十三年之久。自此九州迎来了十余年的征西府全盛期。

建武三年十月，当后醍醐天皇接受足利尊氏和议之时，遭到新田义贞的猛烈反对。之后，后醍醐天皇把皇位让给恒良亲王，自己返回了京都。而新田义贞却拥戴新天皇和尊良亲王前往北陆地区，进驻金崎城（福井县敦贺市）。但是，金崎城乃一孤立无援之城。建武四年（1337）三月，都城陷落，尊良亲王和新田义贞的儿子新田义显自杀身亡，恒良亲王被捕押送至京都，而新田义贞颇费周折，总算出逃至国府南方的杣山城（福井县南条町）。

一年多后的建武五年（1338）闰七月二日，恢复元气的新田义贞意欲再战斯波高经，不料在途中的藤岛被流矢射中眉间，无奈之下只得以自杀了却其戎马一生。据《太平记》卷20的记载，新田义贞的遗骸由时宗僧八人迎至福井县坂井郡丸冈町长崎的往生院安放。

不幸的是，两个月之前的五月二十二日，南朝的另一员大将北畠显家在堺市与幕府军作战时也英勇殉职。令人敬佩的是，年仅二十一岁的北畠显家，在战死前的五月十五日还奏谏后醍醐天皇，就减免租税、勤俭节约、举荐人才等方面提出政道改革，这就是现藏于京都市醍醐寺的著名的《北畠显家谏奏文》。

相继痛失北畠显家与新田义贞的后醍醐天皇，也许是为了告慰阵亡的英灵，决定采用北畠显家的献策，以重振地方势力。但是此时的南朝已是风前之烛，回天无力。历应二年（1339）后醍醐天皇病重，于是义良亲王践祚，他就是后来的"后村上天皇"。八月十六日，失意的后醍醐天皇在吉野去世。据称，其左手持《法华经》五卷，右手持剑而咽气。因害怕后醍醐天皇的灵魂作祟，足利尊氏特意建造天龙寺以示镇魂。

在后村上天皇时期的吉野朝中有一个人物不得不提，那就是《神皇正统记》以及《职原抄》的作者、南朝重臣北畠亲房。历应元年

（1338）九月，亲房从伊势的大凑出帆，结果漂流至常陆的霞浦南岸，受到当地武士的欢迎，暂居神宫寺城（茨城县稻敷市）。但因受到附近幕府武士的攻击，后移居小田城（茨城县筑波市），《神皇正统记》就在此地写成，那一年是延元四年（1339），当时北畠亲房四十七岁。①《神皇正统记》可以说是南朝的护身符，直到后世仍然使得北朝系统的皇室底气不足。甚至在第二次世界大战后盟军统治下的日本，还有十多人自称是南朝后代的天皇，如自称是"熊泽天皇""酒本天皇""佐渡天皇"以及"伊藤天皇"等，上演了一出又一出的真假天皇闹剧。

在《神皇正统记》记载的内容中，有一点值得一提，那就是关于徐福东渡日本之事。北畠亲房几乎以信史的口吻提到，由于秦始皇焚书坑儒，致使孔子全经唯存于日本。②

移居小田城的北畠亲房在该地与高师冬之间展开了将近五年时间的战争，史称"常陆合战"。据称发现于东京都日野市金刚寺高幡不动本尊像胎内、由高师冬军内一名叫山内经之的武士撰写的从军记《高幡不动胎内文书》，很好地记录了"常陆合战"的战争场面。

历应四年十一月，小田城受到高师冬的猛烈攻击而最终陷落，亲房出奔至关城（茨城县筑西市）。直至康永二年（1343）十一月失守返回吉野为止，北畠亲房在关城度过了两年的时间。日本学界大多把这一时期称为南北朝前期。③

（二）短命朝代

上文已经提及，后醍醐天皇于1339年抱憾去世，年仅12岁的太子义良亲王继承皇位，即后村上天皇。1368年，后村上天皇驾崩，其长子即位，即长庆天皇（1343—1394），但他的即位月份不明，生母、后妃以及坟墓位置都不清楚。长庆天皇坚持"汉贼不两立"的

---

① 白山芳太郎：《北畠親房の研究》，ぺりかん社1998年版，第37页。
② 刘凤鸣：《山东半岛与东方海上丝绸之路》，人民出版社2007年版，第74页。
③ 村井章介：《分裂する王権と社会》，中央公论新社2003年版，第8页。此外，南北朝中期为1344—1363年，后期为1364—1392年。

对抗北朝的立场，因此，与主张南北统一和谈的楠木正仪产生矛盾。1369年，楠木正仪投靠幕府与南朝决裂，迫使长庆天皇退守吉野行宫。1383年，长庆天皇让位给皇弟，即后龟山天皇，自己专心研究禅宗佛理。后龟山天皇（？—1424）是后村上天皇的次子，长庆天皇的弟弟，他在位期间，室町幕府迎来了全盛时期。1392年10月，足利义满致函后龟山天皇，提出南北朝统一的条件。后龟山天皇对此表示同意，返回京都大觉寺，交出了神器，被足利义满封为太上皇。但是之后的后小松天皇违背当初订立的两朝迭立的原则，仍立自己的儿子躬仁亲王为太子。1410年，后龟山天皇愤然离京，率旧部重归吉野，以示抗议，直至1457年的"长禄之变"①为止，历史上也把这将近五十年的时期称为"后南朝"。

而在此期间，北朝为了斩草除根，不惜花费财力搜寻南朝皇族后裔。于是，南朝皇子们有的被迫出家，有的遭到流放，而其中很多却是被斩首的。据统计，被处刑的皇子超过七人。嘉吉三年（1443）九月在京都发生了袭击后花园天皇皇宫的事件，史称"禁阙之变"。据传，以金藏主、通藏主两位皇子为首的一伙人潜入北朝御所，抢走部分神器逃至比睿山。但是两位皇子一人战死，一人被斩首。受此事件牵连，其他多名皇子也招致杀身之祸。②

1412年，12岁的皇子实仁亲王（即前面的躬仁亲王）即位，史称"称光天皇"。后龟山天皇自觉重返皇统的梦想破灭，只好于1416年再次回到京都。从此，他潜心修行，不问世事。八年后，后龟山天皇死于大觉寺，成了名副其实的大觉寺派。正长元年（1428），称光天皇（北朝后光严天皇系统）没有留下子嗣去世，无奈之下只好让竞争对手贞成亲王（北朝伏见宫系统）的皇子继位，即后花园天皇。现在的皇室就是伏见宫家的子孙。

---

① "长禄之变"：长禄元年（1457）十二月二十七日，赤松氏的遗臣们袭击了后南朝的行宫，暗算了南朝的皇胤自天王和忠义王（后南朝的征夷大将军）兄弟，抢走玉玺的事件。

② 秦郁彦：《後南朝の末裔、悲惨なり》，文艺春秋编《エッセイで楽しむ日本の歴史》（上），载文艺春秋1993年版，第439页。

南北朝到底何为正统？这一问题在部分研究皇室的学者中一直存在争议。明治四十四年（1911），日本发生暗杀天皇的"大逆案"，经北朝天皇后代明治天皇的裁定，南朝的正统性得到承认，义良亲王也随之成为日本历朝的天皇之一。

## 二 《建武式目》与室町幕府的建立

建武三年十一月七日，足利尊氏制定了《建武式目》。历应元年（1338）八月，足利尊氏被任命为征夷大将军，成为名副其实的日本历史上最著名的"倒戈将军"，幕府的名实因此具备。

### （一）《建武式目》

《建武式目》是足利尊氏的施政纲要，全文采用是圆及其弟真惠、日野藤范、玄惠法印、大宰少式、明石民部大夫、太田七郎左卫门尉、布施彦三郎入道等八人回答足利尊氏咨询的体裁，共两项十七条，多为具体行为的规范。日期之后是是圆和真惠的署名，可知他俩是制定本政治方针的主要人物。是圆本名中原章贤，是一位法律专家，著有《御成败式目》的注释书《是圆抄》。

《建武式目》与贞永元年（1232）制定的《御成败式目》（亦称《贞永式目》）并称为"武家法令"，是室町幕府的基本法之一。因此，常以《建武式目》的制定日作为室町幕府的成立日。[①] 但是非法律或法令式的式目当时到底有无正式公布仍是学界争议之一。

式目全文分为两大部分。第一项的主要内容是关于幕府应建在镰仓，还是移居他处的问题，虽然有问答，但最终结论不明。不过，有一点值得注意，即此时主张建在镰仓的足利直义与主张建在京都的足利尊氏之间显露了统治路线上的分歧。第二项被称为"政道事"，明确了新的政策方针，共由十七条组成，着重强调了三个方面：第一，继承公家和武家的优良传统和道德，弘扬德政；第二，具体的政治目标；第三，当前急需解决的社会问题。据说，式目第二部分的起草者

---

① 郑梁生：《日本中世史》，三民书局2009年版，第212页。

为足利直义亲信，其中重点反映了足利直义的一些政治思想，可见当时足利直义在政权内部的作用和地位。

（二）幕府机构

新生的幕府在初期由足利尊氏和胞弟足利直义"两个将军"同时统辖，即常说的"二头政治"。足利尊氏作为武士的主君行使其权力，而足利直义主要负责处理武士与贵族、寺社的利害关系。幕府机构与前代并无多大差别，在将军之下设置"执事"（类似将军的秘书长，1362年改称"管领"），其地位相当于镰仓时代的执权。"执事"下设"侍所""政所"和"问注所"，恢复了"评定众"与"引付众"，但已无实权。各地配备的官员也几乎都是老面孔。但是也有不同之处，那就是在镰仓幕府时期，"评定"是最高的合议、决裁机构，但室町幕府却将其置于足利直义之下，由足利直义指挥。

足利尊氏主要掌管"侍所"①"恩赏方"②"政所"③等，处理有关守护的补充和恩赏的补给等事宜。而足利直义主要管辖"评定""安堵方"④"引付方"⑤"禅律方"⑥"官途奉行"⑦"问注所"⑧等，解决有关裁判、安全、禁止等问题。

为了巩固自己的地位并真正掌控武士力量，足利尊氏进行了一系列改革：任命地方有力武士为守护，并赋予其较大的警察权、军事动

---

① 侍所：职能如同前朝，主要是统率武士、处理刑事案件、充当警察等。在地方，守护在武士的统率上发挥着重要作用，而足利尊氏则通过侍所掌控守护。室町幕府侍所的首任长官由高师泰担任，之后由同族的南宗继担任。

② 恩赏方：审理战功奖赏的机构，内乱初期由侍所负责。首任长官由高师直担任。

③ 政所：承接幕府的财政、买卖、借贷关系等的裁判工作，是足利家的内务机构。首任执事由二阶堂行朝担任。

④ 安堵方：负责保证武家、寺院的领地或死后土地统治权的机构。首任头人由二阶堂行朝担任，之后由摄津亲秀等足利直义的亲信担任。

⑤ 引付方：审理领地纠纷的诉讼机关，类似法院。全国共有五处，被称为"五番体制"。高师直、细川和氏、上杉朝定等曾出任头人。

⑥ 禅律方：新设机关，负责处理禅宗、律宗寺院和僧侣的诉讼，解决其与武士间的纷争。儒者日野藤范之子有范曾出任禅律方的头人。这与足利义满时代的僧录有着相承关系。

⑦ 官途奉行：总领朝廷授予武士的官位和官职。

⑧ 问注所：负责整理和保管诉讼的文书记录，以备后查。

员权和传达执行幕府命令的权利，以便较好地行使地方行政权；同时将足利一门的家臣晋升为各国大将，赋予其军事权，以监督守护的动向；拉拢商业集团，使公家之基础为其所用；此外，还对寺社的权益进行保护，划清寺社和武家的利益范围。

### 三 幕府内讧

俗话说，一山容不得二虎，室町幕府也难逃这一厄运。贞和三年（1347）八月，楠木正成之子楠木正行在河内的藤井寺击败细川大军后，又在天王寺、住吉大社之战中大胜细川氏和山名氏的联合军。战事的节节败退，使得幕府陷入来自南朝的军事威胁之中，同时，足利直义也陷入了因内讧被解职的政治危机。

次年正月，高师直、师泰兄弟率军直扑河内，在四条畷一地与南朝展开激战，结果楠木正行战死。高师直兄弟乘胜追击，直捣吉野宫，把后村上天皇逼进了西吉野的贺名生（奈良县五条市），这对执事兄弟的名声由此大振，其在幕府中的发言权也随之增强。根据《大日本史》卷290、"列传第一百三十五""将军家臣十九""师泰"的记载，高师泰兄弟打败楠木正行后，"取浮屠相轮，铸为茶铛。军士也多效之，凡和泉、河内所在浮屠，莫不毁破"。浮屠相轮即佛塔，这里是指铜铸的精舍；而茶铛是指煎茶用的茶釜。师泰宁愿毁佛塔而铸造煎茶用具，可见当时茶和茶具在军中的地位之高，抑或喝茶风气之普及。

（一）"观应扰乱"

随着高师直兄弟权力的膨胀，足利直义与高师直之间的矛盾也逐渐白热化。贞和五年（1349）闰六月，在足利尊氏的授意下，足利直义罢免了高师直的执事一职，并与上杉重能、畠山直宗等合谋计划暗杀高师直。高师直也不示弱，竟纠集部队摆出进攻足利直义的架势以示对抗。足利直义落荒而逃，躲入足利尊氏住所，不料高师直兄弟竟率领大军重重包围了足利尊氏的府邸。最后，以幕府让步、高师直兄弟方胜利告终，幕府的让步具体有以下几条：

（1）足利直义从此离开政界，政务悉由足利尊氏之子足利义诠执掌。

（2）流放上杉重能、畠山直宗。

（3）高师直复归执事之位。

然而，该事件的影响并没有因幕府的上述屈服而收场：同年十月，足利义诠上京；十二月，足利直义被迫出家，号惠源；而上杉重能、畠山直宗两人也在流放地越前遭到杀害。可以说，足利直义的势力至此全面崩溃，政权旁落武家执事之手。

但是自知形势危急的足利直义自然不甘心就此坐以待毙，他起用了足利直冬。足利直冬是足利尊氏的庶子，因其母亲身份低贱，一直不被足利尊氏认可。足利直义非常同情足利直冬的遭遇，同时也爱惜他的才能，将他收作自己的养子。在与南朝军队作战中崭露头角的足利直冬，于贞和五年（1349）四月出任长门探题，这虽是一个临时职务，但却管辖中国地区八个非常重要的领地。一直在备后鞆浦（广岛县福山市）监视高师直、师泰动静的足利直冬，随着足利直义在政治上的失意，被迫进驻九州。

开始于高师直与足利直义之间的幕府分裂，逐渐演变为两大集团的对立，即足利尊氏、足利义诠对足利直义、足利直冬。观应元年（1350）十月，足利尊氏与高师直西下征讨足利直冬，足利直义临危逃出京都，这就拉开了"观应扰乱"的序幕。

逃出京都的足利直义，到了奈良之后，秘密与南朝取得联络，意欲里应外合以求东山再起。这一举动得到了和泉守护畠山国清、伊势守护石塔赖房、和泉前守护细川显氏、越中守护桃井直常等的支持，他们原是足利一门的势力，但因受到高师直兄弟的排挤而心怀不满。

当足利尊氏率领的讨伐直冬的军队来到备前时，足利直义乘机指挥大军一举攻入京都。观应二年一月，失守京都的足利义诠无奈西走与足利尊氏会师。此时的足利直义军队，不仅有斯波高经、山名时氏（1303—1371）的加盟，关东的上杉能宪也举兵入京。因此，足利直义的军威大振，直捣播磨，重创足利尊氏军队，以勇猛著称的高师直、高师泰兄弟身负重伤，而高师直的养子高师冬则在关东与上杉宪显的交锋中败北自杀。

眼看战事明显不利的足利尊氏，以高师直、高师泰出家为条件，向足利直义求和。二月，和谈成立，足利尊氏军队撤回至摄津，不料受到上杉、畠山部队的偷袭，结果高师直、高师泰为首的高家一族、从人皆成为刀下之鬼。至此，亦称"第一次观应扰乱"。

顺便做个交代，高氏本姓高阶，高师直的祖父高师氏就曾任足利家的执事。而高师直虽目不识丁，但绝对是一位高明的政客与智勇双全的武士，为足利尊氏赢得天下，立下了汗马功劳。最近有研究表明，之前一直被认为是足利尊氏的那幅著名的骑马武者像的真正像主可能是高师直①，当然也有分析说是他的儿子高师诠②。但不管是谁，那种英姿飒爽的英雄形象已经深入人心。

由于此时的足利尊氏清楚地意识到，凭自己当时的力量还不能与足利直义决战，为了争取时间，当务之急是避免正面交锋，因此特意以流放罪处理了上杉能宪，并与直冬和平相处，以此换来了暂时的和平局面。直义再次官复原职，执掌政务和人事权，这样义诠自然就成聋子的耳朵——摆设了。

在这场幕府内部权力的倾轧中，足利直义采用了归服南朝的策略，以争取两朝进行和谈的机会。虽然足利直义派遣了使节，南朝也遣楠木正行的弟弟楠木正仪出使京都，但以北畠亲房为首的南朝却固执己见，认定自己才是唯一的正统，最终导致和谈破裂，错失了日本统一的机会。我们说，历史虽不由某一伟人或英雄人物撰写，但他们的行为和决策却实实在在地影响着历史的进程和发展方向。

与此同时，貌合神离的足利尊氏与足利直义之间的关系，也由于

---

① 加藤秀幸：《武家肖像画の真の像主確定への諸問題》（上、下）（《美術研究》345号、346号，1989年、1990年）、藤本正行：《この騎馬武者像はだれか——伝尊氏像を読む》（《見る・読む・わかる日本の歴史2——中世》，朝日新聞社1993年版）。

② 黑田日出男：《騎馬武者像の像主——肖像画と「太平記」》，载黑田日出男编《肖像画を読む》，角川书店1998年版。

◆ 坐看风云起

图 1-12 骑马武者像

其各自手下有力的守护之间的争端最终白热化。七月，足利直义借口与足利义诠不和申请辞去一切政务，这实际上就是宣告与尊氏决裂。八月，直义率领斯波高经、桃井直常、上杉朝定、山名时氏、吉良满贞等守护出奔北陆。足利尊氏与足利直义之间的决战如同箭在弦上，一触即发，史称"第二次观应扰乱"。

九月，足利直义在近江与足利尊氏的军队展开了战斗，足利直义东下占领镰仓。足利直义进驻镰仓，对足利尊氏来说并不意味着危机的降级，而是一种加剧。因为足利尊氏深知，镰仓是当时幕府的另一权力重镇，失去它意味着失去全国的统治权。因此，足利尊氏亲自挂帅迅速出击。可是这样一来，如何保全空城京都、畿内的安定成为大问题。足利尊氏为此煞费心思，无奈之下其于十月一面委任义诠保护畿内，一面佯向南朝表示愿意归顺，使用"正平六年"的年号，以解后顾之忧。尔虞我诈的南朝将计就计，以无条件归顺为前提，后村上天皇颁赐足利尊氏征讨足利直义的圣旨一道。十一月，足利尊氏奉旨出战足利直义。十二月，南朝收回北朝的神器，废除了北朝的崇光天皇（1334—1398）及其年号"观应"，而统一使用"正平"，实现了统一，历史上称为"正平一统"。而此时留守京都的足利义诠却一筹莫展，观应三年（正平七年，1352年）闰二月二十日，以楠木氏、北畠氏为主的南朝军队攻入京都，足利义诠大败逃至近江。而留在京都的持明院三上皇光严、光明、崇光以及被废的皇太子直仁亲王（1335—1398）被南朝掠走，为以后北朝的重建埋下了祸根。

在此期间，足利尊氏力邀下野宇都宫公纲等武士，直逼足利直义。同时，武藏的一些武士群体也纷纷投靠足利尊氏，走投无路的足利直义在观应三年（正平七年，1352年）正月无意抵抗，投降足利尊氏。然而可悲的是，末路英雄最终还是未能逃脱同室操戈之厄运。同年二月足利直义去世，传闻死于黄疸，而根据《太平记》卷30《慧源禅门逝去事》的记载，实际是亡于鸩毒，凶手乃胞兄足利尊氏。

之后，南朝退居吉野，南北统一的局面仅仅维持了四个半月就崩溃了，犹如昙花一现。三月，足利义诠回到京都，复用"观应"这一年号。而位于中国、九州地方的足利直冬继续使用"贞和"这一年号。因此，如果加上南朝的年号"正平"，此时的日本有三个年号在同时并用。

从形式上来说，幕府将军得由天皇任命，没有天皇任命的将军，其正统性将受到质疑。而此时的北朝上皇一族几乎满门被南朝所掠。足利义诠虽然私下与南朝进行了交涉，但终究是徒劳。急需天皇的足利义诠，只好把希望寄托在准备出家的光严上皇的三皇子弥仁亲王身上。天皇践祚，原本需要上皇的许可与神器，然后这一切都被南朝所控。出于情急和无奈，只得由弥仁亲王的祖母广义门院宁子代行"院政"，并用三件宝物之一"神镜"的盒子代替神镜，举行了登基仪式，称后光严天皇（1338—1374）。日本史上以这样一种违规的程序诞生的天皇恐怕仅此一例了。可见，日本标榜的"天皇万世一系"之神话也不过如此。

◆ 坐看风云起

延文三年（正平十三，1358年）四月，如愿把儿子足利义诠扶上将军宝座的足利尊氏去世。据《太平记》卷35《将军逝去事》的记载，这一年的四月二十日前后，足利尊氏的背上长了痈疽，终因不治而于四月二十九日呜呼①。南北两朝巨星相继陨落，乱世英雄陆续退出历史舞台，一个时代的帷幕终于落了下来。

关于足利尊氏、足利直义以及足利义诠三个人物，最近出现了值得关注的几个新成果，那就是关于京都神护寺所藏的与上述三人相关的三幅人物画新说。米仓迪夫在《絵は語る4　源頼朝像　沈黙の肖像画》（平凡社1995年版）中指出，原来一直认为是源赖朝的那幅著名肖像画其实可能是足利直义，传说是平重盛的那幅画可能是足利尊氏。而黑田日出男在《絵画史料で歴史を読む》（筑摩书房2004年版）一书中认为，一直传说是藤原光能的那幅画可能就是足利义诠。

（二）义诠的统治

延文元年（1356）直义派的中心人物斯波高经归顺幕府。贞治元年（1362）七月，年仅13岁的高经之子斯波义将（1350—1410）接替细川清氏就任执事一职，而实际上在幕后操纵的是其父斯波高经，所以又称斯波高经为管领。到了细川赖之（1329—1392）时期，"执事"正式改为"管领"，学界也称之为"管领守护体制"。此时起用斯波氏是足利义诠的政治手腕之一，目的是希望通过名门望族出任执事来提升幕府的威望。当然，鉴于斯波氏的名望，幕府中执事一职的地位和权限也大大得到强化。

1. 贞治政变

足利直义派的势力消除之后，大名们纷纷归顺幕府，但这并不意味着各大名就顺从幕府将军，事实上，他们相互之间的斗争从未间断

---

① 据《公卿補任》"延文三年"条中记载，足利尊氏于该年的四月十五日前后长痈，四月三十日去世。关于足利尊氏的具体死因，服部敏良在《室町安土桃山时代的医学史研究》一书中推测，一种可能是死于痈疽引发的败血症，第二种可能是足利尊氏患有糖尿病，其推测的理由是对女性不太感兴趣，即性欲不强。

过。贞治元年（1362）的人事任命，即斯波义将出任执事引起了京极氏、赤松氏等守护的强烈不满。而斯波氏为了确立幕府、将军以及管领的地位，积极地推进了一些改革措施，但其急功近利的做法引来了非议和谗言，终于在贞治五年（1366）八月失意垮台，在封地越前没落，这就是历史上的"贞治政变"（也称"贞治之变"）。其中的原因主要有以下几点：

第一，斯波高经把地头①、御家人领地的"武家役"这一赋税从原来的五十分之一提高到了二十分之一，引起了众人的不满。

第二，因负责营建足利义诠新宫廷的赤松则祐（1314—1371）延误工期，斯波高经没收了赤松氏的一个大庄园，因此两人结下了私怨。

第三，与负责架设五条桥工程的佐佐木导誉在经费上发生分歧，导致两家对立。

此外，也有学者认为，斯波氏推行的一些政策与足利义诠的寺社本所领保护政策发生冲突才是导致斯波氏下台的真实原因。②

2. 应安变法

斯波父子被流放后，管领一职一直空缺了一年多。在此期间，足利义诠亲自执掌管领，处理了观应扰乱带来的一些后遗症。

预感死期临近的足利义诠，把细川赖之③从赞岐召至京都，拟对其委以重任。贞治六年（1367）十一月，足利义诠把幕府政务托付给年仅十岁的儿子足利义满（1358—1408），由细川赖之出任管领。据《太平记》卷40《将军薨逝之事》的记载，同年的十二月七日，

---

① 地头：具有寄生腐蚀庄园制的武士权利性质，他们利用执权扩大势力，通过"下地中分"（"下地"即领地。"下地中分"即解决庄园领主和地头在年贡、缴纳物和土地问题发生纠纷的一种方法）和"地头请"（庄园领主委托其来管理庄园并缴纳一字不苟年贡而形成契约关系的地头）等方式压迫庄园领主，尤其是在南北朝后，守护领国化日趋严重，"地头"遂成为有势力的守护之家臣。

② 安田次郎：《走る悪党・蜂起する土民》，载安田次郎《全集日本の歴史》第7卷，株式会社小学馆2008年版，第176—179页。

③ 细川赖之被认为是权门政权出现的关键人物。关于"权门政权"一词，学者们认为是黑田俊夫提出的。

足利义诠去世,享年38岁。

应安元年(1368)六月,实际掌控幕府政务的细川赖之进行改革,推出与领地相关的一系列法律,中心内容就是禁止武士对天皇、上皇、寺社以及摄关领地的统治。这一政策获得世人好评,被称为《应安半济令》或《应安大法》。

# 第二章

# 南北朝的对外关系

外交是内政的延续。动荡不安的南北朝内政基本决定了这一时期日本对外交流的无章法现象。政府使节的往来、半官方贸易船只的派遣、倭寇的肆虐、民间人士的避乱亡命、僧人的巡礼求法等,"多元""无序"成为此阶段日本对外交流的主调。其中,与中国的交流关系最为主要,其次是朝鲜和琉球王国。

## 第一节 与中国的关系

提起明代的中日关系,许多国人首先想到的就是倭寇,可见倭寇对中国祸害之甚。关于"倭寇"一词的最早用例,可以追溯至公元414年高句丽长寿王为其父广开土王立的《好太王碑》[1],但日本中世纪的"倭寇"是指从朝鲜的高丽朝至李朝及我国的元明时期,在朝鲜半岛以及中国沿海一带肆虐的日本海盗集团,对"倭寇"一词的文献记载时间,学界有不同看法[2],它的含义也随着时代不同被赋予了不同的内涵。[3]

---

[1] 王健群:《好太王碑研究》,吉林人民出版社1984年版,第130页。
[2] 陈小法:《"嘉隆"倭寇刍议》,中国中日关系史学会编《中日关系史研究》2002年总第67期。
[3] 范中义、仝晰纲:《明代倭寇史略》"前言",中华书局2004年版,第1—5页。

## 一 倭寇跳梁

迄今为止，学界关于倭寇产生的原因以及成员构成还是众说纷纭，其中的主要原因是有关倭寇的史料几乎都在作为受害国的中国和朝鲜，而在作为加害国的日本并不多见，甚至在日本文献史料中都找不到"倭寇"两字。所以，要想真正揭开倭寇之谜、在倭寇研究问题上取得突破性进展，较日本学者来说，中韩学者更有用武之地，在今后的研究中也应发挥更大的作用。

关于倭寇产生的原因，主要存在"蒙古入侵说"[①] "南朝失败论"[②] "经济拮据说"[③] 以及"经济欲望说"[④] 等不同的解析。

对于倭寇产生的时间，一般认为始于元至正十年（1350），祸害地主要是朝鲜半岛，当然这之前也有零星的骚乱。而中国虽然经历了元亡明兴的历史交替，但倭寇的祸害并未因此收敛，直到16世纪末才呈现衰微之势。对于持续了将近两个半世纪的倭寇之祸，学界有多种分期法，主要有以郑梁生为代表的"前后两期说"（即把嘉靖三十一年作为分界线，之前的称为"前期倭寇"，之后的称为"后期倭寇"，这也是目前最为常见的分法）；[⑤] 以田中健夫为代表的"14世纪至15世纪倭寇"和"16世纪倭寇"；[⑥] 以太田弘毅为代表的"前中后三期说"（"前期"大约为14世纪后七十年的时间，"中期"大约相当于1404—1551年之间，而"后期"是指16世纪中期至末期）。[⑦] 当然还有更详细的分法，如"三个时期、八个阶段"，即洪武至正德年间为前期，嘉靖年间为中期，隆庆至崇祯年间为后期。前期又可分为三个阶段：洪武为第一

---

[①] 呼子丈太郎：《倭寇史考》，新人物往来社1971年版，第62页。
[②] 陈懋恒：《明代倭寇考略》，人民出版社1957年版，第3页。
[③] 田中健夫：《倭寇——海上历史》，杨翰球译，武汉大学出版社1987年版，第5—6页。
[④] 郑梁生：《明代中日关系研究——以明史日本传所见几个问题为中心（1368—1644)》，文史哲出版社1985年版，第278页。
[⑤] 同上书，第275—276页。
[⑥] 田中健夫：《倭寇——海上历史》，杨翰球译，第4页。
[⑦] 太田弘毅：《倭寇——日本あふれ活動史》，文芸社2004年版，第25—29页。

阶段，永乐至宣德为第二阶段，正统至正德为第三阶段。中期以嘉靖三十一年为分界线，分为前后两阶段。后期可被分为三个阶段：万历十九年前为第一阶段，万历二十年至二十七年为第二阶段，万历二十八年以后为第三阶段。①

图 2-1　倭寇图卷（部分）（东京大学史料编纂所藏）

至于日本南北朝时期倭寇肆虐中国的记载至少可以追溯至至正二十三年（1363），在《元史》卷46《顺帝本纪》的这一年八月有"八月丁酉朔，倭人寇蓬州，守将刘暹击败之。自十八年以来，倭人连寇濒海郡县，至是海隅遂安"②的记载，此处的"十八年"即至正十八年（1358），亦即倭寇祸害朝鲜半岛八年后开始频繁转掠我国的时间点，因此一般把这一年认定为倭寇骚乱中国的开始。当然，日本人对我国的侵略行径早在武宗至大元年（1308）就已经开始了，《元史》卷99"兵二"中就有"日本商船焚掠庆元，官军不能敌"的记载。同样，延祐三年（1316）也有日本商船贸易导致骚乱的记载。但这些骚乱毕竟还是局部性的或偶发性的，不宜认定其为倭寇这一特定群体的产生。

那么，从1358年至南北朝结束的1392年，倭寇骚乱中国的情况

---

① 范中义、仝晰纲：《明代倭寇史略》"前言"，第5页。
② 《元史》卷46《顺帝本纪》九，中华书局1976年版，第964页。

又是怎么样的呢？根据《元史》的记载，元末有过两次，即1358年、1363年。而《明实录》的记载表明，明朝建立后至洪武二十五年（1392）倭寇入侵共计38次，倭祸最为严重地区为山东、浙江。从入侵频率分析，洪武七年（1389）前较为频繁。还有一点就是倭寇主要在沿海一带活动，没有深入到内地，而且规模也不大。①

## 二　人物往来

世事多有巧合，动荡的日本南北朝时期（1336—1392）正值中国的元明之交，因此两国之间的民间交流迎来一个特殊期，即为了躲避战火这一时期中国人中兴起了东渡扶桑的热潮。元代，中日两国之间没有建交，但明朝建立不久，中日之间就重开国交，政府之间的使节随即活跃在外交舞台之上。以下将分三部分叙述此时期的人物往来情况。

（一）天龙寺船

历应二年（1339）十月五日，时值后醍醐天皇逝去四十九日，梦窗疏石（1275—1351）和足利尊氏、足利直义兄弟计议，决定建造寺院，名义上是为了祈祷天皇的冥福，实际上主要是为了镇魂。寺址选定在后嵯峨、龟山、后宇多三代离宫的龟山殿，寺名初为"历应资圣禅寺"（简称"历应寺"），但遭到延历寺的反对而改为现名"天龙资圣禅寺"（简称"天龙寺"）。在动工仪式上，足利尊氏亲自挥锹破土。

建造如此规模的寺院，必定需要大量的资金。除各地的捐赠外，以直义为中心的幕府首脑决定派遣船只到中国进行贸易，征收其中部分利润以资建寺。这就是著名的天龙寺船。

在是否派遣天龙寺船的问题上，幕府内部存有分歧。在梦窗疏石的力荐下，由直义最终做了决定。从决定文书来看，应该是两艘，但结果只有一艘，大概是由于资金周转出现了问题，也就是说只能筹措到一艘船只的钱。历应五年（1342）秋，以商人至本御房为纲司的天

---

① 日本史料集成編纂会：《中国・朝鮮の史籍における日本史料集成明実録之部（一）》，国书刊行会1975年版，第1—42页。

图 2-2 天龙寺

龙寺船顺利启航。据《太平记》的记载，当时的对中贸易利润高达百倍，本次贸易中，幕府与至本签订的条约是，不管利润多少，上缴幕府铜钱五千贯。天龙寺船的成功出发，背后还有一位人物在发挥作用，那就是入元僧古先印元。日本正中二年（1325），为了营建建长寺，日本派出了建长寺船。贸易船只回国时，船上乘坐了北条高时力邀的元代高僧清拙正澄，而担任清拙正澄向导的，正是古先印元。起初，担任天龙寺营造的总负责人，即"大劝进职"的人是梦窗疏石，但其迫于反对势力的攻击而辞职。梦窗推荐的后任者正是古先印元。

搭乘天龙寺船一同入元的求法日僧不在少数，有六十余人[①]，与渡日僧竺仙梵仙相关者就达 25 人之多，其中有著名的禅僧愚中周及。1342 年 10 月，贸易船只驶入明州港，可是，元朝政府误以为天龙寺船是贼船，不准其靠岸。愚中周及上书明州钟万户，未果。第二年，元朝政府允许与商人进行贸易，但还是禁止禅僧登岸。根据愚中周及的年谱记载，某夜在当地一位商人的帮助下，他来到明州曹源寺，敲开了月江正印的门。但是，更多的是不幸者。渡日僧清拙正澄的十七名日本弟子想偷渡上岸，结果全被卫兵捕获，钟万户一怒之下，将其杀

---

① 村井章介：《分裂する王権と社会》，中央公论新社 2003 年版，第 97 页。

图 2-3 建长寺（笔者摄于 2013 年 5 月）

了个精光。船上的三十多名日僧听到这一噩耗，全都被吓回了日本。①

尽管迂回曲折，但翌年夏天，天龙寺船获得预期利益平安归来。梦窗疏石亲自诵偈感谢至本，从末句的"满船官货孰私商"② 可见，天龙寺船带回了大量的商品和铜钱，预期目标取得了圆满成功。

康永四年（1345）八月二十九日，在天龙寺举办了盛大的后醍醐天皇供养法会，可见寺院的建造进展得非常顺利，而作为营建事业有功的至本也专程从博多赶往京都参加大会。

我们可以看到，室町幕府三代将军足利义满开始的勘合贸易的原点其实可以追溯至半个多世纪前的天龙寺船贸易，仅就贸易这点上，它们之间存在很多相通之处。

（二）官方使节

1368 年，朱元璋在金陵郊坛南即位，定天下之号为"大明"，建元洪武。根据明朝陈建在《皇明通纪》的《皇明启运录卷之四》中的记载，该年的十一月，"遣使颁诏，报谕安南、占城、高丽、日本各四

---

① 陈小法：《古代浙商与中日关系之研究》，《浙江档案》2018 年第 6 期。
② 偈颂全文为：普天匝地一秋光，不动扶桑见大唐。明月团团离海峤，满船官货孰私商（《中秋谢宋船纲司上堂》载柳边聖山《梦窗国师语录》，讲谈社 1983 年版，第 93 页）。

夷君长"。当时诏书的内容在《皇明通纪》等书中有记载。很显然，本次遣使颁诏四夷君长的目的只有一个，那就是告知中国已经易主，国号大明，建元洪武。同年的十二月，安南国王陈日煃遣使朝贡①，洪武二年（1369）正月，高丽王王颛遣使奉表朝贡②。由于本次遣往日本的使节未被载于《明实录》中，所以一直存有争议。但是在明使无逸克勤致日本延历寺座主的《致延历寺座主书并别幅》中有这样一段记载："盖前两年，皇帝凡三命使者，日本关西亲王皆自纳之。"③ 即在仲猷祖阐、无逸克勤之前，朱元璋曾任命过三次遣日使，洪武元年（1368）十一月的遣使应该包括在内。《明国书并明使仲猷无逸尺牍》中交代得更为明白："首命使适日本通好，舟至境内，遇贼杀害来使，诏书毁溺。寻有岛民，腧海作寇，数犯边卤，多掠子女。皇帝一欲通两家之好，悉置而不问，但令自禁之。故后复两遣使来，谕以此意，俱为镇西所沮，彼自入朝称贺。"④ 也就是说，明朝皇帝第一次派遣的使者来到日本五岛一带，遇海贼而被害，诏书也因遗失而不达日本。之后，又遣使两次。很显然，洪武元年的遣使确有其事，而且在仲猷、无逸之前的三次遣使也再次得到确认。《明实录》中首见遣使日本的记载在"洪武二年正月丙申朔"条："遣使，以即位诏。谕日本、占城、爪哇、西洋诸国。"⑤ 而"洪武二年二月丙寅朔"条中还有两次遣使日本的记载："（丙寅）遣阿思兰、杨完者不花、邓邦、富牛成、陈节等，持诏谕云南、日本等国（辛未）遣吴用颜、宗鲁、杨载等，使占城、爪哇、日本等国……赐日本国王玺书曰……"⑥ 一年之中三次遣使日本的记载可能有误，但由此可见日本的重要性。当然这种重要性

---

① 陈建著，钱茂伟点校：《皇明通纪》，中华书局2008年版，第140页。
② 同上书，第143页。
③ 伊藤松辑，王宝平、郭万平等编：《邻交征书》，上海辞书出版社2007年版，第225页。
④ 村井章介：《アジアのなかの中世日本》，校仓书房1988年版，第241页。
⑤ 日本史料集成编纂会：《中国・朝鮮の史籍における日本史料集成明実録之部（一）》，国书刊行会1975年版，第1页。
⑥ 同上。

根源于倭寇对沿海地区的骚扰。

1370年3月,明朝再次派遣使臣赵秩、杨载等出使日本。明使当时携带了两种文书:一种是洪武帝给日本国王的"诏书";另一种是中书省致日本国王的"咨文"。征西府将军怀良亲王误以为赵秩是元朝赵良弼的后裔,当其准备再次斩杀使者时,赵秩道明了自己的身份,于是怀良称臣上表,派祖来入明朝贡。① 日本使者一行于1371年10月抵达南京,洪武帝决定册封怀良为日本国王。但是明朝册封使仲猷祖阐、无逸克勤一行六十余人于1372年5月抵达博多津时,这里已是北朝今川了俊(1326—?)的地盘了。

受到怀疑的明使被软禁在圣福寺长达一年有余,翌年的六月二十九日明使终于抵达京都。当时幕府内部就与明交往问题存有分歧,斯波义将和隐居丹后的春屋妙葩属于积极派。斯波义将私下会见了明使,还请无逸克勤为自己写了咏唱名号的诗文。八月,十六岁的足利义满越过实权派细川赖之接见了明使,并于该月二十九日决定遣使回访。明使于日本应安六年(1373)八月末离开京都踏上归程,幕府遣使同往,此外还有150名被虏者、71名日僧随行。② 这在后面还会具体提及。

但是,明朝并不认为足利义满有直接遣使的资格,因此,洪武帝下敕中书省,让中书省以文书形式拒绝日本的朝贡。同时,随着1372年大宰府的失陷,"日本国王良怀"也只剩虚名,成为当时日本各种势力对明交往的幌子而已。永德三年(1383)春,据传怀良在筑后矢部去世,但去世之后,陆续还有以"日本国王"名义来明求

---

① 对于怀良亲王称臣入贡一事,日本历史学界曾有一种极端的"伪称说",即主张怀良亲王作为皇族,绝不可能对明朝皇帝俯首称臣,纯粹是赵秩一手策划而成的。无独有偶,至今难以解释的是为什么中国史书都把"怀良"写成"良怀"?个别学者认为这正是赵秩故意编造的结果。但桥本雄在《日本国王和勘合贸易》中认为,这种情况在宋代也发生过,宋代皇帝给一条天皇的文书中,把天皇的讳"怀仁"写作"仁怀",原因是宋太宗向日僧奝然询问一条天皇的名字时,这位东大寺僧故意把天皇的讳颠倒来说,因此宋朝的国书中才出现上述现象。出于同样的考虑,明人故意将"怀良"颠倒过来,可能是这样反而符合了当时的避讳做法。

② 具体可参见拙文《明初祖阐、克勤使日因缘考》(中国明代研究学会《明代研究》第九期,2006年12月)。

贡的日本使节，甚至包括洪武九年遣使廷用文珪（又作"圭庭用"）的北朝天皇。

**图 2-4　南禅寺（笔者摄于 2013 年 4 月）**

康历元年（1379）的"康历政变"，斯波义将接替细川赖之任管领一职，而春屋妙葩再次出山担任南禅寺住持，可以说这也是对明交往积极派的胜利。于是，第二年日本就以"征夷将军源义满"之名遣使入明，可是这次也因"无表"而被拒绝。不仅如此，1381年，明朝还遣专使责备"日本征夷将军"的傲慢无礼。

这种国际环境对于想平定日本全国的足利义满来说非常不利，对手难免会借用明朝的权威来与自己进行对抗。因此，足利义满意识到必须替代怀良获取"日本国王"的资格。明建文四年（1402）二月六日，建文帝下诏正式册封义满为"日本国王"，当然这是后话。

1386年明朝发生"林贤通倭事件"，洪武帝著训把日本列为"不征之国"，宣布与日断交。以"日本国王良怀"名义派使者前来朝贡的活动也至此告一段落。

表2-1　　　　　　　　　　洪武时期中日遣使一览

| 时间 | 派遣者 | 使节姓名 | 遣使目的 |
| --- | --- | --- | --- |
| 洪武元年十二月 | 太祖 | 不详 | 以即位诏谕,结果使者被倭寇所杀,诏书去向不明 |
| 洪武二年二月 | 太祖 | 杨载 | 以即位诏谕,赐日本国王玺书 |
| 洪武三年三月 | 太祖 | 赵秩 | 持诏谕"日本国王"良怀 |
| 洪武四年十月 | 日本国王良怀 | 僧祖来 | 进表笺,贡马及方物,僧人九名来朝。送还明州、台州被虏男女七十余 |
| 洪武五年五月 | 太祖 | 仲猷祖阐、无逸克勤等八人 | 回送祖来一行归国,赐良怀《大统历》及文绮、纱罗等,未果 |
| 洪武五年五月 | 不明 | 不明 | 送还所掠海滨男女七十八人 |
| 洪武七年六月 | 足利义满 | 僧宣文溪、净业、喜春 | 无表,却之 |
| | 岛津氏久 | 僧道幸、通事尤虔 | 因无本国之命,乃属私贡,却之 |
| | 不明① | 不明 | 送还所掠濒海民一百〇九人 |
| 洪武八年六月 | 不明 | 不明 | 入贡 |
| 洪武九年四月 | 日本国王良怀 | 圭庭用 | 奉表,贡马及方物 |
| 洪武十二年闰五月 | 日本国王良怀 | 刘宗秩、通事尤虔、俞丰 | 上表,贡马及刀、甲、硫黄等物 |
| 洪武十三年五月 | 日本国王良怀 | 僧庆有 | 贡马及硫黄、刀、扇等物。无表,不诚,却之 |
| 洪武十三年九月 | 征夷将军源义满 | 僧明悟、法助 | 无表。因其奉丞相书措辞傲慢,却其贡 |
| 洪武十三年十二月 | 太祖 | 不明 | 诏训斥"日本国王" |
| 洪武十四年七月 | 日本国王良怀 | 僧如瑶 | 贡方物及马十匹,却其贡 |
| 洪武十九年十一月 | 日本国王良怀 | 僧宗嗣亮 | 上表,贡物,却之 |

从表2-1可知,洪武二年至十四年两国遣使频繁,然而洪武十九年成了绝唱。那是因为这一年发生了所谓的"林贤事件"②,这对中日关系的破裂产生了决定性影响。直到太祖去世,惠帝在位的建文三年(1401),中日两国的邦交才得以正式开始。

---

① 丰后万寿寺住持灵昂也在本次使者中。灵昂之师独芳清昙也曾有过入明的经历,回国后奉足利义满之命出任天龙寺二十四世住持。因此,本次遣使极有可能是由足利义满主导、丰后大友氏协助的一次外交任务。
② 关于"林贤事件与对日断交"的真相,可参见檀上宽《明初对日外交与林贤事件》(朱诚如、王天有主编《明清论丛》第2辑,紫禁城出版社2001年版)。

中日使节出使在外，除完成被赋予的政治任务以外，还积极从事文化交流活动，为加深中日两国的相互了解起到了一定作用。①

（三）民间交流

自古以来，日本对外交流的重要据点毫无疑问是在筑前博多，中日之间的人物往来主要是通过这里进行的。但是濒临有明海的港湾地区并不是完全处于封闭状态的，例如，肥后（现熊本县）的高濑津是日本曹洞宗的大本山所在地，所以与中国有着密切的联系。其中就有人认为道远禅师回国时就是在此处登陆的。而根据权中纳言源师时的日记《长秋记》的记载，长承二年（1133）八月十三日曾经有"宋船"在此登陆。此外，出身肥后曹洞宗的日僧有多人入元学习。

元至正十一年（1351）建长寺物外可什弟子太初启原与宗猷等十八人一同入元，继承径山杰峰愚的法统，住温州泰顺县罗阳的三峰寺、山交的龙护院，永乐五年殁于中国。②

图 2-5　位于温州泰顺岳巢乡山交村的《山交寺开田记》碑
（笔者摄于 2014 年 12 月 4 日）

---

① 有关中日使节的文化交流活动可参见拙著《明代中日文化交流史研究》（商务印书馆 2011 年版）等。
② 陈小法：《明代中日文化交流史研究》，商务印书馆 2011 年版，第 137 页。

为了进一步了解日僧太初启原与泰顺山交寺的关系，谨录笔者判读的碑文如下（"□"为缺字，下文同）：

正面：

《山交寺开田记》
  泰顺县儒学教谕清江熊相撰文
  将仕郎主簿金溪徐福昌、典史太平邓颢仝修
  迪功郎县丞通州耿辉篆额
  文林郎知县彭水郭显宗书丹
  知泰顺县事郭显宗至自核田而语予曰："县治东偏半舍许有寺曰山交，开创自国初。山之僧太初者，日本国产也。航海道东瓯而至，止于斯，偕诸徒大方辟草莽，以弘初基。既而其徒心照善于继述，厉志苦行，以为无功而食于人，曷若自食其力。视诸山泽，因其原湿而可田焉。时有宗兴者为之徒，只承其志，厥工肇矣。心照率先苦力，以倡徒众，垦诸高以就低，置诸石以障壤，引源流以资灌溉，疏沟洫以防壅塞。或募众资以为佣工之费，或藉众力以助疲倦之余。今岁广一区矣，明岁则益至二区三区焉。其志之定，不以工用之顾而少夺；其行之坚，不以岁月之久而少变；其力之勤，不以寒暑之祁而少懈。肇自宣德庚戌，迨今三十年，其勤勤如一日矣。告厥成功，总诸区而以亩计，则廿有畸矣。谷升而以斛计，则可二百余矣。巉岩之阻，化而为膏腴之壤；不毛之地，易而为稼穑之场。亦可谓有功于时，而垂无穷之禾于后矣。命其协力之徒心恩、成就等磨石，以勒其事，盍为记之乎。予惟非其力不食而自食其力者，是亦古人厉志之志之徒也。视诸衣匪桑而食匪耕者，得不与之而为其劝乎。况其定志坚行，苦力之有恒者，人之所难能者也。功在当时而利垂后世者，人之所鲜能者也。此其一节之可取，而郭尹取之，予按郭尹之语而记之，用以告诸来者云。
  天顺己卯二月望日，本山住持心照募缘，宗兴仝立石。

背面：

□□

信官善男信女

时住持本山心照上人，其徒曰宗兴者弱冠礼师，坐林下以修□□，居泉而自吃，克勤□□□议□□□募众缘，营修□□□石砌造百拜（新？）。凡诸宝塔佛座天井□坛，遂固□□完美也。其田町□□□翼诸信善舍财者殆（残？）无名位，久□书之，□阴云耳。

泰顺县官舍郭（郑？）恬舍米二石

（以下四行为个人寄赠者名字，省略）

进入南北朝时期后的延文二年（1357），临济宗雪岩派的石屏子介从中国回日本，在高濑津创建了永德寺。翌年五月，临济宗幻住派的大拙祖能等数十人从福建的兴化县回到日本，六月在高濑津靠岸，禅师入住永德寺。进入14世纪中期以后，高濑津频频登上国际交流的舞台，从福建至高濑津的国际航道代替了原来明州至博多的航道成为主流，不仅是人员往来，中国的许多陶瓷器皿也通过此航线源源不断地运到了萨摩南部等地区。这主要是由倭寇活动的猖獗以及元末明初中国国内形势的动荡不安所致。

至正二十六年（1366），福建刻工陈孟才、陈孟荣、陈伯寿渡日。而著名的刻工俞良甫（现福建莆田市西天尾镇人）可能也在此年东渡扶桑。这一年之前，肥后武将菊池武政派遣肥后正观寺开山大方元恢的法嗣昙聪、寰中元志以及秀山元中的徒弟仲谦等入元，他们与宁波象山籍的高僧楚石梵琦（1296—1370）有过交往。[①]

元朝的两次征日致使中日官方关系降至冰点，然而"政冷经热"，

---

① 陈小法、江静：《径山文化与中日交流》，上海辞书出版社2009年版，第231—251页。

双方的商贸和文化交流依然繁盛。从1336年至1392年的56年间，中日间的商船往来达到19次之多①，其中大多是因私贸易，但也有经过幕府批准的。被批准的船只一方面能够得到幕府保护，另一方面，在其回国后须承担一定的义务，1342年的天龙寺船就是其中最突出的一例。此外，还有一点值得注意的是，众多的日僧随着商船来到元朝，他们在中国除参禅问道、巡礼圣迹、观览名胜外，为寺社采办货物、经营贸易也是其肩负的一个重要使命。

元亡明兴，洪武元年（1368）见诸史料的中日往来有：

（1）日僧绝海中津、汝霖良佐、权中中巽、如心中恕、伯英德俊、大年祥登、元章周郁、明远禅晟等来明留学。

（2）躲避元末战乱的中国文人陆仁（河南人，字元良，称雪樵，苏州教授）从高濑津回国，上述的绝海中津等人就是与他一起来的中国。②

（3）天目中峰明本的法嗣璨庵明昕东渡日本。

洪武二年（1369）见诸史料的中日往来主要有：

（1）日僧竹田昌庆入明随金翁道士学医。③

（2）日僧以中千里迢迢持师傅孤峰觉明的行实入明，请杭州净慈寺用章廷俊为孤峰的三光庵撰写塔铭。

（3）陈友谅族人陈顺祖④避乱赴日。⑤

1365—1366年间亡命日本的道元文信闻知江南政局稳定后归国，

---

① 江静：《元代中日通商考略》，载《中日关系史料与研究》第一辑，北京图书馆出版社2002年版。

② 榎本涉：《東アジア海域と日中交流——九～一四世紀》，吉川弘文館2007年版，第219—226页。

③ 蔡毅编译：《中国传统文化在日本》，中华书局2002年版，第184—185页。

④ 陈顺祖，名延祐，讳宗敬，号台山，初代陈外郎。于元代末期东渡至日本博多，卒于日本应永二年（1395）。其子为陈宗寿，其孙为月海常佑，其曾孙为陈祖田。文明十三年（1481），幕府向岛津氏征求硫黄，当时的使者就是陈祖田。据称，明应二年（1493），陈祖田随遣明使来到中国。

⑤ 榎本涉：《東アジア海域と日中交流——九～一四世紀》，第221页。

时间大约在 1366—1369 年之间。①

洪武三年（1370），日僧兴东藏主自中国江南地区归国，向义堂周信（1325—1388）报告了绝海中津等入明日僧的近况。

洪武四年（1371）夏天，年仅 13 岁的明州象山人张章，因避乱搭乘商船赴日，易名"文溪清章"，出家相州（相模国，今神奈川县）圆觉禅寺。十月，"日本国王良怀遣其臣僧祖来，进表笺，贡马及方物，并僧九人来朝。又送至明州、台州被虏男女七十余口"。②

洪武五年（1372）五月，明使仲猷祖阐、无逸克勤等八人奉命，送日使祖来一行回国。同月，日本送还所掠海滨男女七十八人。根据最新研究表明，入元日僧椿庭海寿奉朱元璋之命，作为本次遣使的先遣队提早到了日本，进行了各种斡旋。③

洪武七年（1374）来明的日本人物情况比较复杂，具体可以分为以下几个大别：

首先是幕府将军的使节。使团的正使为闻溪圆宣，成员有子建净业、喜春、无初德始、简中原要以及周寂、正肇、至道、用怡、一桂、善资、良穗、建萃、明辅、净见等。其中，"周寂、正肇、至道三人到天界亡。用怡、一桂、善资三人海中舟亡。良穗、建萃二人明州正庆寺亡。明辅、明州天宁寺亡。净见、越州舟中亡"④，即史书上的十亡僧。

其次是与春屋妙葩有关的来使。主要有梵超、周允、中应、圭侍者、某禅人、珠侍者。前三人是春屋妙葩的弟子，后三人乃相知者。他们各怀入明之志，很可能最终都随大明使者来到了中国。

再次是岛津氏久的使者。从《太祖实录》"洪武七年六月乙未朔"条中可知，随同道幸一起来朝贡的还有通事和从人等。通事名叫

---

① 榎本涉：《東アジア海域と日中交流——九~一四世紀》，第 225 页。
② 日本史料集成编纂会：《中国・朝鮮の史籍における日本史料集成明实录之部（一）》，国书刊行会 1975 年版，第 8 页。
③ 榎本涉：《入元日本僧椿庭海寿と元末明初の日中交流——新出僧傳の紹介を兼ねて—》，《東洋史研究》第 70 卷第 2 号，2011 年 9 月。
④ 《大日本史料》"南朝文中三年、北朝应安七年四月十一日"条。

尤虔，回国之际除赐予其钱币外，还令其携回表文和贡品。

最后是其他来者。其一是高宫山报恩禅寺僧灵枢之徒灵照。其二是宗岳等七十一名僧人。另外，还有一些身份不明者。①

洪武七年（1374），虽然有众多日僧来到大明，但没有一批持有正式表文，因而都被太祖却回。但考虑到远道而来实属不易，所以太祖对来人都有不同程度的赏赐。像前面提到的日僧宗岳等七十一人游方至京时，太祖下令准其居住在天界寺中，实属厚遇，因为天界寺位于京城，乃当时国家级的大型寺院。但事实上大部分因私入明的日僧被安置在偏远地区。李言恭、郝杰在《日本考》中写道："七年复来，以无表却之。其臣也遣僧贡方物，不恪，却其贡，僧人发陕西、四川各寺庙中居住，著为训示，后绝不与通。"② 即因来贡日僧的不恭，分别被安置在陕西、四川各寺庙中居住，这一点明朝的严从简也提到过。不仅如此，太祖还专门著训，告诫后人不与日本交通。

因此，洪武七年（1374），日本的入明僧迎来了一个高潮，但由于人多混杂，且其中没有一批呈递正式的合乎礼仪的表文，所以，以这一年为界，明朝廷接纳日本来人的态度发生极大的转变，明代中日之间人物自由往来的时代告一段落。

洪武九年（1376）五月，日本商人滕八郎至京，献弓、马、刀甲、硫黄等，并带来其国高宫山僧灵枢托付的马两匹。

洪武十三年（1380），因受"胡惟庸通倭事件"牵连，较多的来明巡礼日僧被流放至云南大理等地，其中部分被安置在大理弘圣寺，留名者有天祥、机先（又作"纪先"）、斗南、天禅、大用、彦宗、洪幻、昙演、天梵、原果、石隐等，这可从明人沐昂选编的《沧海遗珠》、张继伯的《叶榆稗史》以及现存的日本四僧塔中得到佐证。③

---

① 关于洪武七年的日本来使可参见拙文《洪武七年的日本入明僧研究》，《社会科学战线》2010年第10期。
② 李言恭、郝杰著，汪向荣、严大中校注：《日本考》，第63—64页。
③ 王宝平：《明代日本僧人遗留在云南的汉诗》，徐勇、王晓秋主编《中日文化交流两千年：回顾与展望》，社会科学文献出版社2013年版，第92—119页。

图 2-6 云南大理日本四僧塔

## 第二节 与高丽的关系

### 一 "三韩的王是日本的狗"

《太平记》第 39 卷"神功皇后攻打新罗"中有如下一段记载：

> 诹访、住吉大明神分别任副将军、裨将军，其他大小神乘坐三千余艘船只进军高丽国。闻讯后，高丽人乘坐兵船一万余艘出海迎战，数万高丽人葬身大海。见此，三韩王投降，神功皇后用箭头写道"高丽的王是我们日本的狗"。言毕，便返回了日本。从此高丽服从于我国，多年朝贡。①

"神功皇后三韩征伐"的故事源于《日本书纪》的"气长足姬尊"记事，说的是日本第十四代天皇仲哀天皇猝死后第二年，身怀六甲的神功皇后领兵征伐新罗，使新罗、高句丽、百济三国国王臣服后

---

① 新潮日本古典文学集成《太平记》，日本新潮社 1988 年版，第 452—453 页。

凯旋。这个无中生有的神话故事,在元代忽必烈两次东征失败后,竟然升华为日朝两国间的对立意识,造就了"三韩的王是日本的狗"这一充满极端民族优劣意识的词句。正是它,无妄助长了日本人蔑视朝鲜人的狂妄心理和民粹主义。

到了中世,上述这种日本人对朝鲜社会的荒唐认识不但没有减弱,反而在持续发酵。日本民族认为,"神功皇后三韩征伐"以后,朝鲜一直朝贡于日本。进入战国时期后,被黄遵宪揶揄为"黑面小猴"(《琉球歌》)的丰臣秀吉竟以朝鲜疏于朝贡为由,发动了长达七年的侵朝战争,即"壬辰倭乱"。这场给中朝日三国带来深重灾难的兵燹,它的理由何等荒诞!真所谓"欲加之罪,何患无辞"。

### 二　初期倭寇

足利直义的养子足利直冬因受到亲生父亲足利尊氏的追讨而逃往九州,在少弐氏的拥戴下总算得以立足。就在此时,朝鲜半岛南岸的固城、竹林、巨济受到倭寇袭击,合浦的千户崔禅衔命迎战,斩首三百余人。这一年正值忠定王世家二年(1350),《高丽史》以此作为倭寇侵略朝鲜半岛的开始。其实,在高丽高宗十年(1223)前后,朝鲜半岛已可散见倭寇活动的痕迹,即学界所谓的"初期倭寇"或"十三世纪的倭寇"。

多年以来,大多数的日本学者都将1350年认定为倭寇骚扰朝鲜半岛的开始,理由主要有以下两点:一是"倭寇"二字当时还没有作为一个固定用语出现;二是1223年前后倭寇发生的频度和规模不及1350年。关于第一个理由,日本学者中村荣孝早在《日本与朝鲜》(至文堂1966年版)一书中已经找出"倭寇"二字的用例,对上述观点提出了质疑。至于第二个理由,韩国学者李领教授在其专著《倭寇和日丽关系史》中做了如下研究:第一,规模不同。"初期倭寇"一般拥有两艘左右船只,乘员人数为数十名至百名不满。抢劫物资的数量大多不明,只有1263年的被劫物资有据可循,大约是大米120石、绸布43匹以及沿海居民的生活用品等。而"1350年后的倭寇"

拥有的船只最少为 20 艘，最多可达 500 艘，人员从几百人到上万人不等。第二，频率不同。1223 年至 1265 年共有倭寇骚扰记录 11 次，而从 1350 年至 1391 年为止的 42 年中，共有骚扰记录 394 件。第三，骚扰范围分析。"初期倭寇"主要集中在以金州为中心的南海岸及其岛屿，但是"1350 年后的倭寇"几乎席卷了朝鲜半岛全域。第四，行动方式不同。"初期倭寇"掠夺得手后马上返回日本，而"1350 年后的倭寇"则是掠夺后继续滞留在沿岸岛屿上，伺机深入内地。第五，掠夺对象不同。"初期倭寇"仅掠夺物资，"1350 年后的倭寇"不仅掠物，而且还掳人。第六，组织化程度不同。"1350 年后的倭寇"较"初期倭寇"组织化程度更高，可以和高丽正规军作战，具有极强的破坏力和战斗力。第七，两国应对倭寇的态度不同。"初期倭寇"产生时，高丽和日本都采取了积极的应对措施，而两国在应对"1350 年后的倭寇"时则有变化，尤其是日本比较消极。所以，《高丽史》的编者们之所以把"1350 年后的倭寇"作为倭寇侵略的起始正是鉴于以上七点原因，而不仅仅是以往认为的规模和频率两点。①

## 三 庚寅年（1350）以后的倭寇

庚寅年（1350）以后，倭寇的侵扰活动迅速扩展，两年后的 1352 年已经蔓延至高丽首都开京附近并临近日本海的江陵道一带。1357 年、1358 年、1360 年开京连续受袭，以致高丽政府发布了京城戒严令。倭寇主要的掠夺物品是稻米，所以漕船和官仓是其主要的袭击对象。由于稻米的大量被掠，致使高丽政府无法支付官吏的俸禄米。

有一点基本可以肯定，那就是倭寇势力的消长与当时九州的军事形势密切相关，在九州探题今川了俊攻陷大宰府的 1370 年前后，正值倭寇最猖獗的时期。

为了禁倭，高丽政府遣使日本。1363 年使节抵达出云，翌年入

---

① 李领：《倭寇と日麗関係史》，东京大学出版会 1999 年版，第 122—131 页。

京都天龙寺。使节携带的外交文书出自元朝置于开京的"征东行中书省"。幕府以"僧录春屋妙葩"的名义回了信，表达了"禁倭"的意思。1368年，高丽没有倭寇侵扰的记录，可见幕府的对策在一定程度上奏效了。但是好景不长，由于今川了俊新任九州探题，导致九州的政治形势动荡，倭寇趁势再掀狂潮。

而高丽政府也开始意识到，与其与京都的幕府交涉还不如直接与掌控九州的地方势力交涉更有效。于是，1370年以后，高丽政府接连向今川了俊、大内义弘派出了四次使节。1377年，著名的文人郑梦周拜访今川了俊，于是今川了俊和大内义弘决定送还被倭寇俘虏的高丽民众，同时禁止属下渡海，以表示对"禁倭"的支持。

表2-2 高丽王朝使节①

| 出发时间 | 使节名义 | 使者姓名 | 派遣对象 |
| --- | --- | --- | --- |
| 1366年 | 禁倭 | 金逸、金龙 | 日本国王 |
| 1375年 | 通信使 | 罗兴儒 | 日本国王 |
| 1377年 | 禁倭 | 安吉祥 | 日本国王 |
| 1392年 | 禁倭 | 僧觉鎚 | 征夷大将军（足利义满） |

上述的"初期倭寇"（13世纪倭寇）与"庚寅年以后的倭寇"（1350年后的倭寇）虽然在规模、频率、行动方式、组织化程度等方面存在不同，但并不是两个完全异质的现象。两者之间存在85年的空白期，主要原因是元朝的两次征日之战致使日本采取了严厉的海上管理政策。

在日本与朝鲜半岛的交流中，周防国守护大内氏的地位非常值得

---

① 表格主要根据中村荣孝《日本と朝鲜》（日本历史新书，至文堂1966年）、韩文钟《朝鲜前期对日外交政策研究》（全北大学校大学院史学科博士学位论文，1996年）以及须田牧子《大内氏の对朝关系の展开と琳聖太子传说》（载小野正敏、五味文彦、萩原三雄编《考古学と中世研究3·中世の对外交流——场·人·技术》，高志书院2006年版）编制而成。

一提。1379年，高丽王朝遣使韩国柱，与大内氏商量治理倭寇的对策。大内义弘顺应对方要求，派出部队来到高丽，这拉开了大内氏与朝鲜半岛交往的序幕。虽然直到1392年，仍未见双方使者互访的记载，但进入室町时代的大内氏与朝鲜王朝的交流是非常活跃的。

## 第三节　与琉球的关系

### 一　琉球王国的兴起

1999年1月，冲绳本岛名护市屋我地的大堂原贝冢出土了两具葬于2000年前的人类骨骸。随葬品中发现公元8—23年中国西汉王莽新朝的古钱币"大布黄千"和陶器。鉴于此，许多学者认定，琉球与中国的交往至少在2000年前就存在了。①

（一）中日琉史料中的琉球

"琉球"之名，最早见于我国《隋书》卷81"列传第四十六"的《东夷传》，书中称其为"流求国"。据我国史料记载，"琉球"本作"流虬"，其命名取自这两字的汉字本意，即流动的虬龙。到了唐宋时期，又称为"流鬼"或"流求"，元代就称为"留求"或"琉求"了②。但是学界对《隋书》中的"流求国"是否就是以后的琉球王国这一问题一直存在争论。到了明朝的洪武五年（1372），杨载奉命出使琉球，因诏书中有"惟尔琉球"的字样，"琉球"便作为该地区的正式称呼而被固定下来了。中山、山南、山北三王先后来贡，成为明朝册封体系中的重要一员。有意思的是，朝鲜《东史纲目》中也记载道："琉球国在我国东南海中，东近日本，自古未尝通使。至是（明太祖洪武二十二年）其国中山王察度闻我国伐对岛，遣其臣玉之，奉表称臣云云。"也就是说，中山王曾同时是中国、朝鲜两个国家的属国。③

---

①　唐淳风编著：《悲愤琉球》，东方出版社2013年版，第6页。
②　王海滨：《琉球名称的演变与冲绳问题的产生》，《日本学刊》2006年第2期。
③　服部四郎、仲宗根政善、外间守善编：《伊波普猷全集》第7卷，平凡社1975年版，第28—29页。

上述提及的《隋书》列传第四十六中有这样一段描述："明年，帝复令宽慰抚之，流求不从，宽取其布甲而还。时倭国使来朝，见之曰：'此夷邪久国人所用也。'"因朱宽第一次访琉球未果，大业四年（608）隋炀帝再次令其赴琉球宣慰，不料琉球不从，朱宽只好带回当地"布甲"复命。时值日本遣隋使来朝，他们见到"布甲"后，说这是"夷邪久国人"之物。"邪久"即《日本书纪》中的"掖玖"，是对当时日本列岛中的西南诸岛的统称。但和田清博士认为"夷邪久"应该是指现鹿儿岛县的大隅湾。①

从遣隋使得知"布甲"是"夷邪久国人"之物判断，至少当时的倭国贵族与西南诸岛有着某种交流或接触，在正史记载以前，日本对"掖玖国"具有一定程度的认识。这在《日本书纪》中推古二十四年后的关于与掖玖的交涉记录中也可得到佐证。

然而，令我们感兴趣的是，大业四年（608）访隋的倭使究竟是谁？《隋书》的《倭国传》中记载道，"大业三年，其王多利思北孤遣使朝贡"，而《日本书纪》中记载说，推古十五年（607）七月派遣小野妹子赴隋，翌年四月，偕同隋朝使节裴世清回国。也就是说，小野妹子一行在隋朝的时间为大业三年（607）至大业四年（608）四月，如果朱宽从琉球携回"布甲"的时间在大业四年（608）正月至四月之间的话，看到这"布甲"的倭国使者极有可能就是小野妹子。② 和田清博士也在上述论文中明确指出这位使者就是小野妹子。

提到这位小野妹子，就不能不提著名的"国书事件"，《隋书》中如此记载："其国书曰'日出处天子至书日没处天子无恙'云云。帝览之不悦，谓鸿胪卿曰：'蛮夷书有无礼者，勿复以闻。'"国书中的"日出处天子至书日没处天子"一直是学者关注和争论的焦点，众多研究认为，日本把自己称为"日出处天子"，隋朝为"日没处天子"不仅表明了日本想与中国平起平坐的外交态度，甚至还有些轻视含义。但是，最

---

① 和田清：《再び隋書の流求国について》，《歴史地理》第57卷第3号。
② 山里纯一：《古代の琉球弧と東アジア》，吉川弘文馆2012年版，第8—9页。

近日本学者东野治之研究表明,"日出处"和"日没处"两用语典出鸠摩罗什翻译的《大智度论》(《大品般若经》的注释书),纯粹指东西方位,根本没有上下之分。而且,遣隋使再三表明,他们来中国的目的是"闻海西菩萨天子重兴佛法,故遣朝拜,兼沙门数十人来学佛法",因此,也可以说这次遣使日本是做了绵密的情报收集工作的。①

在此顺便还要交代两点内容。第一是20世纪90年代,在奄美大岛发现了大量7世纪的夜光贝遗迹。众所周知,夜光贝是一种珍贵的贝类,自古就是螺钿工艺品不可或缺的材料,因此,学者认为极有可能是岛民把夜光贝当作当时的一种重要的贸易品。第二是最近在西南诸岛的考古中,发现了不少的唐朝铜钱开元通宝。开元通宝初铸于621年,它在日本本土很少出土。联系上述两项事件,我们不难推测夜光贝曾被大量出口至中国,然后被换取了唐朝的铜钱。这为我们探讨古代中国与琉球地区的交流提供了重要线索,也弥补了古代中琉交流史的一段空白,这有待以后做进一步深入研究。② 当然,关于琉球产的夜光贝出口至唐朝一事,有学者认为至少在8世纪还没有明确的证据。至于唐朝螺钿的原材料也有可能来自中国台湾、菲律宾等地区。而西南诸岛出土的开元通宝并不是作为货币功能输入的,很有可能是遣唐使留给岛民的纪念品。③

而"冲绳(OKINAWA)"这一称呼,日本史料中最早见于《唐大和上东征传》。在唐天宝十二年(753)十一月条记载说,鉴真和尚东渡扶桑的船队于"十六日发,廿一日戊午,第一、第二两舟同到阿儿奈波岛,在多祢岛西南;第三舟昨夜已泊同处"。④ 文中的"阿儿奈波岛"日语读音为"おきなわ"(o ki na wa),伊波普猷认为这是岛民的自

---

① 田中史生编辑:《週刊新発見!日本の歴史》3号"飛鳥1",朝日新闻社2013年版,第19页。
② 同上书,第22—23页。
③ 山里纯一:《古代の琉球弧と東アジア》,吉川弘文馆2012年版,第103、118—124页。
④ 真人元开:《唐大和上东征传》,汪向荣校注,中华书局2000年版,第91页。

称或由类似发音的汉字改写而来的，它就是冲绳岛。①"多祢岛"就是种子岛。

**图 2-7　位于唐招提寺内的鉴真墓（笔者摄于 2015 年 11 月 24 日）**

而"琉球"则在日本承和二年（835）空海的弟子真济编撰的《性灵集》中被始称为"留求"。14 世纪日本加入明朝的册封体制后，"琉球"这一称呼便在日本被固定下来。

根据琉球王国向象贤（羽地朝秀）引用日本《保元物语》的有关记载，在 1650 年编撰而成的琉球正史《中山世鉴》中琉球王国最初由天神阿摩美久所创，并一直由天孙统治。② 镰仓时期，源义朝之弟源为朝流亡至琉球，与大里按司的妹妹结婚并育儿尊敦。尊敦长大后从二十五代的天孙手里夺取了政权，自己即位号称"舜天"，时值

---

① 服部四郎、仲宗根政善、外间守善编：《伊波普猷全集》第 2 卷，平凡社 1974 年版，第 505 页。
② 徐葆光在《中山传信录》中也有类似记载：中秋宴请之际，中山王延客人入席坐定，先呈神歌祝颂说帖云："本国混沌之初，首出御世者为天孙氏——如中国羲皇，淡泊为治。嗣后国君登位（后略）。"详见徐葆光《中山传信录》（《清代琉球纪录集辑》第二册，台湾中华书局 1971 年版，第 30 页）。

南宋嘉熙元年（1237）。到了舜天之孙义本王时代，琉球大闹饥馑，无奈之下义本王奉还王位于天孙氏后代的英祖。记载"源为朝流亡至琉球"这一事件比《中山世鉴》早的文献，还有僧袋中的《琉球神道记》、文之御匠的《南浦文集》、僧玄苏的《八岛记》以及日下部量衡的《定西师传》等。①

赞同上述观点的日本史家也不少，如重野安绎、久米邦武、星野恒合著的《国史眼》，币原坦的《南岛沿革史论》等。而在黄遵宪的长篇叙事诗《琉球歌》中亦有"天孙传世到舜天，海上蜿蜒一脉延"的说法。《清朝文献通考》记载："琉球相传自天孙氏建国，传二十五代，逆臣利勇弑而自立。浦添按司舜天者，日本人皇之后裔，讨杀利勇，众推为王，遂代天孙氏，时宋淳熙十三年也。"

伊波普猷认为在奄美大岛流传着多种与源为朝有关的口头传说，而宫古岛、八重山却没有，这说明源为朝到过奄美大岛。此外，在"坛之浦之战"中失败的平氏，最初逃到了萨南七岛，两年后来到了奄美大岛附近。②但是源为朝到过琉球以及舜天王尊敦都是传说而已，并无事实根据。③而琉球学者蔡璋在其《蔡璋言论摘辑》第一辑中就早已指出，《中山世鉴》中所谓的日人源为朝乃舜天王之父一说，纯系琉奸向象贤于清初伪造的谬说，实际上源为朝并没有到过琉球。清康熙五十八年（1719）册封琉球使徐葆光在琉球得见《中山世鉴》，惊为秘宝，盲目抄袭一些观点编入其著《中山传信录》中。以后有关琉球各书，又辗转沿用徐书内容，沿其讹误，一错再错。

其实，对于琉球王国的世系，早在康熙二十二年（1683）出使琉球的汪楫就曾在当地购得《琉球世缵图》一卷，其中详细记载了琉球王朝更迭的情况。这在清代刑部尚书王士祯的《池北偶谈》卷2《琉球世缵图》中有详细记载：

---

① 服部四郎、仲宗根政善、外间守善编：《伊波普猷全集》第2卷，第45页。
② 同上书，第48—50页。
③ 米庆余：《古代日琉关系考》，《世界历史》2000年第3期，第58—65页。

琉球国或云流求，或云留求。自元以前不通中国，明洪武五年中山王察度始遣使入贡。入本朝为属国，职贡不绝。然纪载诸书不详其世次。予门人汪翰林舟次楫使琉球归，作《中山沿革志》，进呈御览。云世系沿革彼国有厉禁，秘不以告。多方购得《琉球世缵图》一卷，令译者以汉文释之。知其国自南宋始称王，元延祐间国分为三：中山、山南、山北。明宣德时复合为一。明初山南王承察度、山北王帕尼芝亦遣使入贡受封。自宋及今代已四易，所谓姓欢斯者，无据。谓皆尚姓者，亦非也。世缵图载之如左：

大琉球国中山王舜天以来世缵图：舜天、舜马、顺熙、义本、英祖、大城、英慈、王城（二城或作成）、西威、察度（始通中国）、武宁、尚思绍、尚巴志、尚忠、尚思达、尚金福、尚泰久、尚德、尚圆、尚宣威、尚真、尚清、尚元、尚永、尚宁、尚丰、尚贤、尚质、尚贞（即今袭封世子）。

根据汪楫的描述，琉球国对其世系沿革非常保密，秘不示人。汪楫通过多方努力，才购得《琉球世缵图》一卷。把此图译成中文后，琉球的历史才真相大白。当然，汪楫的《中山沿革志》也引用了此图的谱系。此图因出自琉球国人之手，大多应是可信的史实，但舜天至义本间的更替，未免有些神话的色彩。

南宋景定元年（1260）英祖王即位，统治了琉球北部、中部地区，中山王权雏形始见。但与此同时各地还留存有不少割据势力。而具有琉球风格的大型石城建筑也大约在此时开始普及。琉球这种发达的石头建造的城郭文化与之后有"石城"之称的博多之间到底有无技术层面的交流，有待进一步研究证实。

元大德三年（1299）英祖王去世，琉球进入战乱动荡的时代。

（二）琉球王国

琉球的历史大致可以被分为"先史时代""古琉球"和"近世琉球"三个时代。"先史时代"一般指包括12世纪以前的旧石器时代和贝冢时代,"古琉球"是指 12 世纪初到萨摩藩主岛津氏入侵为止的大约 500 年的时间。"近世琉球"是指萨摩藩主岛津氏入侵琉球的 1609 年至明治政府宣布琉球废藩置县的 1879 年的 270 年的时间。

古琉球又可分为"山寨割据时代""三山时代""第一尚氏王朝"和"第二尚氏王朝前期"。12 世纪初,以按司或世主为首领在各地形成了割据的政治小集团,筑城扎寨相互对立,战争不断。

到了 14 世纪,以现在的冲绳本岛为中心形成了三大势力范围,那就是中山王、山南王和山北王三山鼎立的"三山时代"①。1406 年,山南的尚巴志举兵推翻了三山中势力最大的中山王武宁,1416 年,尚巴志又剪除了山北王攀安知的势力,1429 年又灭了山南王他鲁每,最终统一了琉球,开创了第一尚氏王朝,该王朝延续了七代。直到 1469 年,国王尚德去世,权臣金丸发动政变,夺取王位,并以尚德王世子的身份,自称"尚圆"遣使朝贡明朝,琉球王国自此进入第二尚氏王朝。

第二尚氏王朝的前期,也是琉球王国发展最快的时期。特别是在第三代国王尚真的统治时期,无论是政治制度、经济贸易还是科技文化,都是王国的鼎盛时期。

## 二 两国的交流

日本与琉球的交往也由来已久。最初在日本史料中出现琉球记事的是《日本书纪》,这本书的"推古二十年"条中有"三月掖玖人三口归化,夏五月夜句人七口来之,秋七月亦掖玖人廿口来之"的记载。此后,推古二十四年(616)以及舒明元年也分别有关于"掖玖"的记述。据研究,上述引文中的"掖玖""夜句"可能是指包括琉球群岛的主要岛屿冲绳岛。②

---

① 对于古琉球的"三山时代"最近出现新的研究动向,即否认这种三足鼎立时代的存在。代表研究主要有孙薇的论文《割據時代の琉球——十四世紀七十年代から十五世紀二十年代にかけて》(法政大学国际日本学研究中心《国際日本学》2005 年第 2 期)以及日本学者吉成直树、福宽美的著作《琉球王国と倭寇——おもろの語る歴史》(森话社 2006 年版)等。

② 何慈毅:《明清时期琉球日本关系史》,江苏古籍出版社 2002 年版,第 3 页。

大和政权和琉球诸岛的交流可以追溯至11世纪之前，因为在琉球诸岛发现了类须惠器①和长崎县西彼杵产的滑石制石锅，而且从体质人类学角度研究发现，琉球岛民的骨骼与同时期本土的中世日本人的骨骼相似。

王韬在《流求向归日本辨》中，曾参考《大日本史》写道："萨摩人河边通纲乖赖朝之旨，亡匿鬼界岛。后鸟羽天皇文治四年即宋淳熙十三年，遣兵击鬼界岛，降之，此琉求始通日本之证也。"引文中的"鬼界岛"为琉球的别名。

在琉球古代歌谣中，留存有镰仓时代歌唱日琉贸易的歌曲。歌曲的大致意思是说岛尻真壁村的伊敷城主不远万里赴大和购买瓦片等货物。而在浦添城遗址中确实发现了古瓦，经专家鉴定这些瓦片也确系镰仓时代的文物。古瓦研究专家在《考古杂志》5卷12号发表了相关论文。此后，首里城、胜连城遗址也发现了镰仓时代的古瓦。因而伊波普猷认为，日本与琉球在镰仓时期就有贸易往来，但由于日本南北朝战乱，日琉之间的往来一时中断了。②

佛教最初传入琉球王国据说是在英祖王的咸淳年间（1265—1274），一名自称禅鉴的普陀洛僧漂流而至，于是英祖王在浦添城之西为其营造了极乐寺。最早记载这段历史的书籍是《琉球国由来记》，在卷10《琉球国诸寺旧记序》中作如下记载：

> 婆娑世界，南瞻部洲者，皆我能仁觉皇，一化之所统也，故曰竺乾。到震旦，及扶桑、朝鲜、新罗、百济诸国等。历代圣主，悉建寺度僧，而无不归崇焉。传闻，本朝□舜天四代明主，称□英祖王，广流王泽，终崇佛乘。万邦怀德，四夷向化。时咸淳年间，有禅鉴禅师者，不知何处人，尝乘一苇轻舟，飘然到小那霸津。俗不称其名，只言补陀洛僧也。盖朝鲜人欤？且扶桑人

---

① 须惠器：古坟时代后期到平安时代制作的陶器，属登窑中高温烧制的质地较硬的灰黑色陶器。

② 服部四郎、仲宗根政善、外间守善编：《伊波普猷全集》第2卷，第50—53页。

钦？世远，详无考也。王闻于其道德重而□诏召之，始见圆顶方袍仪相，而大悦之。本有凤愿乎。创建精舍于浦添城西，而居于斯，号言补陀洛山极乐寺也。是我朝佛种萌芽、梵宇权舆乎。①

与上述类似的记载在该书卷10的《天德山龙福寺》中也可得见，极乐寺乃"龙福寺"的前身，因极乐寺遭受火灾，在尚圆王成化年间（1465—1487）浦添城南方数百步之地创建该寺，并改极乐寺的寺号为龙福寺。虽然该记载疑点较多，但是迄今为止记载琉球佛教传来最早的史料，其价值不容忽视。至于这位禅鉴究竟是哪国人我们不得而知，日本学者名幸芳章在《冲绳佛教史》（护国寺出版1968年版）中认为，既然极乐寺的山号名为补陀落山，那么极乐寺就应属于天台宗，禅鉴可能来自纪州（和歌山）那智山的补陀落山寺。②宫家准也在《日本宗教的构造》（庆应通信出版1974年版）一书中表达了类似观点。有学者不仅主张禅鉴是日本人，而且认为正是像他这样的渡来僧将汉字传入了琉球，琉球的汉学也由此拉开了序幕。③但著名的琉球研究专家伊波普猷认为禅鉴是宋朝禅僧。④知名定宽也认为不能排除是宋僧的可能性，理由是琉球考古挖掘出了很多12世纪、13世纪中国的陶瓷器皿，可见当时中琉之间已经存在较多的交往了。⑤而到了察度时期的1365年，日本真言宗僧赖重法印来到琉球，并于三年后在波之上建立了护国寺。赖重圆寂于洪武十七年（1384），可以说这是日本与琉球佛教交流的开始。⑥

到了14世纪，中日之间航线的改变为那霸的繁荣带来了契机。

---

① 外间守善、波照间永吉编著：《定本琉球国由来记》，株式会社角川书店1997年版，第174页；知名定宽《琉球仏教史の研究》，榕树书林2008年版，第29—31页。
② 名幸芳章：《冲绳佛教史》，护国寺出版1968年版，第6页。
③ 上里贤一：《琉球漢詩選》，ひるぎ社1991年版，第17页。
④ 伊波普猷：《伊波普猷全集》第9卷，平凡社1993年版，第234页。
⑤ 知名定宽：《琉球仏教史の研究》，榕树书林2008年版，第40—41页。
⑥ 小叶田淳：《増訂中世南島通交貿易史の研究》（临川书店1993年版，第10页）、梅木哲人《新琉球国の歴史》（法政大学出版局2013年版，第43页）、徐斌《明清士大夫与琉球》（海洋出版社2011年版，第208页）。

由于当时中国沿海一带治安恶化，从前的博多至明州的大洋路逐渐衰落，代而取之的是从肥后高濑津经由萨摩、琉球诸岛然后抵达福建的南岛路。也就是说，大约在14世纪中期，那霸成为中日海商往来重要的中转港口。

洪武二十二年（1389），中山王察度初次遣使高丽王朝时，琉球使节事先已经得到了高丽王朝进攻对马的有关情报，所以一改经由对马至庆尚道之路的常规，而改为至全罗道顺天府之路。到康安元年（1361）为止，对马守护少式赖尚所需的麝香皆经由琉球输入日本。因此可以推断，14世纪60年代前后，在琉球与北九州（对马、博多）之间已经存在交流了。

战前那霸临海寺中曾祭祀着三尊铭为至正二年（1342）的药师石像，这一时间与上述的中日之间南岛路的利用年代几乎一致，由此也可见那霸对外交流之一斑。

明人郑若曾在《郑开阳杂著》卷7《琉球图说》中记载"洪武初，行人杨载使日本，归道琉球，遂招之。其王首先归附，率子弟来朝"。文中提到的杨载前后两次出使日本，第一次在洪武二年（1369），但宣喻无果，杨载也被关押，3个月后得以返回。第二次是在洪武三年（1370），这次的正使是赵秩，或许是因为杨载有出使日本的经验，命其担任副使随同出访。

关于赵秩出访日本一事，明人王逢在其《梧溪集附补遗》中有如下记载：

题括苍赵秩可庸两使东夷行卷

维日本启国，曰卑弥呼氏。始觐桓帝朝，乃冠带理。爰至唐宋，若父母抚子。有元征不庭，由行人匪贤，或通或通垂八十年。明君作远用柔，表降贡违，厥臣仆羞。君其韬威秩是谋，再诏秩往，僧勒①阐等十僧同舟，鼓铙轰震龙伏湫，旌幢电晔香雾

---

① 勒：恐为"勤"之误，即克勤。

浮,弥月说法飞梅陬。名王恭迎驾象辀,秩也徐策天驷骝。仁义汉节,诗书吴钩。掠耽罗观毛人,宠扶桑驻流求,阳舒阴翕上德意,冒岚冲涛百艰勩,绣衣经寒紫贝阙。骊珠呈春白玉陛,收名汗竹光汗裔,折丕赵咨乌并辔。①

文中特别值得注意的是"宠扶桑驻流求"一句,也就是说,赵秩曾到访过琉球。由于当时中日之间一直使用的宁波—博多航路因舟山"秀兰山之乱"而阻塞,所以采用肥后高濑至福建这一航线。也就是说,赵秩一行回国时是从高濑扬帆出海的,途径琉球王国,最后到达福建。那么,这一航线的消息从何而来?很有可能是在九州时,从某海商处得到的。明朝使节在得知东亚世界还有一个未知王国,即琉球王国存在时,立即在回国后向洪武帝做了汇报。于是洪武五年明廷派遣杨载出访琉球,进行新王朝建立的宣喻,从此拉开了中琉交流的新篇章。

---

① 王逢:《梧溪集附补遗》卷7,中华书局1985年版,第352页。

# 第三章

# 南北朝的经济与社会生活

## 第一节　庄园制的衰落

　　南朝统治的地域仅是近畿南部和九州的一部分，而北朝的统治大权则由足利尊氏一手掌控，因此南北朝实际上是武家和公家的对立。在南北朝的对立中，北朝占据绝对优势。尽管是这样，室町幕府对朝廷的势力还是非常警惕的。因此，为了削弱朝廷的权力，幕府就要依靠守护的力量。鉴于此，北朝贞和二年（即南朝正平元年，1346年）足利幕府赋予守护"割田狼藉"的处理权和"使节遵行权"（强制执行权），以加大守护在领国内的统治权力。北朝文和元年（即南朝正平七年，1352年）七月，足利尊氏以其子足利义诠（1330—1367）的名义颁发了"半济法"，法令赋予守护以征收兵粮米的名义收缴属于公家、贵族和寺社庄园一半年贡的权利。这一半年贡其实由守护和国内的武士瓜分，从此守护实际上合法地支配了庄园一半以上的土地。此外，还获得了在其国内承包征收公领的年贡，征收"段钱（土地税）"①"栋别钱（房税）"及其他赋税的权利。

　　这样，守护通过多种手段蚕食庄园，逐渐将庄园收归自己所有。

---

　　① 中世时期的天皇即位、让位时举办大尝会（即天皇即位后第一次庆祝丰收的大型祭祀），营建大内，或将军上任之际，朝廷、幕府为筹措所需军费依田的面积征收的"公事"，一般以段（1段大约相当于360步）为基准来课征。早期征收稻米，所以也称"段米"。

同时利用军事上的权力,把庄园代官(地方民政官)和武士变为自己的家臣(也常称作"被官")。当时的这种守护被称为"守护大名",称其国为"领国"或"分国",守护大名领国制开始形成。进而言之,14—15世纪,日本无论是在政治、经济上,还是生产上都需要建立超越庄园领地范围的更广阔的世界,守护就是在这样的社会变革的过程中,趁庄园领主势力没落,地方领主还没发展成为强有力的势力之前,牺牲所有其他阶层而成为唯一得利的阶层,形成了拥有一元化统治权的守护大名领国制这一地域封建体制。①

南北朝内乱使得地头、庄官等在乡领主进一步增强了其地区领主的性质,而庄园领主虽然还能在其居住地周围维持统治,但年贡的征纳已是大为减少,再加上"半济法"的实施以及"守护请"的推行,以及守护在辖地行政、司法权的获得,使得庄园的旧有体制难以继续,庄园制日益走向衰落。

## 第二节　农工商的发展

日本社会作为一个农业社会其真正进入成熟期是在南北朝内乱之后。② 具体来说,生产技术不断提高,农具不断改良,水稻出现三季之别。农民利用水车引水灌田,使得一些经济落后地区也实行了稻麦复种。经济作物如芝麻、苴、蓝草等在各地开始种植。各地还出现了许多特产,例如北陆、东北地方的大麻、苎麻,宇治、栂尾的茶,甲斐、纪伊的橘子。鱼市在各地出现,利用盐田的规模制盐业代替了原始制造法。

手工业方面也有了发展,如造纸、制陶、酿酒、榨油、制盐、制漆、金属铸造、纺织业等均在这一时期得到蓬勃发展。建筑业也因营

---

①　金颖:《论 14 至 15 世纪日本守护大名领国制的形成》,《日本研究》1992 年第 3 期。
②　网野善彦:《中世再考——列岛の地域と社会》,日本エディタースクール出版部 1991 年版,第 166 页。

◆ 坐看风云起

图 3-1　樱花盛开的宇治川（笔者摄于 2013 年 4 月）

造和修缮社寺的盛行而有了显著的发展。特别是在南都，属于东大、兴福两寺的木工、瓦工、葺工和油漆工等分别组成"座"（今天的东京银座即根源于此），进行了垄断。但是有一点必须注意，由于日本东西国的区别，其在村落的行政管理模式上也存在很大差异。东国实行主从制，而西国流行职能集团世袭制，即上述的"座"组织。但是此时也出现了蔑视非农业民——手艺人的倾向，尤其是在西国，这种倾向铸就了江户时代以后日本社会差别问题的根源。

农业、手工业的发展促进了商品经济的繁荣。农村的集市由临时变为定期，定期市场次数的增加，逐渐演变成为小卖店。享有特定销售座席的市场——"市座"也被自由出入的"乐市""乐座"取代，经营专门商品的特殊市场也逐渐涌现。

海上交通在这一时期尤其发达，它通过濑户内海、淀川、琵琶湖等把中国、四国、近畿地区连接了起来。于是从地方生产者经过地方商人、城市批发商直到零售小卖店铺形成了一张商品供应网，带动了经济生活的飞跃发展。

工商业者同业组织的行会叫"座"，这在前面已经有所提及。"座"是中世纪特有的一种经济现象，它在一定程度上促进了经济的发展。关于"座"的起源有多种说法，可追溯至中世以前。成熟的"座"组织以官府、贵族、社寺为靠山，目的是受其保护，以取得销售商品的垄断权、关卡的自由通行权，是工商业者的一种自卫团体。组成"座"的人被称为"座众""座人"。最大的"座"是以石清水八幡为靠山的大山崎离宫八幡的油座。此外，著名的还有京都祇园社的棉座、木材座、吴服座，京都北野社的酒曲座等。但是商品经济发展到了一定程度，"座"又会阻碍商品的自由流通，成为一种障碍，所以到了战国以后，大部分被解散。

## 第三节　社会生活

### 一　农村自治体的形成

中世日本人的住地一般被称为"庄"或"乡"，"庄"通常指庄园，"乡"即公领。这些庄园、公领对于皇家、贵族和寺社来说是一种财产，而对于住在这里的人们来说，它们既是生活之所，也是生产之地。一般的"庄"或"乡"里包括一座以上的村庄。之前村务一般由被称为"名主"[①]的有权有势的百姓代表来全权掌管，到了14世纪，由于统治上层内部的混乱，名主已经无法解决各村庄内部的争执了。而另一方面，农业生产的强化和较大村庄的兴起导致邻里间的冲突越来越多。因此，村民们感到需要一些机制来处理这些共同事务，这就是"惣村"成立的背景。

（一）惣村的成立与村务独立

提到惣村，不能不涉及一个问题，那就是引起南北朝内乱的原因到底是什么？一般认为是代表武家力量的幕府与代表公家利益的南朝之间发生的冲突。而日本战后的历史学界认为有一现象不能忽视，即农村的动向。农村在急剧动荡的内乱中发生了很大变化，而有实力的农民，即名主、贫民、浪人等正是发生上述内乱的根本动力所在。惣

---

[①] 平安时代后期继"田堵"之后出现的农民阶层。中世时，他们负担国衙领地和庄园的年贡与杂粮，在农村居领导地位。明朝的郑舜功在《日本一鉴·穷河话海》卷4中认为，"名主"就是"百姓"，而"百姓头"被称为"庄官"（北海图书馆1938年版，第7页）。

村的出现,也是内乱带来的重要结果之一。而网野善彦提出,仅仅着眼农村的变化还不能说完全抓住了南北朝内乱的意义,还必须看到两种对立(一是东国和西国的对立,二是农民和非农业民的对立)带给社会变化的动力。①

农民依靠惣村这种组织团结一致,以集体的力量同封建主进行斗争。这主要表现在以武力阻止封建主军队进入村庄为非作歹,或者以集体签名方式向庄园领主强行要求减轻年贡,免除直营地上的劳役和罢免凶恶的庄官。

惣村是带有自治色彩的农民组织机构,在农业发达的地方形成较快。它的基本成员是"百姓名主"(自耕农、佃农)和"名子"(农奴、小佃农),担任领导者的"番头""沙汰人""乙名"则多数是强大的名主。

惣村有以下几个特点:第一,它是村民聚会制定村规的场所,全部成员必须遵守通过的决议。第二,承包缴纳全村的地租、杂税,缩小庄园领主的权限,并逐渐取代领主的地位。第三,置备村庄的共有财产,独自征收村务税费,以备临时急用。第四,为了防止自己的权利受到侵害,组织村民实现自救,甚至不惜付诸武力。因此在当时,社会对以暴力方式解决村务纷争并无责难之意,而是持认可的态度的。

说到惣村制度,笔者想到了我国魏晋南北朝时期中原林立的"堡坞"组织。由于战乱不断,中原地区出现了大量的迁徙逃难者,而不能也不想背井离乡者则纠合宗族乡党,屯聚堡坞,居险自守,以此来躲避戎狄寇盗之难,这就是所谓的"堡坞"制度。其主要特点是:众人聚族而居,服从精明能干的坞主的领导;内部实行同工同酬、互助合作的分配方式。这种农村自治组织曾在河南嵩洛一带长期存在过。陈寅恪先生甚至认为陶渊明描写的《桃花源记》就是西晋末年

---

① 网野善彦:《中世再考——列岛の地域と社会》,日本エディタースクール出版部1991年版,第152—153页。

堡坞生活的真实写照。

日本的惣村制度也好，中国的堡坞组织也罢，能够得以实现，均不能不依靠深厚的本土资源，这是一种认清了现实之后的不得已的选择。

（二）守护役务

作为一名庄民，除向领主缴纳地租、杂税外，有时还有夫役。可是，负担并不仅仅于此，还要履行"守护役务"。所谓的"守护役务"，就是朝廷或者幕府定期或不定期地向庄园、公领均摊的赋税。例如二十年一次的伊势神宫式年迁宫的费用、新天皇登基时的大尝祭、营建宫廷等的费用，均需各国来摊派。

南北朝时期庄民需要负担来自守护的各种苛捐杂税，总称为"守护役务"。但是由于战争的频发，为了筹措军费，庄民可以把一半的地租缴给武士，另外一半缴纳给庄园的主人。这虽是战时体制的一种临时措施，但也成为后来武家侵略庄园的手段。

此外，庄民有时还要直接参加战斗，即所谓的"野伏"。即使不直接参加战斗，也要从事兵粮的运输、城郭和桥梁的建设等杂事。除战事外，还要参与守护菩提寺的营建等。

当然，这些杂役并不是庄民们自愿承担的，而是以这些徭役换取守护的保护，以防邻国国人的侵犯。

以上的"守护役务"并不单单由庄民负担，庄园领主也要承担，一般是折半而行。因此，守护对于庄园制并不完全是起破坏性作用的，也起到了相应的调解作用。

## 二 世像百态

南北朝内乱期间，大规模的作战军团纵横列岛，给民众的生活带来了严重影响。例如，《太平记》卷19中提到，延元三年（1338）正月八日，北畠显家的50万骑兵从镰仓出发开往京都，所经之地的方阵宽达四五里，完全通过要四五天时间，当时实行兵粮就地供给制，这给所经地方的人民带来了不可言状的痛苦。与此同时，在美浓国仲村庄一带，显家军队与当地的根尾山南朝军作战，军队闯入庄园，连种子都洗劫一空，士民四处逃散，更谈不上耕种了。上述的这种直接损害，当时在全国各地时有发生。此外，还有间接灾难。由于战乱不断，经常爆发饥馑，同时物价飞涨，盗贼横行，人身买卖随处可见，这些都给人民带来了毁灭性的打击。

值得一提的是，在当时的从军行列中，不一定全是专业的武士，其中有野伏（民兵）、强盗、恶党、山立（山贼）以及浪人，在显家军队中甚至还有陆奥国的虾夷人。因此，从某种程度上来说，这样的杂牌军参战的主要目的是获取战利品。

在此，就上述提到的"恶党"有必要做简单说明。"恶党"一词首见于12世纪中期的日本史料，到了13世纪末期已被大量使用，成为当时的一个极大的社会问题。这种现象一直延续到了南北朝内乱前后的14世纪中期。在镰仓时代，以畿内为中心，各地的"恶党事件"频发。恶党的规模小的有一二十骑，大的有五十骑甚至上百骑。其活动范围很广，成员身份复杂。日本历史上最著名的恶党之一就是楠木正成（尽管对于楠木的身份有多种说法）。最近的研究表明，播磨守护赤松则村的儿子也可能是恶党之一。

关于恶党生成的社会原因和背景，日本的大多数学者认为是"蒙古袭来"（忽必烈两次东征日本）和"幕府德政"。"蒙古袭来"确实是日本神国思想高扬的原因之一[①]，但是把它归结为恶党发生的主要原因，笔者认为值得商榷。众所周知，恶党与后来的倭寇有着千丝万缕的联系，如果上述观点成立，那就意味着倭寇发生的深层次原因是元朝军队的两次东征，责任全在中国，这不仅本末倒置，也掩盖了滋生倭寇的内在原因——日本社会庄园制的没落、贫富差距的急剧化。

国内残酷的战争、动荡的社会，使人们觉得世事无常，人生苦短。因此，出于求生、行乐甚至泄愤等目的而诞生了各色群体与

---

① 陈小法：《日本"神国思想"与元明时期的中日关系》，《许昌学院学报》2005年第1期。

阶层。

（一）道道之辈

所谓的"道道之辈"就是游历各地进行演艺活动的集团，其代表行业是木偶师。木偶师在表演的时候，女歌手在旁载歌载舞娱乐观众，而晚上这些女歌手就成了"游女"。

该时期还有一种杂耍被称为"千秋万岁"，表演者都是乞丐、和尚。他们身着神仙装束，手持松枝，在正月之时挨家挨户讨口彩。据称，十二三岁的丰臣秀吉（当时名中村申之助）因声音洪亮，并擅长模仿女声，被艺人看中，随之一起走门窜巷"唱万岁"。正得益于此，丰臣秀吉对各地的民俗风情了如指掌，像蚂蚁一样熟悉各地的地理，培养了与人打交道的能力，这些成为了他藏在胸中的珍宝。[①] 此外，还有表演跳舞、曲艺、魔术和耍猴等道道之辈。他们虽然掌握了特别的艺能或技术，然而这些艺人却生活在社会底层，受到社会的歧视。

（二）"婆娑罗"与"寄合"

"婆娑罗"（basara），亦称"婆佐罗"，来自佛教用语的 Vajra（金刚）。作为当时流行用语的"婆娑罗"，直译过来就是自身实力觉醒了的新兴武士阶层，是他们所主张的生活意识和审美意识的体现。他们彻底否定了王权等权威第一的思想，与持悲哀论调、认为世间无常的王朝价值观截然相反，他们处事豪华坦率，敢于挑战权威。婆娑罗的外表特征，最为典型的就是花里胡哨的衣装，并以红色为主色调。[②] 东福寺的僧正云泉大（亦有作"太"）极在日记《碧山日录》中把他们称为"多储钱货珍器名画以傲人也"。其中有两名杰出的代表人物，一个是土岐赖远，另一个是佐佐木道誉，他们被称为"婆娑罗大名"。著名的历史故事《是院还是犬》和《火烧妙法院》的主人公就是他们两个人。佐佐木道誉原名佐佐木高氏，因执权北条高时出

---

[①] 小林莺里：《丰臣秀吉》，罗安译，中国画报出版社2018年版，第27—31页。
[②] 野坂昭如：《バサラ大名》，文艺春秋编《エッセイで楽しみ日本の歴史》（上），文艺春秋1993年版，第418—421页。

家，作为相伴众的佐佐木也剃发，以示忠诚，易名"道誉"。当然，幕末的佐久间象山也被认为是近世婆娑罗的代表。

上述提到的《建武式目》第一条"厉行俭约之事"中有取缔婆娑罗风气的相关法令，之后幕府还曾多次颁发禁止令。但是这种社会风气得到了时人的广泛支持，禁令难以产生显著的效果，以致成为一种新文化创造的原动力。

与婆娑罗同时产生的，象征该时代文化的还有一个词汇，即"寄合"。它类似于群众性的联谊娱乐，常见的有酒宴、茶会、田乐、连歌以及赌博等。其中，尤其以佐佐木道誉这样的婆娑罗大名举行的寄合最为奢侈。可以说，婆娑罗精神只有通过这种极尽奢侈华丽的寄合才能得到充分的表现。因此，它与婆娑罗一样，也受到了幕府的严厉禁止。当然，幕府禁止寄合的另一个原因是担心这种集会成为反对政权的寄生地。前面提到的后醍醐天皇为了筹划倒幕计划，聚集公家、武家举行的"无礼讲"（又称"破佛讲"）实际上就是一种寄合。但是不管幕府如何禁止，"寄合"作为当时群众最受欢迎的文化之一具有极强的生命力，其中尤以连歌最具代表性。如果在盛开的樱花之下举行，又被称为"花下连歌"，这种具有广泛群众基础的文化活动，催生了像救济（1284？—1376？）这样的一代连歌大师。

除了连歌之外，在当时，斗茶可能算得上是最奢侈的游艺了。斗茶起初的目的是品味"本非"，所谓"本"，即产自京都北郊栂尾的茶叶，而"非"，即其他产地的茶叶。通过复杂化之后，这种品味活动增强了游戏性，变成了"本非十种茶胜负"或"四种十服茶胜负"等。斗茶活动在某种程度上也促进了日本茶叶的生产，但它与之后的"佗茶"有着本质区别。

无论是连歌还是斗茶，活动场所一般都在公共场地，这种场地又被称为"会所"。会所对当时的人们来说具有一定的平等性和公开性，在这里大家机会几乎均等，走运的时候还可通过赌博赢取部分财富。这种平等性和公开性也正是统治者对婆娑罗文化恐惧的症结所在。

## （三）疾病

考察一个社会的疾病情况，有利于我们了解当时民众的生活水平、生活方式、医学发展程度以及对外交流等方面的知识。而《园太历》是南北朝时期太政大臣洞院公贤（1291—1360）撰写的日记，其中记载的内容除了当时公卿的动向、社会形势外，还有医学方面的宝贵史料。下面，就《园太历》中记载的南北朝时期的疾病种类做一个简单的考察。

根据记载，当时的疾病主要有咳嗽、感冒、疟疾、中风、赤痢、发烧、疖子、痔疮等。其中发病率最高的是感冒、咳嗽等急性呼吸系统方面的疾病，其次是脚气、疟疾、赤痢、中风等。在《园太历》"康永四年九月十二日"条中就有记载说，当时咳嗽的人很多，有些类似今日的流感爆发，连上皇都未能幸免，严重的甚至因此而殒命。有意思的是，当时的日本人认为这种病是唐船归朝时携回的，也就是说，是从中国传染过去的。咳嗽流行的记载在同书的观应二年（1351）六月条中也有，可见此病在季节变化之际易发。值得注意的是，日记在观应元年（1350）四月二十日的记载中提到，梦窗国师得了疟疾，在医生和气嗣成的治疗下痊愈，不幸的是，翌年（1351）九月疟疾再次复发并恶化，九月七日病入膏肓，三十日巳时圆寂。

# 第四章

# 南北朝文化

上文就政局动荡带来的战乱和灾难做了介绍，但如果认为那是南北朝时期的主要国情，那就大错特错了。其实在这一时期，无论城市还是农村都涌现了许多自治性的组织和文艺活动。

## 第一节 艺能

### 一 宫座

当城市的人们聚集在会所沉迷于各种寄合时，地方的乡民们却聚首在各种寺社，轰轰烈烈地进行各种艺能活动（祭祀或者神事仪式），而负责这种活动的组织被称为"宫座"。

宫座制度在平安时期就已经存在了，经镰仓时期到南北朝时期，它的形式发生了变化，具备了惣村性质，即具有了开放性和轮流性。著名的艺能活动有大和法隆寺的"童舞"，摄津国多田院的猿乐、流镝马、相扑，住吉神社的神乐、太刀舞、狮子舞、田乐、能乐等。尤其是田乐在该时期最为流行，它融合了中国传来的散乐，一边演奏腰鼓、笛子、小鼓，一边轻快舞蹈。参加人员众多，成分多样，有寺僧、神主、庄官和百姓。活动结束后要举行"直会"，即聚餐，众人同乐。

### 二 田乐

众所周知，镰仓幕府最后执掌权力的得宗北条高时爱好田乐，他把京都的田乐座特意招至镰仓，并培养御用的田乐师。以致田乐与斗犬成为镰仓幕府灭亡的原因。镰仓幕府虽然灭亡了，可田乐并未见衰退之势。

贞和五年（1349）六月盛夏，在四条河边举行的田乐盛况空前，足利尊氏、二条良基（1320—1388）、梶井宫尊、胤法亲王等也前来参加，与民同乐。可乐极生悲，栈桥突然坍塌，场面顿时一片混乱，根据《师守记》的记载，死者超过 100 人。由此可见当时田乐狂热之一斑。

### 三　猿乐

田乐流行的同时，与能剧有关的猿乐也得到了发展。猿乐的起源众说不一，一说是神道祭祀活动中的"翁猿乐"。翁猿乐的演员在各地设立"座"，其中最有实力的是大和猿乐的畿内座。地方也流行猿乐，如出云杵筑大社祭祀时各村奉仕的猿乐、若狭国气山座的猿乐，等等。当然，此时的猿乐多少具有了剧情性，但是真正发展猿乐的是观阿弥（1333—1384）。他把曲舞与田乐融进猿乐，使得更多的人喜爱上了它。

### 四　和歌

和歌，即相对于汉诗的日语诗歌，是日本本土诗歌形式，音乐性很强。据说最早的和歌出自素戈鸣尊之手，汉字也写作"倭歌""倭诗"或"挽歌"。"歌"有时又作"謌""哥"。也可用"歌"来代称"和歌"。一般不包括长连歌、俳谐、狂歌和川流风狂句等形式的古典诗，它由"五七五七七"，即三十一个文字组成，所以亦被称为"みそひともじ（三十一文字）"，但在古代，也包括了长歌（"五七"三组以上）、旋头歌（"五七七"重复两次）等。

镰仓时期，和歌盛行，吟唱和歌被称为"披讲"。南北朝时期，出现了和歌四天王，即兼好法师、顿阿、庆运、净弁。

顿阿（1289—1372）俗名"二阶堂贞宗"，自幼在比睿山学习天台宗，后转为时众。师事二条为世，成为二条派和歌的复兴之祖，《敕撰和歌集》中收录其作品达 44 首。著有《井蛙抄》《愚问贤注》等。

庆运（1293—1369）为天台宗僧人，二条家流派歌人，作品收录

图 4-1　顿阿法师寿像

《风雅和歌集》《新后拾遗和歌集》《新续古今和歌集》等，家集有《庆运法印集》《净弁并庆运集》等。

净弁，生卒年不详。天台宗僧人，二条家流派歌人。作品收录《续千载和歌集》，家集有《净弁并庆运集》等。

兼好法师的介绍将在后文详述，在此不赘言。

## 五　连歌

连歌的起源可以追溯至《万叶集》卷18以及《古事记》《日本书纪》中两人和唱的短连歌，因《古事记》歌谣中有"筑波"一词，所以后来将连歌道也被称作"筑波之道"。①

从日本的文化史看，13世纪初至17世纪初是连歌的全盛期。连歌不同于个人所作的和歌或俳句，它是由多数作者组成一座（连

---

① 阿部正路：《動乱の世の連歌のこころ》，文艺春秋编《エッセイで楽しむ日本の歴史》（下），文艺春秋1993年版，第22—23页。

众），相互竞赛共同完成的一种文艺。两人参加的叫"两吟"，三人参加的叫"三吟"。

既然是共同完成的作品，成员之间就是相互平等的，不论其俗世中的社会地位和身份。因此，它是游离于世俗社会之外的一个特殊组织，能给许多在现实世界中失意的人们一种心灵慰藉，成为一个不拘礼数甚至自由放荡的集会。室町时代前期，连歌脱离和歌而独立，在人民群众中形成连歌热，人民群众用它来歌颂自己的劳动和表现对统治阶级斗争胜利的喜悦。14世纪中叶，二条良基辑成一部优秀的连歌集《菟玖波集》，奠定了连歌兴盛的基础。15年后，他又完成了一本关于连歌创作规则的著作《应安新式记》。应永年间又出现了朝山梵灯庵和今川了俊等连歌名家，稍后又出现了宗祇[①]等人，连歌的发展达到了顶峰。

连歌的首句被称为"发句"，第二句为"付句"，一般由"五七五"的长句和"七七"的短句交替进行，原则上百句为一卷。后人将发句独立出来，变成俳句与现代短歌。日本俳句、短歌均有一种意犹未尽的诗意，这正是因其原来只是连歌的发句而已，后面应该还有"七七"诗词。

连众之首被称为"宗匠"，助手被称为"执笔"，作者只要按照规则就可以充分发挥自己的想象和才华，这种跳动和接龙式的趣味正是连歌的魅力所在。

此外，连歌还具有以下一些特点：第一，连歌往往与酒水结合，构成一种类似宴会的形式。第二，频繁举行，有定期的，也有临时的，多的时候一个月就可达数次。第三，联句少的二十或七十句，多的甚至可达万句。第四，连歌会时间很长，甚至会通宵进行。正如日本俗话说的"连歌和盗贼以夜晚为宜"，静寂的夜晚不仅适宜偷盗，而且能使人从容吟诗对句。第五，连歌往往与一揆（武装暴动）有些关联。

可见，连歌会并不一定是人们想象中的那种高雅、庄重的歌会。

---

[①] 宗祇法师著有《宗祇諸国物語》，其中记载了他旅居越后国（今新潟县）期间，邂逅了妖怪"雪女"的故事。

兼好法师在《徒然草》的一三七段中有这样的描述：

> 品流高尚的人物虽好物而不溺于物，虽兴致颇高也能淡然处之。只有那些不解风雅的村夫俗子，才于游赏时力求尽兴。赏花时拥挤在花下，或凑近盯着花看，要饮酒，要作连歌，末了手持折下的花枝，欢欢喜喜地打道回府。路过泉水时，一定要把手足都泡进去，遇到下雪时，一定要在雪地上踩踏，留下自己的足印。总之凡有景致处，绝不悠然旁观，一定要去耍弄一番才甘心。①

法师可谓是把一个对什么都好奇的乡巴佬那种赶时髦作连歌的情形描绘得淋漓尽致。这也说明当时连歌在普通百姓中的普及与流行。《徒然草》八十九段中还记载了一个吃人妖怪"猫股"的故事。说的是一位住在行愿寺附近的法师，他有一次到别处去作连歌，在深夜回家途中，爱犬在黑暗中认出主人而飞扑过来，这位法师误以为是传闻中吃人的猫股，双腿发软，跌入河中。当闻讯赶来的人们从河中抱起法师时，他怀中作连歌所得的彩头，如扇子、小箱等，都已被水浸湿。可见，连歌会还和当时的茶会一样，是聚众赌博的场所之一。鉴于此，《建武式目》中对此做了明确的禁止。

## 第二节　文学与宗教

### 一　文学

南北朝内乱之际，南朝出现了较多的悲壮文学，如《神皇正统记》《增镜》②《太平记》《新叶和歌集》以及《李花集》等。下面将对其中几部作品进行介绍。

---

① 吉田兼好：《徒然草》，文东译，中国长安出版社2009年版，第122页。
② 《增镜》是一部用假名撰写而成的史书，其中心是描写从隐岐回京都后的后醍醐天皇的宫廷生活，被誉为仅次于《大镜》的巨作。《新叶和歌集》共有20卷，是奈良亲王编集的南朝君臣的和歌总汇。而《李花集》是亲王个人悲叹南朝命运的家集。

## (一)《神皇正统记》与革新思潮

后醍醐天皇的父亲后宇多天皇是一位极端热心于学问的人,他不仅熟知作为天皇应该知道的东西,而且精通佛教,雄才博览。后醍醐天皇在佛教修养上起初受其父教育甚多,后来又获得了高僧的"许可",其怀有的革新思想就是受其父亲的影响。后醍醐天皇革新的表现之一就是宋学的输入,这使得日本兴起了一股以自己的思考对古经书做新解释的风气。表现之二就是在传统的佛学方面引进了禅宗。

无独有偶,上述这种对佛教和汉学思想做新解释的思潮,在北朝的花园天皇时期也同样存在。可见,当时的日本的内部从整体上已经有一种不安于固有传统而非追求革命不可的机运。

在其他学术思想方面也表现出了这种改革的思潮,如传统的"辛酉革命,甲子革令"学说。到了后醍醐天皇时期,大外记中原师绪对该学说提出了反对意见。虽然最后这一主张行不通,但足可以证明在一般学问上也有革新机会的存在。

在政治方面也是如此,其代表人物就是北畠亲房和他的《神皇正统记》。他写此书的目的"并不是单以历史的记载为根据写一部司空见惯的历史书。他固然也有表明皇室正统在南朝的意图,但又不仅如此,可以说这是一份以非凡的经纶写出的理直气壮的、改革当时日本政治的意见书"。① 他之所以能写出这部书,内藤湖南认为根本原因在于亲房读过司马光的《资治通鉴》。

北畠亲房还提出,日本是神国,所以中国不足道,印度也不足道,只有日本是最高贵的。这种以地位低下者居于高位伸展势力的观念,为当时日本文化的独立创造了契机。

## (二)军记物语《太平记》

《太平记》是日本南北朝时期的战争小说,成书年代不详,一说在1371年前后。前一部分的执笔者应该是近江国僧人小岛法师,续写者

---

① 内藤湖南:《日本文化史研究》,储元熹、卞铁坚译,商务印书馆1997年版,第140—141页。

可能包括玄惠、直义等。全书共 40 卷，现存 22 卷。内容大致分为三部分：第一部分（1—12 卷）以"元弘之乱"为中心，描述了从北条氏灭亡前后到"建武中兴"为止的历史；第二部分（13—21 卷）从足利尊氏谋反开始到后醍醐天皇去世；第三部分（22—40 卷）记述了南朝势力衰微，幕府政权趋于稳定的过程。之所以分成以上三个部分，一是这样划分与动乱发展的阶段比较符合，二是由于作者在这三个部分所表现的态度、视角及作品的思想等均有不同。①

在战记物语中，中国历史故事插入最多、形态上也相对独立的是《太平记》，这些故事主要来源于《史记》，其次为《汉书》《后汉书》《三国志》《新唐书》《旧唐书》等，大多在针锋相对的两种意见交锋中，作为例证被编织在整体的故事中进行有机的使用。这说明作者精熟中国文化，自觉以中国的历史为鉴。同时也体现了日本文学对中国文学引进、改造、消化、吸收的方式和过程。②

在此，有一点特别值得一提，那就是《太平记》与元代书籍《金台集》的关系。《太平记》卷 39 中收录了一首元人的诗文，全文如下：

> 日本狂奴乱浙东，将军听变气如虹。沙头列阵烽烟暗，夜半鏖兵海水红。
>
> 筚篥按歌吹落月，髑髅盛酒饮清风。何时截尽南山竹，细写当年杀贼功。

这是一首歌颂完者都将军抗击倭寇的诗文，引自元代诗人迺贤③《金

---

① 张龙妹、曲莉：《日本文学》，高等教育出版社 2008 年版，第 205 页。
② 王向远：《中国题材日本文学史》，上海古籍出版社 2007 年版，第 49—55 页。
③ 关于《金台集》的作者，《四库全书》在开篇就有"臣等谨案：《金台集》二卷，元纳延撰，原本作迺贤，今改正"。但是，现一些学者仍用"迺（乃）贤"一名，如张丹飞在《民族文学研究》（1997 年第 1 期）中发表了《乃贤和他的〈金台集〉》等。迺贤（1309—1368），一作纳新，字易之，汉姓"马"，所以又名"马易之"，别号"和朔外史"，葛逻禄氏。曾随其兄塔海仲良宦游江浙，居宁波鄞县。因其长于歌诗，浙人韩与玉能书、王子充善古文，时人称为"江南三绝"。后又去过京都，归浙东后做过东湖书院山长。至正年间，被推荐为翰林编修官，卒于军中。

台集》卷1。诗名因书籍不同而有异,《四库全书·集部》"别集类"收录的《金台集》中题为《送慈上人归雪窦追挽浙东谔勒哲都元帅四首》,而顾嗣立编的《元诗选》中题为《送慈上人归雪窦追挽浙东完者都元帅二首》①,应以后者为准。文字上《金台集》与《元诗选》一样,但与《太平记》还是略有差异的,主要是隐去了最后的"公尝漆倭人首为饮器"一句的双行注,详见如下:

  日本狂奴扰浙东,将军闻变气如虹。沙头列阵烽烟黑,夜半麾兵海水红。

  鬋篝按歌吹落月,髑髅盛酒醉西风。何时尽伐南山竹,细写当年杀贼功。公尝漆倭人首为饮器。②

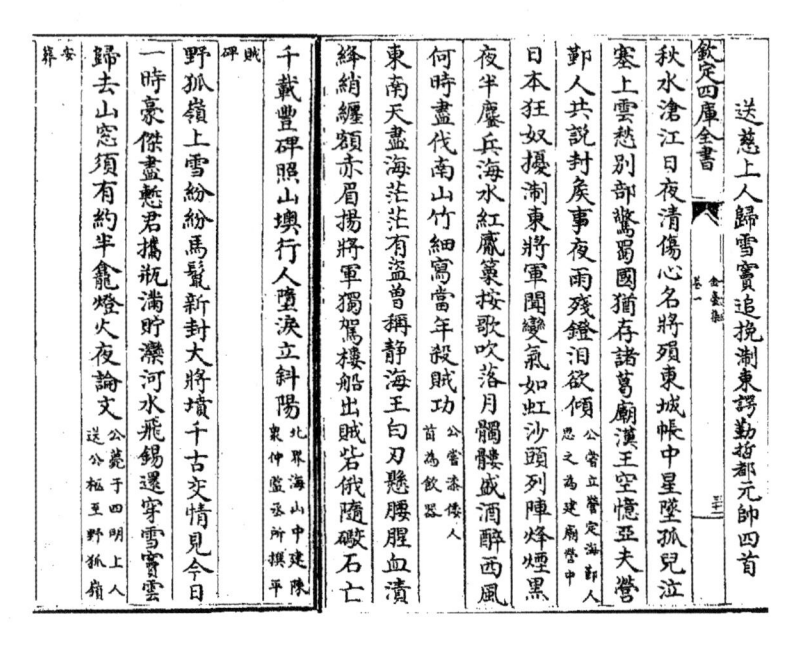

图4-2 纳延《送慈上人归雪窦追挽浙东谔勒哲都元帅四首》

---

① 顾嗣立:《元诗选》初集卷41。
② 纳延:《金台集》卷1,《四库全书·集部》"别集类(金至元)"所收。

《太平记》不仅描写了当时日本动荡不安的政治形势，还关注到了东亚外交的最前线，仅39卷中就记载了不少的日本外交关系。同时，诚如上文所述，它还是一部引用了同时代国内外资料的"现代文学作品"。

　《太平记》的结构和情节除第一部分比较严谨、完整外，其余各卷都显得松散而不统一，过多地描绘了战争场面。后世批判它的作品为数不少，其中最著名的有今川了俊的《难太平记》，其次还有《太平记批判记》等。尽管它的价值不及《平家物语》，但它侧重"记"的倾向对后世的文学影响仍然较大。自从问世以后，广泛流传于民众之间，谣曲等取自《太平记》的作品层出不穷。

　此外，如果从医学史的角度来考察《太平记》的话，有很多值得注意的史料。比如卷4中有关于"石淋"一病的记载："石淋"即尿结石，此病名在镰仓时期藤原定家的《明月记》中已有记载。卷25中记载说，足利直义的夫人患恶疽病，召集众多医生来诊断，结果有的说是气血郁闷引起，有的说是腹痛，就没人诊断出是怀孕，结果当然可想而知——服了药也不见好转。据称，上述医生所开的处方药，大多来自我国宋朝的官修方书《和剂局方》。可见此书在日本的流行程度。之后，时任施药院典药头的医生丹波仲成认为是怀孕，并预言是男胎，最后果然如此，仲成的名声因此大振。

　此外，《太平记》中还记载了"外科"这一名称。虽然在中国早已有《外科精要》《外科精义》等医书，但在日本的文献中，这还是第一次出现。

　但是必须指出的是该时期的一个文化损失，即宫廷女性的文学创作。就今天已知的情况而言，中世宫廷女性最后的日记写作是在1349年，而宫廷女性的最后一部散文作品是《小学馆》，编撰于1307年前后。

（三）随笔《徒然草》

　作为日本古典文学中的"三大随笔体文"之一《徒然草》的作者兼好法师（1283？—1352？）本姓卜部，因家居京都郊外的吉田，所以又名"吉田兼好",出家后法名"兼好",世称"兼好法师"。兼好的代表作《徒然草》据说最初原是断断续续写在小纸片上的随笔,生前并未公开发表,死后由歌人今川了俊发现,将贴在墙上的小纸片剥下,按如今所见的顺序排列,由其弟子正彻于永享三年(1431)抄写出来,即现存最古老的《徒然草》手抄本。书名的含义和来源不明,一般被解释为取自作品开篇的"终日无所事事,以文房四宝为友"中的"无所事事"一词,加上意为"书"的"草"字,构成书名。

全书除"序"以外,共分243段。内容丰富,题材广泛,包括人生、宗教、自然、艺术、古训、评论、趣闻故事、掌故、笑话、历史考证等方面,集中反映了作者的人生观、女性观、恋爱观、处世哲学以及兴趣爱好。表现了作者对佛教"尘世无常"、怀旧尚古等境界的深刻领悟,同时也暗示了那份对贵族传统文化含蓄美的崇尚情怀。

《徒然草》的文章风格既有拟古体,又有汉文,简洁明快,富有条理。对后世的文学和连歌、俳谐、净琉璃、浮世草子等都产生了较大的影响。浅井了意的《犬徒然草》、井原西鹤的《俗徒然草》以及近松门左卫门的《兼好法师物见车》等都是模仿或取材于《徒然草》的代表性作品。

## 二 宗教

镰仓时期末至南北朝时期的宗教状况大致如下:首先是一遍把净土教信仰推向了极致,使其深受民众欢迎。其次是日莲开创的法华宗(日莲宗),其在京都的新兴商人阶层很有市场。最后是将中国南宋的五山制度引进禅院。元弘三年(1333)十月一日,后醍醐天皇颁发纶旨给宗峰妙超,以其创建的大德寺为"五山之上"。后宇多上皇虽命幕府以京都南禅寺比照五山,但并非作为五山而特举五个禅院之名,其意图仅在于得到官方许可的禅院。而后醍醐天皇给予大德寺的却是明确的寺格。建武元年(1334)则以南禅寺为五山第一,使大德寺与之并列。而旧佛教的律宗,因其实施"非人"救济事业而深得民众喜欢,并得到幕府的保护。

◆ 坐看风云起

图 4-3　大德寺（笔者摄于 2013 年 4 月）

至于这一时期的神道①情况，首先值得注意的是成立于南北朝时期文和、延文年间（1354—1358）的《神道集》。据传该书出自安居院说教教团，全 10 卷，其中收录了 50 个故事。它的主要内容是全国神社的缘起故事，中心思想是本地垂迹，即佛化身为人们身边的诸神来救济众生。

---

① 关于"日本神道"的中文最初翻译，可能是玛吉士辑译的《新释地理备考》中的"新德"。

# 第五章

# 室町将军的政治生涯

开创室町幕府辉煌的是二代将军足利义诠的儿子足利义满,即室町幕府第三代将军,之后经由义持、义量、义教、义胜、义政、义尚、义材、义澄、义稙、义晴、义辉、义荣到义昭,共有15位将军(足利义材与足利义稙为同一人)(见表5-1)。该时代的一大特点就是足利幕府不是在一个更强大的家族或者力量联盟的冲击下衰亡,而是在自身阶层内部的冲突中走向没落。

表5-1 足利将军一览

| 代 | 姓名 | 院号 | 官位 | 在位时间 | 生卒年 |
| --- | --- | --- | --- | --- | --- |
| 1 | 足利尊氏 | 等持院 | 正二位、权大纳言 | 1338—1358年 | 1305—1358 |
| 2 | 足利义诠 | 宝箧院 | 正二位、权大纳言 | 1358—1367年 | 1330—1367 |
| 3 | 足利义满 | 鹿苑院 | 从一位、太政大臣 | 1368—1394年 | 1358—1408 |
| 4 | 足利义持 | 胜定院 | 从一位、内大臣 | 1394—1423年 | 1386—1428 |
| 5 | 足利义量 | 长得院 | 正四位下、美作守 | 1423—1425年 | 1407—1425 |
| 6 | 足利义教 | 普广院 | 从一位、左大臣 | 1429—1441年 | 1394—1441 |
| 7 | 足利义胜 | 庆云院 | 从四位下、左近卫中将 | 1442—1443年 | 1434—1443 |
| 8 | 足利义政 | 慈照院 | 从一位、左大臣 | 1449—1473年 | 1436—1490 |
| 9 | 足利义尚 | 常德院 | 从一位、内大臣 | 1473—1489年 | 1465—1489 |
| 10 | 足利义材 | 惠林院 | 从一位、权大纳言 | 1490—1493年 | 1466—1523 |
| 11 | 足利义澄 | 法住院 | 从三位、参议 | 1494—1508年 | 1480—1511 |
| 12 | 足利义稙 | 惠林院 | — | 1508—1521年 | 1466—1523 |

续表

| 代 | 姓名 | 院号 | 官位 | 在位时间 | 生卒年 |
|---|---|---|---|---|---|
| 13 | 足利义晴 | 万松院 | 从三位、大纳言 | 1521—1546 年 | 1511—1550 |
| 14 | 足利义辉 | 光源院 | 从三位、参议 | 1546—1565 年 | 1536—1565 |
| 15 | 足利义荣 | 光德院 | 从五位下、左马头 | 1568 年 2—9 月 | 1538—1568 |
| 16 | 足利义昭 | 灵阳院 | 从三位、权大纳言 | 1568—1573 年 | 1537—1597 |

足利尊氏与足利义诠前面已经做过介绍，下面就其余 13 位将军在位期间的主要政绩做一简单梳理。

## 第一节　足利义满

足利义满出生于延文三年（正平十三年，1358）八月二十二日，正值爷爷尊氏百日之忌。父亲乃幕府第二代将军足利义诠，母亲是足利义诠的侧室纪良子。幼名"春王"，贞治五年（1366），由后光严院赐名"义满"，叙从五位下。因义满将邸宅移至北小路室町，所以世人又称其"室町殿"，之后又改称"足利将军"。1368 年，在细川赖之的"应安大法"①推行半年后，足利义满成为室町幕府第三代将军，时年十岁。当然，有力守护管领细川赖之（1329—1392）充当垂帘听政的角色。赖之是足利氏家族众多旁系中的一支，在京都和地方各个郡国都拥有强大的势力。"管领"是幕府政权中的最高职位，一般只授予足利氏的三个最强大的封臣家族即细川氏、柴氏和畠山氏中的一家。细川赖之执政达十年之久，其十年间的作为不仅限于行政改革、处理因土地所有权而产生的冲突以及提高幕府的财政收入等，有三件事值得注目：

第一，南禅寺楼门事件。起因是园城寺的一位童仆在经过南禅寺

---

① "应安大法"也称"应安半济令"，即为筹措因内乱所需军费，室町幕府同意除皇族、寺社、摄关领地外，将所有的庄园年贡的半数给武士，另一半为原领主所有。

关卡时想不付买路钱而冲关,结果被杀,该事件经过协调总算得到平息。不料义诠去世后,两寺僧众怒火再燃。延历寺僧徒要求将著书谩骂他们的南禅寺僧定山祖禅处以流刑,并焚毁营建中的南禅寺楼门,管领细川赖之屈服于延历寺众徒施加的压力,流放定山并砸毁楼门,甚至连基石也给挖了出来。这一事件实际上反映了当时天台宗等旧佛教与新兴禅宗之间的一场势力较量,最后禅宗不敌而败阵。因此,细川赖之与禅宗的对立也进入白热化阶段。

图 5-1 园城寺(笔者摄于 2013 年 6 月)

应安四年(1371),幕府欲重新恢复禅宗旧规,遂任命春屋妙葩为南禅寺住持。然而,妙葩拒绝出任,并隐居于丹后云门寺,其间著有《云门一曲》,并与以赵秩为首的明使有着多重交流。①

为了解决此事,细川赖之本想召集春屋弟子前来商量,不料其门

---

① 陈小法:《春屋妙葩〈云门一曲〉中的明人诗文之研究》,《日语学习与研究》2017 年第 6 期。

徒竟也拒绝出席。于是，怒不可遏的细川赖之开除了南禅寺僧侣的僧籍。这样，他与春屋之间的积怨就越来越深。

有趣的是，正值此时，洪武帝派遣僧人使节出访日本。于是，屡遭春屋师徒闭门羹的细川赖之两次邀请明使仲猷祖阐出任天龙寺住持，第一次是明使还在博多时，第二次是明使住进京都向阳庵后。原本对明交往持消极态度的细川赖之力邀祖阐出任天龙寺住持一职，可能出自两个方面的原因：一是以免春屋妙葩出任住持，借此排挤反对派斯波义将和土岐赖康的势力；二是想通过只留祖阐而打发克勤回国的行为，向明朝政府表明其希望中日之间的交往只停留于宗教和文化层面的消极态度。当然幕府最后匆匆派遣宣闻溪为正使随同明使一起入明朝贡，这可能是细川赖之派做出让步的结果。

第二，楠木正仪归顺幕府。楠木正成和楠木正行死后，南朝的中心人物就是楠木正仪。为了和平统一南北朝，细川赖之与楠木正仪之间早就开始相互联络和摸索，但是这一做法遭到南朝主战派的强烈反对。应安二年（1369）正月，在南朝已无立足之地的楠木正仪归顺幕府，受封河内、和泉两地守护。

第三，今川了俊出任九州探题。前面已经提到，怀良亲王进入大宰府，征西府控制了九州的北部地区。当时的九州局势比较复杂，被几大势力瓜分，他们主要是萨摩的岛津氏、肥后的菊池氏、丰后的大友氏、筑前的少式氏、周防长门一带的大内氏，这些势力都和朝鲜进行着频繁的对外贸易，所以积聚了雄厚的力量。因此，幕府的九州战略一直没有奏效，直到应安三年（建德元年），足利一门的今川了俊被任命为九州探题。这位新九州探题，不仅精通和歌、连歌，也擅长游记文。应安四年，今川了俊进入九州，并在大内义弘的帮助下，于应安五年九月攻陷大宰府，把征西府逼到了筑后的高良山，也因此中断了怀良亲王与明朝的联系，使得足利领袖们建立了与中国的联系，产生有利的贸易。①

---

① 康拉德·托特曼：《日本史》，上海人民出版社2008年版，第160页。

"了俊"乃是二代将军足利义诠去世之际出家的法名，其本名为"贞世"，自己的领地原在远江。占据大宰府之后的十三年时间里，今川了俊专心经营九州，与高丽积极展开国际贸易，主动追剿倭寇，还假借"日本国王良怀"的名义与明朝进行贸易。这一切引起了足利义满的警觉，应永二年（1395），今川了俊被突然召回京都，被解除了探题一职，被任命为骏河、远江的半国守护补任，这是足利义满对其冷遇的开始。四年后，今川了俊参与"应永之乱"，然而却以失败告终。余生沉浸于和歌、连歌之中，甚至不知其卒年。

永和五年二月（三月改元"康历"），斯波义将派发动了排斥细川赖之势力的运动，闰四月，足利义满屈于强大的压力罢免了细川赖之。失意的细川赖之一把火烧了在京都的私邸，返回了老根据地四国。取而代之出任管领的是斯波义将，这在历史上被称为"康历政变"。

细川赖之的下台，给禅宗界注入了活力。春屋妙葩东山再起担任南禅寺住持，朝廷赐封他为普明国师并出任首任僧录，统辖全国禅宗寺院。但失去细川赖之这一靠山的楠木正仪走投无路，只好重回南朝。

## 一 察见渊鱼

与父亲足利义诠的重细川氏轻斯波氏相反，足利义满割舍了细川氏，起用了斯波氏。两大势力门派被将军玩弄于股掌之间，这虽是一种政治需要，但犹如虎尾春冰，实乃险招。因为将军地位的巩固与否几乎是以两大势力的平衡为前提的，一旦这种平衡被打破，将军之位也就岌岌可危。这就是摆在年仅二十岁的足利义满面前的一大课题。

于是，足利义满对地方势力采取打压与怀柔并举的方法。自至德二年（元中三年，1385）八月开始至明德元年（元中七年，1390）九月的五年时间里，足利义满频繁出游全国各地，包括奈良的兴福寺、纪伊的高野山和粉河寺、骏河的富士山、四国的赞岐和伊予、安艺的严岛神社、周防的室户关和备后、越前的气比神社等地。其中巡视天桥立六次、奈良前后达八次之多，会见了细川赖之、大内义弘、山名时熙等大名，在向有力守护示威的同时，也对各地势力进行摸底和相互牵制。

2013年，富士山成为世界文化遗产，据说撒手锏是民众对富士山的信仰。其实，在一般百姓之间，"巡礼富士山可以见到神佛真身"的这种山岳信仰，在室町时代就已经形成了一种社会思潮。所以，不仅足利义满借故出游富士山，之后的六代将军足利义教也巡幸富士山。当然，"旅游"只是他们出行的幌子，其真正的目的是要实现自己的政治意图。

图5-2 富士山（笔者摄于2015年11月26日）

## 二 各个击破

足利义满为了巩固幕府政权采取的第二招就是削除有力守护的势力，首当其冲的是土岐氏。土岐赖远因向光严上皇引弓射箭而被斩首，其外甥土岐赖康继承其后并出任美浓守护。趁"观应扰乱"之际，土岐赖康捞取了幕府侍所头人一职，而且兼任伊势和尾张两地的守护，成为当时继山名时氏、佐佐木导誉之后的实力守护。七十岁的土岐赖康一去世，足利义满就开始了他削除有力守护的计划。土岐赖康的三国守护曾一时由养子土岐康行继承，但足利义满把尾张守护一职给了土岐赖康之子土岐满贞。可是当土岐满贞去尾张国就职时，却遭到了土岐康行的女婿土岐诠直的阻拦，土岐氏一族开始分裂并产生内讧，而这正是足利义满想要看到的。

足利义满派军援助土岐满贞，结果明德元年（元中七年，1390），土岐康行败北，其美浓和伊势的守护之位也随之被剥夺。美浓守护由土岐赖康之弟土岐赖忠继承，伊势守护则由仁木满长出任。虽然土岐康行不久恢复了伊势守护之位，但却失去了土岐氏的统率地位。之后，土岐满贞的尾张守护之位也被收回，足利义满将该职委派给了斯波氏。土岐氏落了个巢倾卵破的结局，土岐满贞只是土岐义满分裂土岐氏的一颗棋子而已，历史上称为"土岐氏之乱"。

山名氏一族的没落也同土岐氏如出一辙。山名时氏归顺幕府时，曾被封为丹波、丹后、因幡、伯耆、美作五国守护。山名时氏死后，守护之职由其第三个儿子山名氏冬担任。不久，山名氏又获得了但马、和泉、纪伊、出云、隐岐、备后六国守护之位，这样山名氏占据了日本六十六国中的十一国守护，因此有"六分一众"之称。康应元年（元中六年，1389），足利义满趁山名时义去世之际，开始分化山名势力。首先命令庶子系统的山名氏清和山名满幸（山名师义的第四子）出击山名时熙（山名时义长子）和山名氏之（山名师义之子，山名时义养子）。可是，足利义满旋即以"霸占上皇领地罪"把满幸驱逐出京都，转而支持时熙和氏之。待满幸感到不对，纠合家族拟与义满决一雌雄时为时已晚，一族的分裂已无可挽回。氏清、满幸率军在京都的内野与幕府军展开大战，结果以失败告终。最后，山名家族的守护只保留了但马、伯耆和因幡三国。这就是历史上有名的"明德之乱"。

### 三　南北统一

南北和议实际上在足利尊氏时已经尝试过数次，均因南朝的主张，即其正统性及由天皇亲政，与幕府所提议的由将军统治全国为前提的条件有出入而以失败告终。在足利义诠时期所进行的谈判也因后村上天皇的纶旨中的"义诠降参"一语而决裂。

但是足利义满时代的南朝已今非昔比，其势力急剧式微，盘踞九州的怀良亲王不敌今川了俊的攻击，躲入筑后矢部山中已经亡故，而返回南朝的楠木正仪也撒手人寰，它至多不过是一个苟延残喘于吉野深山的亡命政权而已。因此，南朝不可能再坚持昔日的强硬主张，其同意以两朝对等立场进行合并的提案，自属必然。

足利义满以大内义弘为中介，以以下三个和平条件为前提使分裂了达半个多世纪的南北朝实现了统一。这三个条件是：

第一，象征皇权的三种神器由后龟山转交后小松。

第二，从今以后后龟山流与后小松流轮流继承皇位。

第三，各国土地归属后龟山流所有，而拥有庄园百余所的长讲堂领地归后小松流统治。

以上三个和平条件北朝方并不知晓，很有可能是足利义满的独断。况且，从一开始足利义满就压根儿没想过要付诸履行。这其实是后龟山天皇屈服于势力强大的幕府的结果。

明德三年（元中九年，1392）闰十月二日，后龟山天皇率领廷臣十七名、楠木党武士二十余骑入京都嵯峨的大觉寺，五日，将三种神器移交于北朝的后小松天皇。长达五十六年之久的南北分裂遂告结束。

## 四　应永之乱

南北统一六年后的应永六年（1399），足利义满的矛头指向了尾大不掉的大内义弘。明德之乱后，大内氏已是周防、长门、石见、丰前、和泉、纪伊六国守护，而且还掌管贸易港口堺市，控制着濑户内海的东西航路。此外，大内氏主张自己是百济圣明王王子琳圣太子的后裔，并以此为理由向朝鲜王朝要求赐予自己朝鲜国内的土地，以保万一之际有个落脚之地。这一切都让足利义满甚为警戒。[①]

---

① 网野善彦：《中世再考——列岛の地域と社会》，日本エディタースクール出版部1991年版，第119页。

让足利义满对大内义弘产生不满的最初原因，据说是大内义弘拒绝出资和出力修建足利义满新的政治中心，即北山第。被义满削去和泉、纪伊两国守护之位的大内义弘，毅然举起了反旗，联络同样对义满怀恨在心的今川了俊（因被解除九州探题一职左迁至远江、骏河半国守护）、镰仓公方（镰仓府长官）的足利满兼、山名氏清之子山名时清等反戈一击，结果大内义弘本人在堺市战死，那一年是应永六年（1399）。而其弟大内弘茂因愿意追随幕府，受封周防、长门两国守护之位。这在历史上被称为"应永之乱"。自此，幕府的统治势力延伸至西端。

## 五 花之御所

图 5-3 上杉本《洛中洛外图屏风》中描绘的花之御所

永和四年（天授四年，1378）三月，足利义满从三条坊门殿搬迁至在建的北小路室町。这个新官邸被称为"花亭""花之御所"或"室町殿"，到永德元年（弘和元年，1381）才完工，"室町幕府"这一名称就是从此而来。在这里，足利义满接待了以后圆融天皇（1358—1393年，1371—1382年在位）为首的公卿贵族，这场极尽华丽之能事、长达五日之久的宴会使其成功闯入足利尊氏、足利义诠没能深入的公家世界。他不仅受邀参加朝仪节会（天皇宴会），而且还曾十九次担任节会负责人,其花押也由武家式样改为公家式样。此外,还出任淳和院和奖学院的别当(寺务总管),完成了贵族化的蜕变。但要注意一点,研究表明,《洛中洛外图屏风》(如图5-3)中所描绘的花之御所并不是足利义满建造的邸宅,而是后来所建。而其最初的位置应在稍稍往北的"柳之御所"。①

极尽奢华之能事的足利义满,除了正妻之外,还拥有众多小妾和女官,此外还养了十多名男童。虽然在当时的文献中没有明确记载足利义满有同性恋倾向,但现代学者大多对此持肯定意见。

## 六 修炼道场

永德二年(1382)十月,足利义满计划营建一座禅院,因此咨询了著名禅僧春屋妙葩和义堂周信。在两者的说服下,义满决意建立一座规模宏大的伽蓝,寺号"相国"。

相国寺的建设速度惊人,明德三年(1392)即完成工事,排门、总门、三门、佛典、土地堂、祖师堂、法堂、库院、僧堂、方丈、浴室、东司、讲堂、钟楼一应俱全。如此神速的主要理由是许多伽蓝不是新建的,而是从别的寺院直接挪用的,如法堂移自等持院的旧法堂,方丈来自五条公家的寝殿等。此外,相国寺的用地也是通过强征知恩寺、安圣寺等的土地而来的。

顺利竣工的相国寺还面临一个问题,那就是它的寺格即级别如何,因为当时的京都五山已经没有缺额了。于是,足利义满就仿照中国元朝文宗时代的先例,把南禅寺升格为五山之上,这样,相国寺就顺利进入了京都五山之列。

应永二年,辞去将军和太政大臣职位的足利义满以空谷明应为戒师,正式出家,法名"道义"。各大名、公家也争相遁世入丛林,大内义弘也是其中一人。应永六年(1399)高达108米的七重大塔完工。

---

① 高桥秀树:《義満は天皇越えを狙ったか》,《日本の歴史》(23),朝日新闻社2013年版。

据说登上塔顶，可以清楚俯视旁边御所内天皇举行的一切大型活动。

足利义满还在相国寺内创建了供自己修禅的道场，即鹿苑院。该院的院主被任命为历代僧录，统辖五山十刹以及诸流，并掌管人事。

根据日本《朝日新闻》2010年11月24日的报道，同志社大学在京都市上京区该校的今出川校区发现鹿苑院的遗址。今出川校区紧邻相国寺，在周边发掘出的濑户瓷器底部有"鹿"字墨书，而且在江户时代的古地图中也有相关记载。因此，可以基本肯定，这就是当时鹿苑院的旧址。根据文献记载，鹿苑院内应该有足利义满之墓，遗憾的是至今还没得到确认。

但是有一点必须提醒大家，那就是足利义满并不仅是禅宗忠实信徒和保护者，还是坚定的净土教信仰者。这在北山山庄的营建过程中也可一目了然。面临镜湖池而建的三层楼阁舍利殿，即今天俗称的"金阁"，可以说是足利义满私人生活的核心场所。在其二层内安放了观音像，三层上却安置着阿弥陀三尊像和二十五菩萨像，也就是说供奉着净土教的诸尊佛像。因此，净土信仰在足利义满心中占据了重要成分，甚至是其核心。

此外，足利义满还热心于密教祈祷和阴阳道，在北山邸每月举行祈祷法会。因此，从相国寺的伽蓝构造来看，它不仅仅是一座禅宗寺院，而且是足利义满在此进行各种宗教活动的重要场所。

### 七 觊觎皇位

室町幕府要确立其全国性的统治地位，如何削弱或夺取北朝的权力无疑是一项重要课题。当时的北朝掌握着统辖寺社和公家的大权。因此，幕府通过建立自己的机构和相关法令，夺取了京都市内的维安权、民事裁判权以及市场课税权。

当然，对于足利义满来说也许并不仅仅满足于此，历来怀疑其有狼子野心，即怀有篡夺皇位之阴谋。在此，暂且不下结论，先看一下当时足利义满的一些行为举止。

应永元年（1394）末，升任太政大臣的足利义满要求诸位大臣对其行上皇礼。翌年正月，当关白一条经嗣去室町殿筹备太政大臣拜贺会的供品时，对足利义满执以"院礼"。所谓的"院"是指上皇、法皇或者太后居住的地方，显然这时已经出家的足利义满把自己摆在了法皇的座次。应永十三年（1406）十二月二十七日，后小松天皇的母亲藤原严子（通阳门院）去世，按理来说，后小松应该服丧一年，这在日本被称为"谅暗之仪"。但是足利义满以一代天皇不宜两次服丧为由，让后小松天皇认自己的妻子日野康子为干娘（准母），这样自己也就顺理成章地当上了天皇之父。

应永元年（1394），足利义满把将军一职让位给了已经成人的长子足利义持（1386—1428），而将本来预定出家于比睿山延历寺的次子足利义嗣还俗。足利义满特别钟爱他的这个精通乐理的次子，而对长子好像缺乏应有的父爱，这方面内容在后文中还会详细提到。为了能让足利义嗣跻身公家的顶层社会，应永十五年二月至四月期间，足利义满进行了一系列异常的大动作。首先，二月策划"童殿上"成功。所谓的"童殿上"即让未成年的公卿子弟上朝侍奉天皇，这其中的主角当然是足利义嗣。这种"童殿上"在日本历史上只有两次，另一次就是平安时代后期的藤原忠实。三月四日，未成年的足利义嗣叙勋从五位下。同月的八日至二十八日，后小松天皇巡幸北山殿，足利义嗣独得日夜侍奉之机。其间，二十四日晋升正五位下的左马头（官营牧马场长官）；回宫前的二十八日升至从四位下；二十九日委任以左近中将。四月二十五日，足利义嗣以亲王之礼在宫中举行了成人仪式，随后被加封为从三位参议。在短短的不到两个月的时间里，足利义嗣成功跻身公家顶尖行列。此外，据说足利义满打算让足利义嗣成为后崇光院的养子，如此看来，距离足利义满实现其为儿子篡夺皇位之梦似乎只有一步之遥了。

上述种种迹象表明，足利义满极尽所能仿效上皇或者法皇，俨然如皇族一员，以致在相国寺的相关记录中有"鹿苑院太上天皇"之称，临川寺的牌位上有"鹿苑院太上法皇"等的称号。因此，也难怪足利义满在日本历史上留下"篡夺皇位"之骂名。

第五章 室町将军的政治生涯

　　那么，足利义满究竟为何有如此之奢望？有学者认为，足利义满的行动之所以竭力与皇室一体化，是因为其只能诉诸天皇制寻求使自身绝对权力正当化的依据。同时，幕府在国政运作遇见难题或面临危机时，亦需要作为观念性权威的天皇显示其作为现实性权威的形象。因此，虽然足利义满自诩"日本国王"，甚至其政治权力亦与国王无异，但是天皇作为获得体制保障的观念性、宗教性权威，以及根据礼仪、位居位阶秩序顶点的存在，始终得以维持下来。①

　　日本学者今谷明认为，足利义满篡夺王权的理论根据不是中国的易姓革命思想，而是当时流行的"百王说"。② 所谓的"百王说"，出自慈圆的《愚管抄》卷7。其主要观点是日本天皇自神武天皇以后，到第一百代就将结束，以天皇为权力顶点的秩序也就会完全崩溃了。而这第一百代天皇恰好是后圆融天皇。而村井章介认为，在考虑这个问题的时候要注意两点，第一是不能无视足利义满一生中遇到的最大危机——"应永之乱"给他的冲击。第二点是义满意识到自己缺乏天皇血统。③

　　而对于提倡"足利义满王位篡夺计划说"的代表人物今谷明，日本学者石原比伊吕再次细读当时的史料《北山殿行幸记》，认为这些史料都不足以佐证今谷的观点。④ 不仅如此，最近日本国内的研究出现了新趋势，即否认足利义满的"皇位篡夺计划"，代表人物为河内祥辅、樱井英治、桥本雄等中世研究学者。他们认为，上述所列举的这些义满对朝廷的政策，无非是以二条良基为代表的公家社会想重振朝廷的一环，而足利义满追求的是把自己家族的家格上升至准天皇家至摄关家以上而已。身为武家代表的足利义满，不仅跻身公家行列，

---

① 冯玮：《大国通史·日本通史》，上海社会科学院出版社2008年版，第234页。
② 今谷明：《室町の王権——足利義満の王権簒奪計画》，中央公論社1990年版，第154页。
③ 村井章介：《分裂する王権と社会》，中央公論新社2003年版，第221—222页。
④ 石原比伊吕：《「皇位簒奪」計画説立論の根拠を再検証する》，《日本の歴史》(23)，朝日新聞社2013年版。

在宗教界也占据了霸主地位。① 这些观点应引起我们的重视。

人算不如天算，应永十五年（1408）五月六日（一说四月二十五日），年仅五十一岁的足利义满突然去世，所谓的"皇位篡夺计划"也随之成为历史之谜。由于死得太突然，所以也有学者认为足利义满是被暗杀的。而根据《鹿苑院殿追善记》的记载，足利义满得的病称为"流布御所劳"，即一种流行病，发病两三天内症状较轻，五月一日前后病情恶化，四日垂危，而五日稍有好转，不料六日再次恶化而去世。有学者推测，足利义满得的是流感，继而引发急性肺炎而致死。②

## 八　中国情结

足利义满喜爱中国，这在日本历史上也是甚为有名的。遗憾的是，朱元璋在位期间，尽管足利义满再三遣使向明朝示好，但依旧没能如愿。"应永之乱"的前一年，即1398年，"顽固不化"的洪武帝去世，其孙朱允炆即位，建号"建文"。这一消息马上由筑紫商人肥富传到了足利义满耳中，义满认定中日关系的新时代来了。

其实，自应安元年（1368）时年十一岁的足利义满出任幕府将军以来，他就一直积极收集中国情报，可以说是三十年如一日。其间，足利义满不仅对明朝情况十分通晓，而且基本排除了国内的反明势力。"日本国王"的册封使得日本顺利进入东亚国际秩序，勘合贸易的开展为日本赢来了巨大的经济利益，为平定九州和北山新都心的营建提供了财源。在此过程中，足利义满个人的中国情结也得到了空前满足。

（一）明朝侍女

日本吉田兼敦的《吉田家日次记》于"应永七年十一月二十二

---

① 桥本雄：《"日本国王"と勘合貿易》（NHK2013年版，第75—80页）、《義満は天皇家に次ぐ家格を目指していた》[《日本の歴史》（23），朝日新闻社2013年版]、《公と武、そして宗教界に覇を唱えた足利義満》[《日本の歴史》（23），朝日新闻社2013年版]。
② 服部敏良：《室町安土桃山時代医学史の研究》，吉川弘文馆2007年版，第490—491页。

日"条中记载着这么一个故事：当时的和歌名门二条为右与一美女私通，不料美女怀了孕。为了丑事不败露，二条为右决定杀人灭口。谁知最后美女没杀成，反倒吃了官司而被处以流放佐渡之刑。在去佐渡途中的一个名叫西坂本的地方，二条为右被秘密处斩。长期君临日本歌坛的二条家就这样被断后，彻底没落了。

出身名门的二条为右为什么仅因与一女子有染而招致杀身之祸呢？原来其私通的这位女子竟是日本室町幕府第三代将军足利义满的侍女。这名女子名"照"，中国人。至于照是如何来到日本的，因无史料记载不得而知。但笔者推测，无非有以下几种可能，一是华裔，二是被倭寇掳掠之人，三是东渡扶桑的沿海居民。

（二）唐物趣味

对日本来说"唐物"到底指什么？这是一个仁者见仁，智者见智的问题。笔者基本赞同最近日本学者关周一给出的定义，即"第一类是不拘泥于实际的产地，只要被认为是来自中国的高级舶来品即可的东西；第二类是拥有与第一类物品相当的价值，来自朝鲜王朝等地的高级舶来品"。[①]

足利义满对"唐物"感兴趣，这已是众所周知之事。这位对中国事物非常感兴趣的幕府将军频繁派遣使节，与朱棣之间营造了中日关系的蜜月期。得益于与大明的贸易，足利义满积聚了巨大的经济实力。为了炫耀自己的财力，他造了金阁寺，并用纯金箔贴满了二层和三层。在这里他还款待过明朝的使者。此外，足利义满十分迷恋中国文物，周围的摆设甚至生活日用品都是"唐物"。书画古董自不必说，此外还包括明朝服饰、身边侍者，就连金阁寺镜湖池中的假山石也是遣明使从太湖千里迢迢运回日本的。即使是在六百年后的今天，太湖石依然矗立于金阁寺。因此，室町文化被称作唐风文化也不是毫无道理的。

据称，中国五台山的金阁寺正是足利义满营造京都北山金阁寺的

---

[①] 关周一：《中世の唐物と伝来技術》，吉川弘文馆2015年版，第13页。

◆ 坐看风云起

图 5-4 金阁寺（笔者摄于 2013 年 4 月）

模型，足利义满的法名"道义"也有可能来自五台山金阁寺的唐代高僧道义。

当然，当时所谓的"唐物"不仅指中国物品，实际上包括了所有的舶来品。足利义满收藏的中国书画，以宋元时期的作品为主，这是其收藏的一个特色。当时担任将军家书画鉴定师的能阿弥在《御物御绘目录》一书中，列举了 31 名以上宋元时期画家的 280 幅作品，这些作品中的佛画、肖像画、山水画、花鸟画尤其多，其中最多的是牧溪的作品，达 103 幅，其余如梁楷的作品，有 27 幅，马远 17 幅，夏珪 17 幅，徽宗 10 幅。牧溪在中国并不是很出名，却在异国受到如此热捧有两个原因：一是当时日本国内临济宗势力强大，而牧溪恰是临济僧；第二，牧溪是日本最受尊崇的中国僧人无准师范的弟子。

其次，遣明使带回的书画中，却以江南文人画占据多数。而与明断交的足利义持获取唐物的途径是经由朝鲜或琉球。还有一点必须说明的是，输入什么样的唐物是由日本人的审美观决定，并不是完全随中国的风尚而人云亦云，如上述提到的牧溪的水墨画、唐绘等就是典

图 5-5　牧溪《松猿图》

型的例子，从中可见室町文化所具有的能动性。

（三）日本国王

应永八年（1401）五月十三日，足利义满以"日本准三后某"①的名义"上书大明皇帝陛下"，当时的使臣为时宗僧祖阿和"筑紫商客"肥富。国书由精通儒学的东坊城秀长起草、书法世家尊寺行俊誊写。这封国书在日本非常有名，经常出现在高中生用的历史史料集中，兹引用如下以供参考：

日本准三后某上书大明皇帝陛下。日本国开辟以来，无不通聘问于上邦。某幸秉钧轴，海内无虞。特遵往古之规法，而使肥

---

① 应永二年（1395）足利义满出家为僧，卸去了大臣、将军等天皇臣下的称号，而继续使用"准三后"之名。笔者认为，其中一个用意可能就是即使明朝皇帝册封自己成为"日本国王"，也不用担心招来国内"成为人臣"的非议。

> 富相副祖阿通好，献方物：金千两、马十匹、薄样千帖、扇百本、屏风三双、铠一领、筒丸一领、剑十腰、刀一柄、砚管一合、同文台一个。搜寻海岛漂寄者几许人还之焉。某诚惶诚恐，顿首顿首，谨言。
>
> 应永八年辛巳五月十三日①

但是如果仔细分析的话，这是一封很不地道的国书，既不称臣也不求请封，不过是一封比较正式的书信而已。但是，建文帝不仅没有生气（假如是洪武帝可能又是拒绝），翌年还任命天伦道彝、一庵一如携诏书赴日，原因当然与其在国内同皇叔朱棣的内战不利不无关联。

应永九年（1402）九月五日，义满在北山第（今金阁寺）接见了明朝使节。日期为"建文四年二月六日"的诏书中写道："兹尔日本国王源道义，心存王室，怀爱君之诚，踰越波涛，遣使来朝，归还流人，贡宝刀、骏马、甲胄、纸、砚，副以良金，朕甚嘉焉。"② 值得我们注意的是诏书中"尔日本国王源道义"这一用语，从措辞来看似乎在此之前（具体什么时候不知）足利义满已经被明朝册封为"日本国王"，所以才有这一称呼。

景徐周麟在《翰林葫芦集》卷14的"鹿苑院殿百年忌升座"之"散说"中，有如下一节记载：

> 同（应永）八年进贡于大明，同九年八月迎大明之舶。九月五日，接大明之使者天伦禅师、一庵讲师于北山别业，仪仗甚盛矣。大明老皇帝封以王者之号，所颁赐之奇琛异宝，及锦绣绫罗，载舶而积委矣。③

---

① 田中健夫编：《善邻国宝记·新订续善邻国宝记》，集英社1995年版，第114页。
② 同上书，第110页。
③ 上村观光：《五山文学全集》第4卷，思文阁出版社1992年版，第679页。

上文中的"大明老皇帝封以王者之号"一句值得注意，因为此时朱棣靖难之役成功，已经即位称帝，所以"大明老皇帝"是否指建文帝，还是指更早的洪武帝？天伦道彝、一庵一如扬帆赴日是在该年的二月，此时正值朱允炆与朱棣叔侄两人酣战之际，极有可能两人实为建文帝派遣的册封使。可惜，战局变化太快，没等册封使回国复命，建文帝已经不知下落。所以说，如果这次明朝派遣的是册封使的话，极有可能是建文帝所遣，而非朱棣所为。① 但是明廷在此时已经公开认可足利义满乃"日本国王"这一点应该无可非议，正基于此，学界一直认为这是足利义满被册封为"日本国王"的时期，即"1402年说"②。如果说洪武五年赵秩出访日本及怀良亲王接受明朝册封标志着中日两国的对话大门打开的话，这次义满接受明朝的"日本国王"册封，才真正标志着中断将近五百年的中日国交得以重建，这

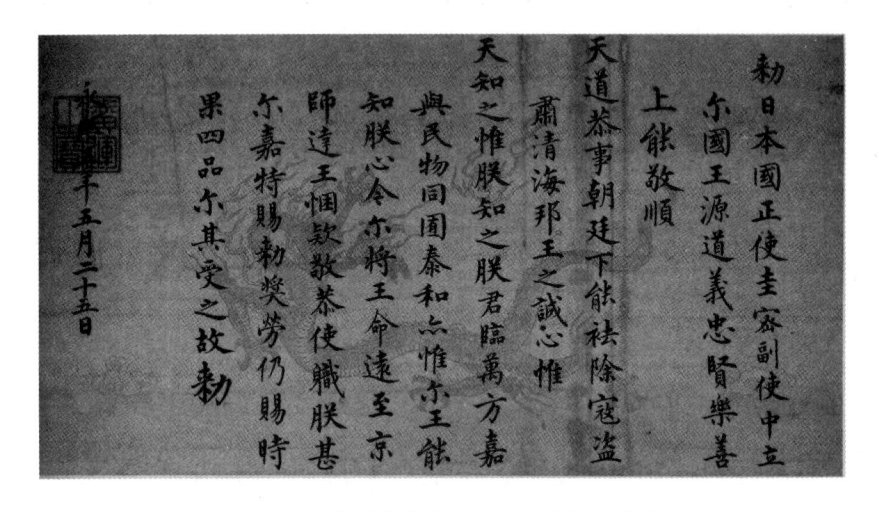

图5-6 永乐皇帝敕书（日本相国寺藏）

---

① 边土名朝有：《明代冊封体質と朝貢貿易の研究》，新星出版株式会社2008年版，第408页。

② 在日本又称"1401年说"，理由大概是不以明廷的诏书时间为准，而认为应该在诏书作成（1402年2月）之前完成册封。

对东亚国际秩序具有实质性的意义。这一年足利义满45岁，离他第一次致书洪武帝已经过去了28个年头。

应永十年（1403），明使天伦、一庵归国之际，鉴于明朝复杂的形势（实际上在义满会见明使的1402年的9月，"靖难之役"已经结束，同年6月，朱棣即位，只是消息还没传至日本而已），于是足利义满令坚中圭密携带两封署名"日本国王臣源"的表文随行，这在《吉田家日次记》中有明确记载。瑞溪周凤在《善邻国宝记》中也有相关记述，当他听说上述国书是出自坚中圭密之手后，认为"此说必然。坚中壮年游大明，能通方言，归朝之后，屡通使命。如其应永年中随天伦、一庵行，则谢建文帝来使之意也。然及至彼国，永乐帝新即位，天伦、一庵为前帝使，才入国耳，不得反命。于是坚中号贺新主之使，仍通此表也"。① 从瑞溪周凤的语气判断，这封国书应该出自坚中圭密之手，而《吉田家日次记》则认为国书作者是绝海中津。② 明使天伦道彝与绝海中津曾相识于南京，趁这次天伦到来之际，两人应该叙了旧。

让我们再回到义满受封"日本国王"的问题上来。瑞溪周凤接着写道："彼国以吾国将相为王，盖推尊之义，不必厌之。今表中自称王，则此用彼国之封也，无乃不可乎。又用臣字也，不得已。"③ 即瑞溪周凤认为，足利义满在致大明的表文中使用封号"日本国王"是可以的，但用"臣"就不恰当了。换而言之，此时中日两国的来往公文中，都已经公开使用"日本国王"这一称号，因此至迟在建文年间足利义满已经受封"日本国王"一号。

但是学界还有一种观点认为足利义满受封"日本国王"是在永乐朝的1403年或1404年。理由是1403年8月，赵居任奉命出使日本，携带了诰命、日本国王金印、勘合以及蓝色的九章冕服，这才是足利义满正式成为"日本国王"的象征所在。近年来，这种观点在日本

---

① 田中健夫编：《善隣国宝記・新訂続善隣国宝記》，第114页。
② 同上。
③ 同上。

受到关注和肯定。

关于足利义满接受明朝册封"日本国王"之事，自当时到现在可以说一直饱受责难，"屈辱外交""卖国贼"等骂名不断。但是，最近日本学界出现了为足利义满翻案的苗头，代表人物为桥本雄，他在《中华幻想——唐物和外交的室町时代史》《日本国王和勘合贸易》及有关论文①中，利用记录了当时义满受封仪式的文献《宋朝僧捧返牒记》（壬生家旧藏，现藏日本宫内厅书陵部）提出了以下观点：

第一，从当时参加受封仪式的人员来看，主要是足利义满的一些宠臣，和平时在北山殿举行法会时几乎一样。换句话说，足利义满在接受明朝"日本国王"受封仪式时，显得非常低调，在空间和人选上具有封闭性。

第二，接受明朝皇帝册封，说是外交事件，毋宁说更具佛教色彩。在明朝的两名册封使中，正使是临济宗大慧派僧天伦道彝，副使是天台僧一庵一如。而在日方的斡旋者中，幕后事务的责任人是五山禅僧，受封仪式的负责人是中国留学僧。

第三，从受封仪式的规格来看，足利义满并没有完全遵守明朝有关仪式规定。也就是说，义满在受封仪式中的所作所为，并没有像以往学界所说的那样"卑躬屈膝"，反而显出他傲慢态度的一面。②

当然，关于足利义满受封"日本国王"的动机，日本学者田中健夫早就提出过一种观点，即他认为这不过是外交上的一种需要，从而可以以此来谋取经济上的利益。而今谷明、佐藤进一、村井章介等人认为，足利义满受封"日本国王"的主要目的是抗衡当时的天皇权威。当然还有与上述有关的"皇位篡夺计划说""幕府财政强化说""文化主导权说"等，莫衷一是。但是，有一点我们必须注意到，那就是在讨论足利义满接受明朝"日本国王"册封之际，并不能单纯

---

① 石田实洋、桥本雄：《壬生家旧藏本〈宋朝僧捧返牒记〉の基礎的考察》，《古文書研究》2010年六九号。
② 可参见桥本雄《中華幻想——唐物と外交の室町時代史》（勉诚出版社2011年版，第21—34页）、《日本国王と勘合貿易》（NHK2013年版，第94—96页）。

地从日本内政出发，还应考量当时日本在东亚政治秩序中所处的地位和影响，只有如此才可能更接近史实真相。

## 第二节　足利义持

足利义持（1386—1428）是室町幕府的第四代将军，出生于至德三年二月十二日。应永元年（1394）九岁出任将军，官至参议、从三位权中纳言，但实权仍由其父一手掌控，将军之职只徒有虚名而已。

### 一　茕茕孑立

在足利义满的妻室中，日野业子和日野康子①都没有生育。四代将军足利义持和六代将军足利义教都是藤原庆子所生，而藤原庆子是醍醐寺三宝院门迹②的下级僧侣大谷安芸法眼之女。也许由于庆子出身低微之故，她从一开始就没有得到足利义满的宠爱，到了晚年就更加凄惨。1399年庆子去世当日以及"七七"祭奠之际，足利义满不仅未露面，还在别处大摆酒宴畅怀痛饮。这样，庆子的善后只得由幼子义持凄凉地进行料理。与此形成鲜明对照的是，足利义满几乎把所有的父爱都给了足利义持同父异母的弟弟足利义嗣。足利义嗣的生母是摄津能秀之女，名叫春日局。上面已经提到，自足利义嗣作为日野康子的养子后备受足利义满钟爱。日本应永十五年（1408）三月八日，后小松天皇③至足利义满和足利义嗣的北山亭④行幸，前后达二十天之久。这段时间对于每天侍候天皇身边的足利义嗣来说，真是人生最辉煌的时刻，而天皇对于足利义持来说却是近在咫尺远在天边，

---

①　日野康子（1369—1419），后小松天皇准母，足利义满之妻，也是足利义满前妻日野业子的孙女，里松大纳言日野资康之女，1407年3月23日始称"北山院"。

②　所谓门迹，是皇族、贵族担任住持的特定寺院，或是其住持。

③　后小松天皇（1377—1433），1382—1412年在位。父亲为北朝五代后圆融天皇，母亲为三条公忠之女。

④　足利义满在京都北山营造的宅第。应永元年（1394）足利义满退职出家后，从室町亭移居北山亭，自此北山亭成为当时的权力中心。

他一人默守室町亭①，无缘与天皇相见一面。足利义满这种冷酷薄情和极端偏爱，给足利义持埋下了仇恨的种子。仇恨到什么程度呢？且看下面一则《李朝实录》中的史料：

> （癸巳十三年三月）己亥，贺正使通事林密回自京师，启曰："正月二十日，皇帝宣谕曰：'日本国老王事大以诚，无有寇窃。今嗣王不禁草窃，侵扰我疆，又挂父真于壁而刺其目，其不道如此。朕欲发船万艘讨之，尔朝鲜宜预知之。'"②

这是永乐十一年（1413）正月二十二日朝鲜贺正使通事林密回国后的一段汇报，报告中提到皇帝（明成祖）对日本老王（足利义满）的诚意表示赞赏，同时对新王（足利义持）的不道（拒绝与明交往）和不孝（用针刺画像上父亲的眼睛）予以痛斥，并暗意想发兵船万艘予以征讨，也让朝鲜做好准备。

"挂父真于壁，而刺其目"，可见义持对义满确实恨之入骨。接到这个报告的朝鲜王太宗认为明朝皇帝绝不会对通事有戏言，因而他推测征倭之举将在同年的五六月间实行。消息传至日本，以致引起"唐人袭来"的流言四起，日本国民一时惊恐失措。

足利义持与足利义满的关系，还可以从下面这幅画像中略见一斑。义满于1408年5月6日去世，6月25日正值四十九日之际，以儿子足利义持为首，为足利义满举行了盛大的法会。当时的著名画家土佐行广为此专门画了一幅足利义满像，足利义持专为其题赞，赞文如下：

> 身从无相中受生，犹如幻出诸形象。
> 幻人心识本来无，罪福皆空无所住。
> 应永龙集戊子季夏下浣道诠薰毫九拜书。

---

① 足利义满在北小路和室町小路营造的第宅，是将军邸和幕府政厅的总称。完工于永德元年（1381）。除四代将军足利义持在三条坊门邸外，其他幕府将军几乎都在此执政。
② 吴晗：《朝鲜李朝实录中的中国史料》第一册，中华书局1980年版，第255页。

图 5-7　足利义满像（足利义持赞）

"应永龙集戊子季夏下浣"即应永十五年（1408）六月下旬，"道诠"乃足利义持的法名。本来这赞文也没什么特别，但是再仔细一读，似曾相识。原来这赞文出自"过去七佛之一"的毗婆尸佛的传法偈，宗义是表明身心本虚幻，无须太执着。后来大慧宗杲为北宋第八代皇帝徽宗三年忌之际作的法语也作了引用，全文如下：

  徽宗皇帝大祥上堂，拈香罢乃就座云：身从无相中受生，犹如幻出诸形像。幻人心识本来无，罪福皆空无所住。①

在大慧看来，尽管徽宗皇帝在位期间昏庸、奢侈，但如今人已逝，所有罪福皆成空，不谈也罢，体现了佛教的一种宽容、博大的精

---

① 《大正新修大藏经》第 47 卷《诸宗部》四，《大慧普覺禪師住徑山能仁禪院語錄》卷 2，第 819 页。

神；而把毗婆尸佛的偈颂用来评价一位凡尘中皇帝的功过，这是大慧的睿智和胆识。足利义持也许是受了大慧的启发，同样借用此偈颂来评价褒贬不一的生父、幕府将军足利义满。把足利义满比作徽宗皇帝，当然也不排除足利义持自己对禅宗的偏爱。①

在中国历史上，与"靖康之耻"相连的宋徽宗并没有什么好形象，足利义持将自己的生父比作徽宗，或许就在这一点。然而有一点不能忘记。宋徽宗虽是位不合格的皇帝，但在艺术上的造诣堪称一绝，在书画的收集方面也非常人能及。而足利义满在收集中国书画这一点上可与宋徽宗相媲美。因此，上述足利义持的画赞或许也隐喻了这一点。② 真所谓"玩物丧志"是也。

## 二 改弦易辙

应永十五年（1408）五月六日足利义满突然去世，甚至没来得及立将军嗣位的遗诏，因此，当时幕府的权臣斯波义将一举将足利义持推上了将军宝座。扬眉吐气的足利义持一上台，就对父亲的路线方针进行了大刀阔斧的改革。

第一，足利义持把将军府邸以及幕僚住所一同迁回了祖父足利诠曾住过的三条坊门殿，这简直就是一次小型的迁都运动，其目的在于拂去足利义满时代留下的阴影。

第二，基于权臣斯波义将的反对，足利义持辞退了朝廷授予足利义满的"太上法皇"一号。因此，足利义满没有正式成为法皇，但是在禅宗界却另有说法。相国寺的"过去帐"称足利义满为"鹿苑院太上天皇"，临川寺足利义满的牌位上写着"鹿苑院太上法皇"，鹿苑寺足利义满的木像上刻有"鹿苑天皇"等。可见，足利义满的法皇化也许是禅宗界的殷切希望所在。

第三，与明断交。1408年，足利义持派遣坚中圭密出使明朝以

---

① 上田纯一：《足利義満と禅宗》，法藏馆2011年版，第104—106页。
② 板仓圣哲：《義満の中国絵画コレクション》，《日本の歴史》（23），朝日新闻社2013年版。

传达足利义满的死讯。翌年,坚中圭密随同明朝册封使回国。1410年4月以前,足利义持再次任命坚中圭密出使明朝,但是,应永十八年(1411)九月,足利义持拒绝与同坚中圭密一起访日的明使王进上洛,从兵库津被驱逐回国,中日关系出现断裂。出现这种矛盾的外交政策主要是与外交积极派的幕府重臣斯波义将于应永十七年(1410)五月去世有关。

应永二十四年(1417)十月,明使吕渊携国书再次宣谕义持,由于国书中有"汝父(指足利义满——引者注)及朝鲜王□□□皆事我,汝独不事。予遣将同朝鲜行兵,汝乃高城深池待之"之语,致使"御所(指足利义持——引者注)闻而怒,其使不入见,使海贼杀之。适风顺,海贼不及,吕渊还入归也"。① 可见,这次明使吕渊差点丧命,幸好老天帮忙躲过一劫。从足利义持让海贼追杀吕渊这一点可以看出,幕府与濑户内海一带的海盗甚至是倭寇确实存在关系。

但是足利义持对父亲足利义满并不是一概否定,也有继承并发扬之处,如袭用足利义满的公家样式花押,喜好唐物并热衷收藏等。而在掌控朝廷人事任免权这点上足利义持超过了足利义满的权限。因此,也有观点认为足利义持的治世,正是室町幕府最安定的时期。②

## 三 禅秀之乱

上杉氏的先祖上杉赖重有一位了不起的女儿,名叫上杉清子,她是足利尊氏、足利直义的母亲。足利尊氏建立室町幕府后,非常重视关东的统治,因此设立了镰仓府,并由次子足利基氏(1340—1367)担任关东公方(镰仓府长官),统率关东等十余国;下设公方助理执事,由高师冬、上杉宪显担任。贞治二年(1363),宪显出任幕府管领,因此关东管领一职由上杉氏世袭。

---

① 宋希璟著,村井章介校注:《老松堂日本行录——朝鲜使節の見た中世日本》,岩波书店1987年版,第211页。
② 末柄丰:《巧妙に安定を保った将軍と均衡を崩し混迷を招いた将軍》,《日本の歴史》(24),朝日新闻社2013年版。

上杉氏分成诧间、犬悬、山内、扇谷四家，其中扇谷家不久便衰落了，因此，管领一职由其他三家轮流担任。在三家中，又数山内家势力最强。犬悬家的上杉禅秀（出家前名为上杉氏宪）与山内家的上杉宪基相互对立，谁也不服谁。关东公方足利持氏（1398—1439）帮助上杉宪基而打压上杉禅秀，因此上杉禅秀对足利持氏心怀不满。

应永二十二年（1415）四月，一位名叫越幡六郎的上杉禅秀的部下得罪了足利持氏，结果被没收领地。上杉禅秀出面向足利持氏求情，但未果。触了霉头的上杉禅秀一怒之下申请辞去管领之职，不料足利持氏不仅毫无挽留之意，而且很快把管领之职加封给了上杉禅秀的冤家上杉宪基。受了极大侮辱的上杉禅秀从此就对足利持氏产生了叛逆之心。

位于京都的足利义嗣知道此事后，迅速派使者足利满隆，怂恿上杉禅秀推翻足利持氏。这正合对足利持氏怀恨在心的上杉禅秀之意，于是足利满隆和上杉禅秀结成了同盟。上杉禅秀负责领国内的战斗准备，而足利义嗣传令诸国武士，共同声讨足利持氏。由于足利持氏平时树敌颇多，因此足利义嗣周边聚集了不少武士。但是消息泄露，计划失败，足利义嗣被捕，而镰仓的造反计划照常进行，就在足利义嗣被捕前十八天的应永二十三年（1416）十月二日，足利满隆和其养子足利持仲（足利满兼之子）举兵暴动。而此时，上杉禅秀也已经开始行动。暴动军攻入足利持氏府邸，控制了镰仓，足利持氏仅以身免，直奔管领上杉宪基家求救。叛军包围了上杉宪基家，并对其使用火攻，足利持氏和上杉宪基好歹躲过一劫。足利持氏组织军队与叛军展开了激战，结果上杉禅秀战败。同时，上杉宪基向将军足利义持求救，幕府派出援军赶赴镰仓。这样，上杉禅秀、持仲、足利满隆的叛军因腹背受敌而惨败，应永二十四年（1417）正月十日，上杉禅秀一族四十余人集体自杀。这就是历史上有名的"禅秀之乱"。

上杉禅秀被诛之后，重新登上镰仓公方之座的足利持氏开始讨伐上杉禅秀余党，包括出击甲斐的武田信满残部、下总的千叶氏、常陆的小栗氏和山入氏。这种对幕府具有挑衅意味的行为引起了幕府的警觉，于是幕府组织对足利持氏怀有反感的关东豪族成立"京都扶持众"来对抗足利持氏，其中包括武田信重（信满之子）和小栗满重。

## 四 合议制度

足利义持的政治特色是以管领为首组成的有力守护大名合议制。有别于以前的"二元政治"，将军不能轻易改变在这个会上所做出的决定。一般是先有将军的咨询，然后大名再聚集开会。然而，根据问题不同，也有大名们主动集会的时候，如选定足利义持接班人时就是这样。应永三十二年，出任第五代将军才两年的足利义持嫡子足利义量（1407—1425）去世，围绕将军继承人问题，管领畠山满家特意造访京都法身院的满济①，并召集斯波义淳、山名时熙、畠山满庆等人召开关于要求足利义持指定接班人的会议。不料足利义持竟说，即使自己选定了接班人，但守护大名们不同意的话，也是白搭，因而执意不肯指名。可见，足利义持时代已经很难控制有力的守护大名了。

## 五 应永之变

应永二十六年（1419）八月，足利义持辞去内大臣职位；应永三十年（1423）三月十八日，足利义持把征夷大将军一职让位给了儿子足利义量；四月二十五日出家，法名"道诠"。应永三十二年，足利义量因健康问题而夭折。无奈之下，足利义持重新主持幕政，而将军职位则空缺了整整四年。

为了抑制守护大名的势力膨胀，足利义持在削除斯波氏、细川氏以及畠山氏的职权后，把矛头指向了赤松氏。应永三十四年（1427）十月，赤松义则死后一个月，幕府就决定将赤松氏一门总领赤松满祐

---

① 满济（1378—1435），室町时代前期真言宗之僧，醍醐寺座主。也称"准三后"或"法身院准后"。父亲为权大纳言今小路师冬，母亲为圣护院房官法印源意之女，因曾侍候足利义满之妻业子，所以也称"白河殿"。满济为足利义满的养子，于应永二年（1395）成为三宝院门主，第七十四代醍醐寺座主。正长元年（1428）升为准三后。因得到足利义满的宠爱，有"黑衣宰相"之称。主要著作有《满济准后日记》，与《看闻御记》一起成为研究室町时代史的基本史料。

的播磨领地移交给分家的赤松持贞。鉴于此，赤松满祐愤然离职，退回自己的领地，伺机造反。这就是"应永之变"。十一月十日，因有人揭发赤松持贞与将军家的内眷私通，结果赤松持贞被迫自杀。得知政敌已死，赤松满祐随即通过斯波、细川、畠山等家族向将军足利义持求和。二十五日，赤松满祐被赦免，政变就此结束。

正长元年（1428）正月十八日，足利义持因脚上长包引起感染，不治而病逝。

## 第三节　足利义教

在介绍足利义教之前，在这里对第五代将军足利义量稍作说明。足利义量乃足利义持之子，官至正四位下、参议、右中将。应永三十年（1423）因父亲足利义持辞去将军一职，天皇宣旨任命其为征夷大将军，但徒有虚名而已，实权仍被健在的父亲所握。但是这位十七岁的年轻人一旦解除束缚登上权力的宝座，就如脱缰之马，整日沉迷于酒宴玩赏，在位仅三年就早逝了。

关于足利义量的死因，同时代的《看闻御记》在应永三十二年二月二十八日条中有以下记载："将军他界事实也。昨夕云云。为天下惊叹。两三年内损，此间兴盛种种被尽祈疗，然而无其验，遂被堕命，当年十九岁。尤可惜可惜。室町殿于今无一子，将军人体忽阙如，天下总别惊人者也。"①《看闻御记》的作者是后崇光院伏见宫贞成王（1372—1456），他的日记应该有较高的可信度。因此，从上述记载可知，足利义量好像已经卧床三年，终于应永三十二年二月二十七日傍晚去世，天下人惊叹不已。不过，当时也有传言说此乃足利义嗣冤灵作祟之故。

足利义量一生几乎没有什么建树，死后法号"长得院鞏山道基"，赠左大臣，从一位。上文已经提及，足利义量的去世使得足利义持懊悔

---

① 服部敏良：《室町安土桃山时代医学史の研究》，吉川弘文馆2007年版，第60页。

不已，无奈只好再次走出幕后主持朝政。而此时的关东公方足利持氏还在继续他的征讨与兼并，形势已经咄咄逼人。足利义持对足利持氏的行动终不能缄默，于是下令讨伐足利持氏。足利持氏一见幕府举兵来伐，便立即收兵，表示愿意乞和，并请求拜足利义持为义父，于是东西双方的紧张局势总算得以缓和。当然，持氏的目的很明确，他是瞄准足利义持没有子嗣，待他百年之后，自己就是最有力的继承人了。

足利持氏的机会很快就来了。应永三十五年（1428），义持因腿上肿疡，自觉余日不多。然国不可一日无君，但足利义持至今又没有指定继嗣人，更为糟糕的是足利义持没有子嗣，最后在管领的提议下，由三宝院的满济向足利义持建议以抽签的方式来决定后任将军。足利义持表示同意，但有一个条件，那就是抽签须在他死后进行，原因是他曾抽过一次签，签上说神将授予其男子一名，可怜的足利义持临死还没有死心。正月十八日，足利义持不治身亡。抽签这种方式在现代人看来似乎滑稽荒唐，但当时人认为这是神的决定，具有神圣不可侵犯性。结果，在石清水八幡宫的神前，以青莲院义圆、大觉寺僧正义昭、相国寺永隆藏主、梶井僧正义承四位兄弟作为候选人进行抽签，结果青莲院的义圆中签，成为第六代将军。当然，这次抽签是否公正一直受到人们的质疑。

与足利义持的白发人送黑发人的不幸形成鲜明对比的是足利义教的欢天喜地，因为天下掉下馅饼使他一跃成为室町幕府的第六代将军。这位将军在日本的各种历史教科书中出场率并不怎么高，但他的集权专制和恐怖政治是其他将军所无法比拟的。从他执行的很多政策可以发现反对足利义持、回归足利义满的痕迹。

## 一　特殊身世

足利义教乃三代将军足利义满之子，四代将军足利义持的胞弟。足利义教出生于应永元年（1394）六月十三日，生母上文中已经提及，乃醍醐寺三宝院的坊官安芸法眼之女藤原庆子。应永十年（1403）入青莲院，应永十五年（1408）得度称"义圆"。青莲院位于京都市东山区粟田口三条坊町，天台宗寺，开山为大名鼎鼎的遣唐使最澄。应永十九年（1412）出任天台座主，在佛教界声名鹊起。正长元年（1428）因被选定为第六代将军后还俗，改名"义宣"，翌年三月被加封为征夷大将军，同时改名"义教"，据说是因其讨厌"义宣"一名。官至从一位、左大臣。

从鹿苑院禅僧季琼真蕊的工作日记《季琼日录》中可以看出，足利义教的很大一部分时间用在巡行各大寺院，他热衷各种佛事法会，日记中随处可见"御成"（足利义教）在某寺院进行"御斋""御烧香""御逆修""煎点"等的记载。此外，足利义教还热心于《法华经》的讲筵，几乎一次不缺，这应与他出身天台宗有关。

永享十二年（1440）四月十三日，足利义教还建议设立"八高僧"制度，《季琼日录》同日条有如下记载：

> 十一面观音像御顶戴。疏御铭谨奉书之。御谈议八高僧书立奉悬御目。奉报来日云顶院御成。冷面自明日可调之。兴云庵宗南西堂可为八高僧众之由被仰出，即命之。

足利义教提议设立"八高僧"制度，有人提议兴云庵宗南西堂可出任八高僧之首，义教随即就对其进行了任命。四月十六日，八高僧选拔完毕，名单如下：等持寺周凤西堂、临川寺周沉西堂、法观寺眦龙西堂、干德院等金西堂、兴云庵宗南西堂、正法庵珠岩西堂、定林寺等迈西堂、法住院周浩西堂。① 四月二十一日，足利义教召见了八高僧。

## 二 永享之乱

其实，京都将军与镰仓公方之间的关系一开始就摩擦不断，镰仓公方对将军之座早就怀有异心，蠢蠢欲动。"康历政变"之际足利氏

---

① 季琼真蕊：《季琼日录》卷2"永享十二年四月十六日"，国际日本文化研究中心藏本。

满联合斯波氏，"应永之乱"时足利满兼和大内氏内外呼应，都曾虎视眈眈瞄着将军之位，而足利持氏更是执着地瞄着将军之位。机会终于等到了，那就是四代将军足利义持的突然死亡使将军继嗣成了问题。但足利持氏没想到的是，半路杀出个程咬金，他连抽签的机会都未能得到。足利义教的登场彻底粉碎了足利持氏的将军梦。因此，足利持氏对足利义教一直怀恨在心。

按理说足利义教继任将军，镰仓公方理应前来祝贺，但足利持氏不仅表现出漠视的态度，而且还称呼足利义教为"还俗将军"。1428年七月改年号"应永"为"正长"，可"正长"只使用了一年，又改元为"永享"。幕府之下的武士都起用了新年号，唯独足利持氏仍坚持使用旧年号，不承认将军的威望。气盛的足利义教想派大军讨伐足利持氏，在管领畠山满家、斯波义淳、满济准后的劝说下才作罢，但与足利持氏的紧张关系已是一触即发。

永享四年（1432），为了威慑足利持氏和关东诸将，足利义教出游富士山。① 按常理，将军驾临骏河，作为关东公方必须亲自迎接，但是足利持氏却装病，由管领上杉宪实前去问候。足利义教强忍怒气，平安结束富士之游。与此同时，持氏积极做着与幕府作战的准备。永享六年（1434）足利持氏在镰仓的鹤冈八幡宫立下血书，发誓与足利义教及父母重臣为敌。

尽管足利义教与足利持氏之间的紧张关系不断升温，但有两股势力起到了灭火的作用。一方面，畠山满家、斯波义淳、满济准后极力做好将军的安抚工作，另一方面足利持氏一侧的管领上杉宪实也起着刹车的作用，这才使双方冲突没有爆发。然而，1433年至1435年，斯波义淳、畠山满家、满济准后相继去世，两家的紧张关系再度白热化。但就在此时，足利持氏与上杉宪实之间首先爆发了冲突。

---

① 将军出游，一般认为主要是出于政治目的，兼具文化意味，但是永享元年（1429）之秋足利义教南下奈良参拜春日大社，回京之际各大寺院、国人土豪赠送的钱币就达二千贯以上，还有不计其数的物品。因此，将军的这种行为不排除具有浓厚的经济色彩，是幕府的财源之一。参拜五山也是如此。

图 5-8　鹤冈八幡宫（笔者摄于 2013 年 5 月）

永享十年（1438）六月，十五岁的持氏之子贤王丸到了成人之年，管领上杉宪实建议上奏京都的将军，以授予一字作取名之用。上杉宪实不建议尚可，一建议就触及了足利持氏的伤心处，他禁不住对上杉宪实大发雷霆。因为他知道，凭自己现在和将军的关系，赐字是不可能的。无奈之下，持氏自己给儿子取名"义久"。这件事犹如给本来就逐渐恶化的足利持氏与上杉宪实之间的关系雪上加霜。同年八月十四日，上杉宪实愤然离开镰仓，退居领地上野国的白井城，得知消息的足利持氏亲率大军直扑上野国。

得到消息的上杉宪实马上飞奔京都要求幕府出兵援救。而足利义教正愁找不到讨伐足利持氏的理由，真乃天赐良机。因此，接到这一报告后的足利义教迅速奏请朝廷，取得了天皇颁发的讨伐令，并任命上杉禅秀之子上杉持房为幕府主力大将，上杉禅秀的另一儿子上杉教朝为幕府别动队大将。因为这两位大将都试图报杀父之仇，可见足利义教的作战安排有其巧妙之处。幕府的两支军队相继逼近镰仓，首战在箱根拉开序幕。这就是历史上的"永享之乱"。

足利持氏初战告捷，但之后武将频频倒戈上杉宪实一方，主将一色直兼父子也相继战死。永享十年（1438）十一月四日，窘困的足利持氏剃度出家，称"名寺"，后退居镰仓永安寺，静待幕府的处置。永享十一年（1439）二月十日，四十二岁的足利持氏自杀，嫡子足利义久也在镰仓报国寺自杀。至此统治关东达九十余年的关东公方寿终正寝。也正是在这一年，上杉宪实把自己所藏的汉籍如数捐赠给了足利学校，并邀请镰仓圆觉寺的僧快元出任庠主。据《镰仓大草纸》的记载，足利学校由小野篁创建于承和九年（842）。虽然这一观点不足为信，但由此可略见该校历史悠久之一斑。[①] 这所由和尚任校长，生徒着僧衣，上课学儒学的学校一直坚持到明治五年（1872），为日本培养了大批人才。顺便提一句，该校现存的上题"学校"的匾额出自明代宁波生员蒋洲之手。

图 5-9　圆觉寺（笔者摄于 2013 年 5 月）

---

[①] 五味文彦：《日本の中世を歩く——遺跡を訪ね、史料を読む》，岩波书店 2009 年版，第 151—152 页。

图 5-10 蒋州书写的足利学校门匾

## 三 专制统治

脾气暴躁的足利义教被推上将军宝座之后,并没有想要改变自己的秉性。在畠山满家、斯波义淳、三宝院满济以及山名时熙等重臣相继去世后,其专制的统治更是变本加厉。被迫退隐、没收家产、充军发配的公家人数达到七十人。这种恐怖政治也涉及了普通商人和农民,要是有谁敢对政策提出批判,或是不缴纳御用的调节金等,都将被处以极刑。

足利义教的这种专制恐怖统治对守护也不例外。斯波义淳、京极持光死后,足利义教以总领一家无能为由剥夺了持有、持高的世袭权利,以长期不上京怠慢将军为由,削除了大内持世的领地安芸国。永享十二年(1440)武田信荣、细川持常、一色教亲等奉足利义教之命,迎面袭击正去讨伐大和越智氏的一色义贯和土岐持赖。嘉吉元年(1441)畠山持国、富樫教家也怒不可遏,相继拂袖退居领国,而由持永、泰高继承户主。

但是最近研究表明,足利义教的暴躁脾气与他急于进行幕府改革有着一定关联。足利义教即位将军宝座之后,致力于幕府的各项改革，包括后宫及贵族的世界，从而力图由自己掌控幕府的决定权。极重的政务负担以及大量未能顺利结案的诉讼给足利义教带来了巨大的精神压力，这些极有可能加剧了他性格中凶暴的一面。①

然而，细察足利义教的执政也并不是一无是处的，也许正得益于高度的集权专制，在其统治期间完成了一些大事，主要有：第一，剥夺了管领的政治实权，由将军亲自执政；第二，恢复了在足利义持时期一时中断的中日勘合贸易；第三，掌控了守护大名的任免权；第四，组建将军直属部队，增强军事力量；第五，扶持关东公方的助手、时任关东管领的上杉宪实，而逼迫足利持氏自杀，解除了来自关东公方的威胁；第六，平定九州，完成足利义满未竟的事业；第七，烧杀比睿山，进行宗教镇压。

## 四 重开国交

这里的"重开国交"是指足利义教恢复了曾经中断了十余年的中日勘合贸易。当时引起幕府争论的是在给明廷的表文中，日本将军的署名、年号到底用什么妥当。因此去请教醍醐寺的满济，满济说："此事实在非常重要，非我个人所能设想周到的。既然在永享四年（1432）时使用明朝年号，这次恐怕难于更改。因为从前使用明朝年号而这次如忽然变更，对方将认为日本表里不一。为得明朝万人之意，还是仍用明朝年号为是。"并另具书说明日后无法奉明朝正朔的理由，同时也对明朝使节说，日本是神国，无法一一顺从明朝旨意，而朝贡通商才是日本的愿望。②

满济认为，目前为了勘合贸易能够顺利进行，并在经济上获得明朝援助，在政治上就必须做出一定让步，即在给中国的表文中还得使用明朝年号，署名为"臣日本国王"。但也要顾及日本是神国，不能

---

① 末柄丰：《巧妙に安定を保った将軍と均衡を崩し混迷を招いた将軍》，《日本歴史》（24），朝日新闻社2013年版。

② 《满济准后日记》"永享六年八月二十三日"条（原文为日语，笔者译），《続群書類従》之"補遺"2，续群书类从完成会1928年版，第604页。

因为经济上的原因对明朝唯命是从，必须保持一定的独立性。因而可以说，明代中日之间的"勘合贸易"发展到此时，其性质已经发生了变化，即由原先偏重政治意义的"朝贡贸易"发展成为日本片面追求经济利益为主的"获利贸易"。

**五　结城之战**

前述的"永享之乱"中，足利持氏的三个年幼的孩子得以保全性命，他们是十一岁的春王丸、九岁的安王丸和三岁的永寿王丸。下总国结城城主结城氏朝以足利持氏的遗孤为名举起了反对幕府的大旗，一时众多曾受关东公方之恩的武将纷纷前来归顺，这其中有新田、田中、佐野、今川、木户、宇都宫、小山、桃井、里见、一宫等有名的武士。

接到关东形势报告的将军义教立即发布了讨伐令，任命上杉持房、上杉清方（上杉宪实之弟）为大将，率领大军进攻结城。一路上来投奔幕府军队的武士络绎不绝，永享十二年（1440）七月，幕府大军严严实实地包围了结城。但是在连日的数次攻城中，幕府都没有取得什么进展，两军僵持几乎达九个多月。嘉吉元年（1441）四月十六日，大将上杉清方发起了总攻，在胜负难分之际，城内突然起火，火势因风迅速蔓延，坚城顿时成了火海。自觉不敌幕府军的结城氏朝命人把足利持氏的三位遗孤男扮女装，准备出逃。但三人不幸皆被幕府军所捕，结果，春王丸、安王丸在被解送京都途中的美浓国垂井金莲寺被杀，只有永寿王丸幸免于难。宝德元年（1449）八月，永寿王丸被任命为关东公方，即足利成氏。这就是历史上的"结城之战"。

结城氏作乱后，上杉宪实重掌关东实权，因此关东取得了暂时的和平发展。但是随着足利成氏的东下，关东局势再掀波浪，足利成氏联合足利持氏的旧臣与上杉氏作对。享德三年（1454）十二月，足利成氏杀害了上杉宪实之子上杉宪忠。幕府非常重视这件事，立即命令骏河的今川范忠讨伐足利成氏。足利成氏抵挡不住今川范忠的攻击，于1455年六月逃至下总古河，之后子孙世代以此为据，所以也称其为"古河公方"。

另一方面，足利义教在长禄元年（1457）十二月任命弟弟政知赴任镰仓。但是畏惧足利成氏势力的政知不敢进入镰仓，竟于伊豆堀越扎营安家，因此也称其为"堀越公方"。

## 六　嘉吉之变

在"结城之战"的同一年，奥羽的筱川公方足利满直也被国人杀害，来自关东、奥州公方的威胁暂时得到全面控制。嘉吉元年（1441）六月二十四日，在播磨国守护赤松满祐的嫡子彦次郎教康的府邸隆重举行宴会，庆祝两个月前幕府军队取得结城之战的胜利。六代将军足利义教作为主客也出席了本次庆功会，当日出席的还有管领细川持之、畠山持永、京极高数、山名熙贵、大内介持世、细川持春、细川成常、赤松贞村、三条中纳言实雅等大名和公卿。

晚上开始猿乐的演出，君臣一边欣赏一边觥筹交错。酒酣耳热之际，突然数十位武士持刀杀入会场，逢人就砍。不一会儿的工夫，场内便血流成河，足利义教竟被乱刀砍死，京极高数、山名熙贵也成了刀下之鬼，实雅、大内介持世、细川持春等身负重伤得以逃脱，但大内介持世、细川持春由于伤势过重不久去世。幸免于难的细川持之拟派人追剿，但无一将肯去。肇事者赤松满祐、彦次郎教康父子一把火烧了京都的府邸，从容率领一族退居到了播磨国。

关于足利义教之死，《季琼日录》同年同月同日条中有如下记载：

> 酉刻，御逝去。夜半，某往于彼所取御死骸，先奉送于当院。①

根据《季琼日录》的记主季琼真蕊（1401—1469）的记载，足利义教的死亡时间为下午五时至七时，日记中并没有交代是因何而

---

① 季琼真蕊：《季琼日录》卷2"嘉吉元年六月廿四日"，国际日本文化研究中心藏本。

死。半夜，季琼真蕊到彦次郎教康的府邸取走了足利义教的遗骸，安置于鹿苑院。

足利义教死后的第二天，尸体"奉送于等持院，某（季琼真蕊）随其后奉送之，寅刻也"。① 七月六日，义教的遗体在等持院被火化，季琼真蕊详细记录了当时各高僧的分工：

> 普广院殿御茶毗，卯刻下火，常在光寺景南和尚锁龛，天龙心关和尚起龛，禅源庵用章和尚挂真，信仲和尚念珠诵，林寺奠茶，愚极和尚奠汤，竺云和尚收骨。常在光寺景南和尚被补之举经，仁中和尚挂真，周璜侍者持之，御位牌某持之。讽经罢，安骨于当院，即调中阴之规式，当院乃鹿苑院也。②

"普广院殿"是足利义教的戒名。火化仪式于七月六日早上六时举行，足利义教的骨灰被安放在鹿苑院。

那么，赤松父子为何要暗杀足利义教呢？这得从赤松家族与幕府之间的纠葛谈起。赤松氏乃村上源氏的后裔，镰仓初期赤松则景以白旗城为据点，势力范围波及千种川流域的佐用郡、赤穗郡。到了赤松圆心（则村）的时候，协助千种忠宪、足利高氏在讨幕运动中立下赫赫战功，但在论功行赏时，只是维持了原有职务。愤愤不满的赤松圆心终于走上了反对建武政权的道路。

由于协助足利尊氏有功，赤松则祐（赤松圆心之子）出任幕府要职的侍所头人（长官）。明德二年（1391）在对山名氏清的讨伐中有功，加封兼任原山名氏领地的美作国守护。这样，赤松氏与一色氏、京极氏并列成为仅次于细川氏、斯波氏、畠山氏三管领的幕府屈指可数的有力守护。

赤松满祐是赤松则祐之孙、赤松义则之嫡子，出生于永德元年

---

① 季琼真蕊：《季琼日录》卷2"嘉吉元年六月廿五日"，国际日本文化研究中心藏本。
② 季琼真蕊：《季琼日录》卷2"嘉吉元年七月六日"，国际日本文化研究中心藏本。

(1381)，应永十八年（1411）出任侍所头人，承袭父亲领地，兼任播磨、美作、备前三国守护，不久便剃发出家，号"大膳大夫入道性具"。

随着赤松家族权势的增大，嫡庶之间的裂痕逐渐凸显，到赤松满祐一代两家终于反目成仇。赤松则祐的兄弟赤松贞范的孙子赤松持贞作为将军足利义持的近臣深受宠爱，赤松义则死后的应永三十四年（1427）十月，足利义持剥夺了赤松满祐的播磨国守护一职，而委任给了赤松持贞。激愤的赤松满祐火烧京都的宅邸后返回了老家播磨，固守白旗城，公然举起反将军之旗。

足利义持也不示弱，一不做二不休，干脆连美作、备前两守护之职也一同收回，而加封给了近臣赤松伊豆守，同时命令山名、一色诸将征讨赤松满祐。但是众将领因不满一贯傲慢无礼的赤松持贞，不仅无人出征，而且还数落起赤松持贞的不是。然而这位赤松持贞也不争气，关键时候竟爆出与足利义持侍女私通的丑闻，无奈只得以自杀谢罪。在畠山满家的斡旋之下，赤松满祐恢复了三国守护之职。

然而，义教的态度让赤松满祐一直陷于极度恐慌之中。永享九年（1437）左右，外界流传义教要没收播磨和美作的谣言，但最后仅是虚惊一场而已。永享十二年（1440），赤松满祐之弟赤松义雅得罪了足利义教，结果被查抄了领地。当时，赤松一族中，赤松持贞的侄子赤松贞村和赤松满祐的堂兄弟赤松满政深受义教之宠幸，他们都站在了赤松满祐的对立面。正是如此，赤松满祐觉得总有一天自己的命运会像一色义贯一样，因此惶惶不可终日。嘉吉元年（1441）六月，就在富樫教家死后不久，有流言说足利义教将剥夺赤松满祐三国守护之职，没收其领地和一切职务，而把这些都加封给赤松贞村。听到这个消息后，不愿坐以待毙的赤松满祐父子再也按捺不住了，因此秘密策划了前面所说的暗杀将军的计划。历史上把这一事件称为"嘉吉之变"。

最新研究表明，"嘉吉之变"不仅重洗了大名之间的势力之牌，也在大名之间和大名家中埋下了分裂的火种。①

当然，关于足利义教的死因还有一种有趣的观点，那就是因他的"宠童"而起。足利义教和足利义满一样，被人认为具有同性恋倾向。足利义教的同性对象是赤松持贞之子伊豆守赤松贞村，为了表示对赤松贞村的爱慕，义教竟欲把赤松满祐的封地割让给赤松贞村，这引起了满祐的极度不满，决定杀掉这位具有男色倾向的将军。②

赤松满祐回到领地播磨后，随即迎立足利直冬的孙子足利冬氏为幕府将军并举起反旗。而幕府方面则由细川持之等拥立足利义教之子足利义胜为将军，重开幕府政务。征讨赤松满祐父子的大军则在"嘉吉之变"后的一个月才开始行动，但是诸将之间还是疑虑重重，相互猜测。只有山名持丰（宗全）（1404—1473）举全族之力追讨赤松满祐父子，成为征讨大军的主力。这是因为"明德之乱"之际，领国美作曾被赤松氏夺走，因此山名氏想趁机雪耻。九月初，播磨的坂本城和揖西郡的越部庄木山城相继陷落，赤松满祐、赤松义雅也随之自杀。

将军遭受惨杀诸将却迟迟不行动，这当然有足利义教长期实行专制恐怖政治的原因，却也标志着幕府体制的瓦解，虽然还没有崩溃，但这是一个质变的分界线。

"嘉吉之乱"的最大受益者莫过于山名氏，因为赤松氏的领地大都被其接收了。此后势力膨胀的山名氏与细川氏之间的矛盾日渐突出，最终酿成"应仁之乱"，所以"嘉吉之乱"也可以看成是"应仁之乱"的序幕。

## 第四节　足利义胜

足利义胜（1434—1443），室町幕府第七代将军，幼名千也茶丸，足利义教之子，官至从四位下、左中将。

---

① 末柄丰：《巧妙に安定を保った将軍と均衡を崩し混迷を招いた将軍》，《日本歴史》（24），朝日新闻社2013年版。
② 服部敏良：《室町安土桃山時代医学史の研究》，吉川弘文馆2007年版，第454页。

## 一 朝露溘至

嘉吉元年（1441）六月，足利义教被赤松满祐暗杀后，年仅八岁的足利义胜被拥立为户主，承袭家业。因其年幼，政务主要由管领细川持之辅佐。嘉吉二年（1442），成人的足利义胜被任命为征夷大将军，可是体质羸弱的他于翌年七月十二日身患痢疾，九日后的七月二十一日竟一命呜呼，这时他才十岁（也有说义胜因好骑马，不小心坠落而死）。法号"庆云院荣山道春"，追赠左大臣从一位。

## 二 嘉吉暴动

"嘉吉之变"后，各地形势动荡，八月在近江（滋贺县）发生了农民暴动，要求颁布德政令。所谓"德政令"，本来是对债务者进行保护的临时特别法，这种法律自古以来在很多国家都曾经出现过。但足利幕府所推行的德政令在性质上与以往相比却略有不同。

大德寺僧一休宗纯对频发的德政令有过嘲讽诗一首，诗名《德政》，内容如下：

> 贼元来不打家贫，孤独财非万国财。
> 信道祸元福所覆，青铜十万失灵神。①

据称策划这一暴动的是与延历寺有纠葛的守护六角满纲。八月末，京都的农民暴动并开始发起攻击，要求第七代将军足利义胜施行德政令。九月五日，数万暴动民众包围了京都，全城运输中断，粮食不足。幕府被迫无奈，连发三道德政令，这才解除了京都危机。同年九月，在大和（奈良县）也发生了马帮蜂起事件，而在三河（爱知县）、若狭（福井县）也发生了农民暴动，把守护代②驱逐出了国。

---

① 殷旭民点校：《一休和尚诗集》，华东师范大学出版社2008年版，第62页。
② 守护代，就是当守护离开其国领地时代理行使政务的人。

全国各地武装暴动此起彼伏，风起云涌。由此可见，农民暴动并不是暴徒的乌合，它具有与幕府进行政治交涉的能力。

在德政农民起义爆发的过程中，地方守护大名以及室町幕府公布的德政令中多次出现适用"德政"的两个主要项目是"祠堂钱"和"赖母子"，它们是当时主要的高利贷营利组织。德政一揆不仅反对高利贷资本渗入封建领主的封建剥削，还使得酒坊、土仓①发生了变化，促使酒坊、土仓与封建领主的关系疏远，出现了不依靠封建势力求取发展的趋势。②

## 第五节　足利义政

足利义政，室町幕府第八代将军，义教之子。永享八年（1436）二月一日出生于京都，母亲为里松重光之女胜智院重子。

### 一　出任将军

永享六年（1434），七代将军足利义胜出生，而永享九年（1437）足利义政家里又添新丁，即他的异母弟足利义视（今出川殿）。在足利义政六岁时，父亲足利义教被赤松满祐暗杀，引起朝野混乱。京都周边的村民纷纷暴动要求幕府颁发德政令。幼小的足利义政和哥哥足利义胜在母亲的保护下虽然平安无事，但肯定也被惊天动地的暴动声吓得半死。

少年将军足利义胜的突然夭折，管领畠山持国不得不召集诸位大名商讨接班人问题。商议的结果是，足利义胜之弟三春（也称"三寅丸"，即后来的义政）成为后继者。文安三年（1446）十一月，后花园

---

① 土仓，即中世的高利贷。镰仓时期称"借上"。为了较好地保管抵押品，在建造仓库时都要涂上泥土，所以南北朝时期始有此称呼，至室町时期土仓大为发展，据说当时京都有350家，奈良有200家，近江坂本有30家。

② 童云扬：《日本室町时代的"酒屋土仓"和农民运动》，载吴于廑主编《十五十六世纪东西方历史初学集》，武汉大学出版社1985年版，第86—97页。

天皇赐名"义成",叙从五位下。宝德元年(1449)四月,十四岁的足利义成正式成为第八代将军。享德二年(1453)三月,晋升从一位,六月改名"义政"。宽正元年(1460)授予右近卫大将,升任左大臣。

### 二 继承祖业

年轻的足利义政,无论是在政务方面还是在生活方面都极力以祖父足利义满、父亲足利义教为榜样,努力继承他们的衣钵。

享德元年(1452)十一月,细川胜元取代畠山持国出任管领,因此幕府内细川氏的势力进一步增强,足利义政为了防止尾大不掉,采取了压制细川胜元的政策,制定了管领新法十六条。细川胜元为了表示不满,于翌年的五月愤然辞职。

足利义政的基本方针与足利义满、足利义教大致相似,都是抑制管领和强势的守护,维持庄园体制,确保寺社领地。长禄二年(1458)三月,足利义政颁布了"寺社本所门迹领归还令"。长禄四年(1460)三月,鉴于不缴或怠慢庄园地租现象时有发生,幕府重申该项政令并严明施行。

此外,义政还制定了《诸五山禁法条条》(长禄三年四月)、《山门条条规式》(宽正三年四月)等法规,确保延历寺和五山禅寺的领地。

应该说,年轻的将军足利义政还是勤于政务,管理有方。然而,详细描写"应仁之乱"的《应仁记》一书给义政取了一个"德政将军"的绰号,这个恶名一直流传至今。《应仁记》的作者认为,足利义政过着奢侈享乐的生活,不理政务,逃避政治,并指出德政令乃足利义政时代首开的恶例,达到十三次之多。其实,足利义政在任期间共发布过两次德政令,一次是在享德三年(1454),另一次在长禄三年(1457)。关于长禄三年的德政令,在《碧山日录》中的长禄三年十一月九日条中这样记载:"群民会聚于城西,鸣钟考皷,求有德政之令,其实便虐政也。故大相公命诸大夫,是日诛其为纲头者,且毁烧其屋宅也。天下欢焉。"[①]

---

[①] 《改訂史籍集覽》第二十五册《碧山日録》,すみや書房1969年版,第185页。

可见，《应仁记》多少有些夸大其词，名不副实。

此外，瑞溪周凤在《卧云日件录拔尤》中的享德三年三月十五日条中，对当时京都盗贼横行的现象有如下记载：

> 圣寿寺坊主来，因话。京中盗贼，古今无比类。数日前，一夜打店屋者两所。凡店屋逢盗贼，自古未之有也。今盗贼公然无所惮畏，由是不入此党者殆希矣。上出七贯、中五贯、下三贯，初入贼党之谒贽也云云。予又拿昨日鹿苑院主说而告之曰：盗贼中有隐语，曰止汤，曰合沐，曰钱汤。钱汤者，不论贵贱，各领所盗。曰合沐者，诸贼等分其财。曰止汤者，不论多少，所盗归贼中首也。①

文中所谓的"店屋"是指驿站中的小卖部。京都的盗贼非常猖獗，以致一夜连抢两家店屋，瑞溪周凤认为这是"自古未有之"。贼党胆大妄为，无所顾忌，以致民众为了上一次"贼船"，还得出"谒贽"，即入会费。此外，瑞溪周凤还介绍了盗贼分赃的三种隐语，即"止汤""和沐""钱汤"。可见，当时京都的社会治安状况糟糕到了极点。

### 三　三魔政治

所谓的"三魔政治"是指足利义政的政治掌控在三人之手。"三魔"具体指足利义政的爱妾御今（今参局）、近臣有马持家以及大纳言乌丸资任。这一说法在当时就有流传，瑞溪周凤在《卧云日件录拔尤》中有如下记载：

> 竺云来，茶话次及天下政事。云曰："世有三魔之说，俗所谓落书者也。画三人形，立之路头，盖政出于三魔也。御

---

① 瑞溪周凤：《臥雲日件録拔尤》，岩波书店1992年版，第82页。

今、有马、乌丸也云云。"予曰："乌丸之意盖阙后之体也，可谓妙矣。"①

文中提到的"御今"即今参局，足利义政的奶妈，后被足利义政纳为妾，深得宠幸。但是长禄三年（1459）正月九日正室日野富子产下的男婴据说是死于她的毒咒，同月十四日，愤怒的足利义政把御今流放到了琵琶湖上的冲之岛，而正月十八日日野富子借刀杀了她，一说真正的幕后指使者是富子的大叔母日野重子。② 而寻尊在《大乘院寺社杂事记》中认为，今参局和日野康子对立，遭到流放与日野康子有关。最后，今参局采用了"先代未闻"的剖腹自杀结束了自己的生命。

图 5-11　寻尊（1430—1508，奈良兴福寺藏）

---

① 瑞溪周凤：《臥雲日件録拔尤》，岩波书店 1992 年版，第 89 页。
② 吉田知子：《悲劇の女性・日野富子》，文艺春秋编《エッセイで楽しむ日本の歴史》（下），文艺春秋 1993 年版，第 32 页。

《碧山日录》"长禄四年六月十九日"中记载:"大相公(足利义政)宠妾三条某女,是日欲诞子而产难遂卒云。"① 即足利义政的宠妾三条氏此日难产致死。因此,义政一直没有亲生子嗣。"有马"即有马持家,而"乌丸"是指时任大纳言的乌丸资任。据说是京都小孩把三人做成木偶的样子,然后写上"政出三魔"字样,这也许是嫉妒三人的权势吧。

其实足利义政周围参与干涉政治的有细川胜元、母亲重子、政所执事伊势贞亲、日野胜光以及正室日野富子的兄弟姐妹,现在再加上"三魔",使得本来就温文尔雅的足利义政变得更加优柔寡断、意志薄弱,从而失去了自我。

### 四 大兴土木

长禄二年(1458),二十三岁的足利义政开始大规模整修幕府宫殿,以景慕祖父足利义满的伟大壮举。可三年后的宽正二年(1461)发生了波及全国的大饥馑,将近三分之二的人被饿死,遍地白骨,惨不忍睹。对此,一休宗纯曾有偈颂《宽正二年饿死》三首为证:

> 宽正年无数死人,轮回万劫旧精神。
> 涅槃堂里无忏悔,犹祝长生不老春。
>
> 极苦饥寒迫一身,目前饿鬼目前人。
> 三界火宅五尺体,是百亿须弥苦辛。
>
> 尽十方乾坤众生,娇慢情识劫空情。
> 佛魔人畜总混杂,天然业果始须惊。②

---

① 《改订史籍集览》第二十五册《碧山日录》,すみや書房1969年版,第215页。
② 殷旭民点校:《一休和尚诗集》,华东师范大学出版社2008年版,第90页。

◆ 坐看风云起

可就在这样的情况下，足利义政也没有停止花之御所的改建工程。致使世人怨声载道，留下骂名。

此外，义政还以筹措伊势神宫营建费为名，在通往京都的干道上新设七个关卡，增收买路钱，但据说实际上是为自己和夫人日野富子的享乐所用。

足利义政的另外一次大兴土木就是修建东山山庄，即俗称的银阁寺。文正元年（1466）特派使者至美浓国，开始选择优质木材。但是不久之后发生了"应仁之乱"，计划被迫中止。文明十四年（1482）二月，辞去将军之位的足利义政再次热衷于别墅的建造，这一年足利义政已经四十七岁。文明十五年（1483）六月，东山山庄完工，足利义政随即迁居这里。长享元年（1487）东求堂建成，延德元年（1489）银阁（观音殿）竣工。"银阁"一名据说是由某日足利义政登上鹿苑寺的三重殿阁时受启发而来，而"金阁"一名也是银阁在建时，足利义政心中浮现的名字。银阁寺也融合了中日两国的建筑风格，底层建筑采用和式风格，二层则是亚洲大陆式的建筑风格，将二者巧妙地搭配在一起。

图 5-12　银阁寺一景

说到银阁寺，有两点值得一提。第一，在庭院中有一"银沙滩"，据说这是仿效杭州的西湖而建的，整个庭院都散发着中国气息。第二，寺内的建筑物中有一间小厅堂，厅堂内部又分为佛堂和茶室。应该说，正是在足利义政在位时期，饮茶才开始发展成为一项具有严格的程序和规则的礼仪性艺术。还有一点不能忘记的是，东山山庄的设计者为河原者善阿弥。

但是银阁落成后的第二年，即1490年一月初七，年仅五十五岁的足利义政因中风结束了他的一生。根据《后法兴院记》的记载，从延德元年十月前后，足利义政的中风症状就日渐加重，推测的死因是动脉硬化引起的脑出血。[①]

足利义政虽然具有高度敏锐的艺术鉴赏能力[②]，但幕府将军一职终究是一项军事职务，他缺乏一名幕府将军所必需的指挥统率能力和决断能力。也有说法认为，迎娶日野富子为妻，这是足利义政一生最大的致命伤。

足利义政虽曾一度想重树幕府将军权威，但时过境迁，显然已经不可能。但值得注意的是，天皇的政治地位在这一时期却有了上升。这主要是因为幕府权力衰弱而导致的统治危机，亟须借助天皇权威来维系。

## 第六节　足利义尚

### 一　家督之争

杀了足利义政爱妾御今的日野富子，在幕府中的地位得到了巩

---

① 森田恭二：《大乘院寺社雜事記の研究》，和泉书院1997年版，第158页。
② 根据伊藤东涯《蟎蟥鋸茶甌記》（1727年）的记载，现由日本东京国立博物馆收藏的国家级重要文物"青瓷葵口碗"也曾是足利义政的藏品之一。此碗为浙江龙泉窑所产。1175年，日本武臣平重盛向宁波阿育王寺施舍黄金，该寺长老拙庵德光作为还礼，赠送给平重盛这只龙泉青瓷中的精品茶碗。可惜在传至足利义政之手时，此碗的底部和壁部已出现裂纹。因此，义政托人将此碗带回中国，希望明朝能够按照原样再做一个。但当时的龙泉窑已经烧制不出类似的产品了，中国工匠只好把裂纹补好，再次传回日本。不料这奇特的经历，使得此茶碗获得了更高的文物价值。

固。宽正三年（1462）七月和宽正四年（1463）七月，日野富子连续为足利义政产下两个孩子，可惜都是女儿。宽正五年（1464），对生育男儿已失去期望的义政只好让出家净土寺的弟弟义寻（1439—1491）还俗，定为自己的继承人，改其名为"义视"，指定细川胜元为其监护人，并当众宣布，即使以后自己有了亲生儿子，也不改变足利义视的继承人地位。这样，足利义视成了足利义政的养子。宽正六年（1465）十一月二十日，足利义政举行了隆重的宴会，以庆祝朝廷敕许自己的这一请求。

可令足利义政始料不及的是，日野富子竟在三日后的十一月二十三日产下一名男婴，初名义熈（1465—1489），即后来的九代将军足利义尚。火速赶到富子身边的足利义政此时应该是喜忧参半的：喜的是终于盼来了日夜思念的儿子，忧的是该如何处理与足利义视的关系。果然不出所料，日野富子力挺义尚出任下一任将军，为了与细川胜元对抗，特选山名宗全作为义尚的监护人。通常认为，正是细川胜元与山名宗全的对立，才最终引发了长达十一年之久的"应仁之乱"。因此，足利义尚的诞生果然验证了时人所说的"乃天下大乱之源"。但是事情并非如此简单。第一，当战乱持续到一年半左右的时候，焦点人物之一的足利义视投身山名宗全率领的西军，按理两军的对立就此应该终止，①可是并没有。第二，山名宗全和细川胜元去世后，两个家族握手言和，但战乱并没有因此结束，而是又延续了三年半的时间。由此看来，上述两个家族的对立似乎也不是大乱的原因。那么，真正的原因到底是什么呢？最近有研究指出，山名持丰直接参与细川氏对立势力也许是导致大乱发生的根本原因。而日野富子也被很多人认定为"应仁之乱"的罪魁祸首，是使京都变成焦土的历史罪人。其实，这多少有些有失公允，具体原因后面还会提及。

## 二 开始亲政

文明五年（1473），西军首领山名持丰和东军首领细川胜元相继

---

① 末柄丰：《応仁・文明の乱》，《日本歴史》（24），朝日新闻社2013年版。

病死，战乱暂时告一段落，而京都也终于迎来了一丝安宁。身藏东军阵营的足利义政决定让位于幼小的足利义尚。于是，足利义尚在"应仁之乱"的尾声中即位，成为东幕府将军，但政权实际上掌握在其生母日野富子、外戚日野胜光以及隐退的足利义政手中，足利义尚在当时充其量不过是个傀儡。

文明八年（1476），室町殿遭受火灾，足利义政和足利义尚暂避于小川殿，之后足利义尚入住位于北小路室町的伊势贞宗之宅，足利义政及其夫人日野富子以小川殿为家。

文明十三年（1481），因不满日野富子的专横，足利义政蛰居小川殿，与足利义尚之间的关系据说也因一女子出现了裂痕。文明十五年（1483）足利义政移居东山山庄，即银阁寺，之后足利义政被称为"东山殿"，而亲政的足利义尚被称为"室町殿"。

### 三　病死战场

长享元年（1487）七月，以恢复寺社本家领地为名，足利义尚宣言征讨六角高赖。九月十二日，足利义尚率领大军声势浩大地向近江开拔。二十四日，大军一举攻破了六角氏的根据地，六角高赖出逃至甲贺郡。为了彻底消灭六角氏和伊庭氏，足利义尚率领大军驻扎位于滋贺县的钩（栗东市）。但是战争陷入了僵局，足利义尚不得不在阵中长住。

不久，军中传言说六角氏和伊庭氏已经逃走，原因是细川政元的家臣安富、上原等人事先安排好的阴谋诡计。尽管这样，足利义尚屈于细川氏的权势，没能处理他们。长享二年（1488）六月，因"尚"的字音反切不吉利，足利义尚改名"义熙"，并邀远在周防国的大内氏出兵解燃眉之急。十月，大内氏率军一千人抵达钩助阵。不料年关一过，足利义尚病重。长享三年（1489）三月二十六日，足利义尚病死在近江阵营，年仅二十五岁。据称是纵酒、荒淫过度所致。近江的临时幕府以一把火烧光了事，"钩之阵"自然瓦解，六角高赖也从甲贺返回根据地，等待幕府的赦免。但由于将军足利义熙没有子嗣，由谁来继承将军一职又成了问题。

足利义尚在亲政前后，曾邀请当时的著名学者为其讲解为政之道，如一条兼良（1402—1481）曾为足利义尚讲述《文明一统记》，并应足利义尚之求献上《樵谈治要》。这两部文学作品虽有随笔的性质，但由于室町时代政局动荡，致使随笔文学的政治色彩颇浓。一条兼良的上述两部作品，内容多为从政治国之道的词句，倡导修身治国平天下的儒家思想。当然，作品从另一角度也如实地反映了面对新形势，曾身为朝廷显贵的作者，不得不依附于武家政权的苦衷及其保守的伦理思想。① 而著名的神道家卜部兼俱曾为足利义尚讲解过《日本书纪》等。可见，足利义尚还是一位有意勤政的将军。

## 第七节　足利义稙

日本文正元年（1466）七月三十日，足利义视家族添丁，取名足利义材（1466—1523）。延德二年（1490）一月，足利义材出任幕府第十代将军。

### 一　几易其名

为了建立自己的威信，足利义材决定效法足利义尚领兵讨伐六角氏。不料六角氏避而不战，班师回朝的足利义材却卷入了畠山兄弟的内讧（后文详述）。明应二年（1493）闰四月，留守京都的细川氏趁将军出征在外之际，与日野富子发动了政变，即历史上的"明应政变"，另立足利义澄为将军，并派四万精兵冲入足利义材和畠山政长的阵营里，出其不意地把足利政长杀死，并掳了足利义材，将其囚禁在山城龙安寺。之后，足利义材设法逃至越中国的放生津，明应七年（1498）易名"足利义尹"。饱尝颠沛流离之苦的足利义尹，终在永正五年（1508）七月复辟，史称"永正政变"。永正十年（1513）十一月易名"足利义稙"。

---

① 刘春英：《日本随笔文学》，《日本研究》1990年第2期。

## 第五章　室町将军的政治生涯

作为一名幕府将军，足利义稙几度易名，这其中自有其内在含义，但同时也暴露出幕府体制的不安定。

### 二　命运多舛

长享三年三月二十六日将军足利义尚早逝，隐匿在美浓土岐氏的足利义视得到此消息后，带上儿子足利义材马不停蹄地来到京都，名义是为了参加足利义尚的葬礼，实际上是希望足利义政同意由足利义材出任新的幕府将军。但当时还有人推选义政的弟弟足利政知的儿子清晃（1480—1511，当时是天龙寺香严院的喝食沙弥）为候选人，因此足利义政碍于反对意见，没有立即作出决定，而是由自己继续掌控幕府政务。直到翌年（1490）正月足利义政去世，足利义材才以足利义政义子之名得以继任幕府第十代将军，七月出任征夷大将军，晋升参议兼右近卫权中将。与足利义材同岁的细川政元当时作为管领出席了征夷大将军的宣旨仪式，但第二天就辞去了管领一职。

足利义材执政后继承前将军的遗志，于延德三年（1491）四月宣布征讨六角高赖，十二月十四日小胜而归。回京后的足利义材应畠山政长之请，于明应二年（1493）二月十五日出兵征讨河内的畠山基家（畠山义就之子）。

明应二年四月二十二日，细川政元发动废立将军的政变，史称"明应政变"。翌日，在日野富子的命令下，细川政元的军队袭击了足利义材妹妹所在的通玄寺，这是对足利义材毁坏小川殿（日野富子曾想将其赠予香严院清晃）的报复。闰四月二十五日，上原元秀的军队在河内正觉寺抓获了将军足利义材，一起被捕的还有畠山右马助以下三十九人，其中除武士外，还有木阿弥等同朋众（即服侍将军的文艺僧），而新一任将军由香严院的清晃出任。

"明应政变"的背后操纵者应该是足利义政的夫人日野富子。五月六日，被幽禁在龙安寺的足利义材险遭日野富子的毒杀，在上原元秀的帮助下，得捡一命。明应二年六月，在亲信的帮助下，足利义材逃至位于越中射水郡的放生津，投靠神保长诚，并在正光寺建立了临时幕府，历史上称之为"越中公方"或"越中御所",也有"放生津政权""放生津幕府"与"越中幕府"之称。此事件埋下了导致幕府长期分裂的种子。

明应七年,足利义尹(足利义材)和细川政元的和谈破裂。因此,足利义尹决定同朝仓贞景、畠山尚顺(畠山政长之子)以武力进军京都,延历寺、根来寺、高野山的僧兵也纷纷响应。但足利义尹的军队在近江败给了六角高赖,无奈逃至河内,不料在此又输给了细川政元,义尹只得西下周防,投奔大内义兴。

永正四年(1507)细川政元惨遭暗杀,细川家族陷入分裂。义尹认为复辟的时机到来,翌年,在大内家族的支持及细川高国的响应下,于六月占领京都,驱逐了将军足利义澄和管领细川澄元,七月再次就任将军之职。

但是此时足利义尹的权力是建立在管领细川高国与管领代大内义兴的军事力量基础之上的,是非常不稳定和危险的。永正十年(1513)三月,与细川、大内以及畠山诸氏矛盾不可调和的足利义尹离开京都,逃至甲贺。在甲贺足利义尹身患重病,险些丢掉性命。病愈的足利义稙(足利义尹)因而与对立双方一时和解而返回京都。但在大内义兴回归自己的领国后,足利义稙与细川高国之间的对立越发加深,终于在大永元年(1521)三月,足利义稙再次出走和泉堺,后逃至淡路,试图与细川高国一决雌雄,无奈回天乏术。大永三年(1523)四月九日,这位被称为"流浪公方"的义稙在阿波去世,享年58岁。

### 三 法不阿贵

这位居无定所、颠沛流离的足利义稙在将军之位前后达三十多年,看似积贫积弱的幕府政权,其实发布了不少针砭时弊的法令,表现出积极治世的一面。以下略举几例:

(1)延德二年(1490)的八月至十月,将军直接发布命令,将征收日野富子下辖酒坊的特种行业税金,此乃破天荒之举。

(2)延德二年(1490)闰八月,幕府下令严查一揆的肇事者居所，即使其位于大寺社所领，也一样强制没收，如有抵抗，斩首示众，并对执行者进行奖励。

（3）明应九年（1500），为了维护通货秩序，幕府首次颁布了"撰钱令"，对贩卖品相恶劣铜钱者一律处以死罪。这项法令在之后的永正二年（1505）、五年、九年都一再重申。

（4）永正六年（1509）四月，幕府下令凡是进入京都的大米必须在专门的"米场（即大米市场）"出售，起到了一定的稳定米价的作用。

（5）永正六年（1509）五月，发布了与审判有关的七条法令。[①]

## 第八节　足利义澄

足利义澄，出生于文明十二年（1480）十二月十五日，他的父亲堀越公方足利政知是足利义政同父异母的哥哥。有兄弟茶茶丸和润童子。因茶茶丸被指定为堀越公方的继承人，所以，文明十七年十二月，因叔父足利义政的意向，五周岁的足利义澄被指定为天龙寺香严院的继承人。两年后的文明十九年（1487）六月，足利义澄正式出家继承香严院，取法名为"清晃"。

### 一　羽翼渐丰

清晃应该说是"明应政变"的最大受益者，他被管领细川政元、日野富子和伊势贞宗等拥立为第十一代幕府将军时，才十四岁，并改名为"足利义遐"，幕府政治自然由细川政元和其他重臣把持。后来，足利义澄又两度改名，初为"义高"，终称"义澄"。

《大乘院寺社杂事记》明应五年五月二十五日条记载："御台御方廿二日御入灭，五十六"。"御台御方"即日野富子，也就是说该日日野富子去世，享年56岁。根据《后法兴院记》的记载，明应五

---

[①] 久留岛典子：《一揆と戦国大名》，讲谈社2009年版，第53—56页。

年五月十七日，日野富子得了急病。所谓急病，可能是颅内出血，当日已经意识不清。二十日，日野富子结束了其波澜壮阔的一生，戒名"妙善院从一位庆山大禅定尼"。二十五日，讣告传至兴福寺处，寻尊得知日野富子死于二十二日前后，所以有上述记载。实际上，日野富子死于五月二十日子时，享年五十七岁。

在日本历史上，日野富子不仅是著名的"三大恶女"（北条政子、日野富子、淀殿）之一，还是"应仁之乱"的肇事者，其中主要的依据是军记物语《应仁记》。但最近的研究表明，《应仁记》的祖本包括《应仁记》和《应仁别记》，关于日野富子的许多记载在两本书中是完全相反的。因此，日野富子很可能是室町幕府的幕后功臣，是重建幕府的主要成员之一。[①]

足利义澄的妻子是叔母日野富子的外甥女。随着日野富子的去世，足利义澄也逐渐产生亲政的念头。但是这一想法引发了足利义澄与细川政元之间的对立：细川政元以辞去管领之职相要挟，而足利义澄则躲进岩仓的金龙寺不出。在细川政元、伊势贞宗的要求下，足利义澄复出，但条件是必须杀掉前将军足利义材的同父异母的弟弟足利义忠。因为足利义忠是有力的将军候选人，杀了足利义忠的细川政元，暂时失去了牵制足利义澄的有效政治手段。这样，足利义澄与细川政元之间迎来了暂时的权力平衡。

## 二 抱憾而终

永正五年（1508）四月，得知拥立前将军足利义材的大内义兴率军挺进京都，足利义澄出逃至近江以及朽木谷、蒲生郡水茎冈山城。七月，足利义澄的将军位被废，足利义材复辟成功。之后，足利义澄的拥戴势力与将军足利义稙曾有多次战争，但都以失败告终，足利义澄重登将军宝座之梦一再落空。永正八年八月十四日，在"船冈山之役"开战

---

[①] 家永遵嗣：《日野富子——幕府を建て直し陰で支えた功労者》，《日本歷史》(24)，朝日新闻社2013年版。

前夕，足利义澄带着遗憾在近江国水茎冈山城病死，享年 32 岁。

从永正五年足利义尹入京开始至永正十五年（1518）大内义兴返回领地的十年多时间里，京都的治安主要由大内义兴的军队负责维持，因此，历史上也把此时期称为"大内时代"。

## 第九节　足利义晴

### 一　一步登天

永正十八年（1521）三月七日，在和细川高国在政见上出现不可调和的矛盾后，将军足利义稙离开京都乘船暂避淡路。突然被将了一军的细川高国一不做二不休，索性决定迎接前将军足利义澄的遗孤来京都出任将军。当时，足利义澄一家寄靠在播磨的赤松义村处。七月六日，一位年仅十一岁的少年乘舆在数十骑武士的簇拥下入京，他就是足利义澄的次子龟王丸。七月二十八日龟王丸改名"足利义晴"，官至从五位下。十一月二十五日，朝廷任命足利义晴为左马头（左马寮长官），十二月二十四日举行成人仪式，二十五日被补任为幕府第十二代将军。

### 二　改名成风

足利义晴于永正八年（1511）三月五日出生于近江朽木，而父亲足利义澄在足利义晴出生的同年八月十四日去世。在足利义稙复辟成功后，永正十一年（1514），足利义晴来到播磨，投靠赤松义村。

中国人有句俗话叫"行不更名，坐不改姓"，表示在任何情况下都不隐瞒自己的真实姓名，形容为人处事光明磊落。可是，室町幕府的将军们以及大名们却改名成风，这也是当时的一种社会现象。以将军为例，从足利义政至足利义昭为止，少则一次，多则三次，没有改名的只有足利义晴一人。具体如下：

义政：义成→义政
义尚：义尚→义熙

义稙：义材→义尹→义稙

义澄：义遐→义高→义澄

义辉：义藤→义辉

义荣：义亲→义荣

义昭：义秋→义昭

## 三 颠沛流离

大永六年（1526），细川高国杀害了家臣香西元盛，引起了一场细川氏家族的内讧。和细川高国对立的细川晴元（1514—1563）在三好元长的援助下，偕足利义晴的弟弟足利义维与细川高国作战。此外，波多野稙通（1496—1545）、柳本贤治（？—1530）等也与细川高国反目，在大永七年（1527）的"桂川之战"中，细川高国战败，掌握了实权的阿波国人三好元长以及细川晴元入京，足利义晴随同细川高国、武田元光逃往近江。从永正五年八月大内义兴返回领地到大永七年二月"桂川之战"的十年左右的时间里，京都的局势基本以细川高国为中心展开，所以历史上也把此时期称为"细川高国时代"。

享禄四年（1531），细川高国在"中岛战役"中惨败而自杀。但是，内讧并没有因此而结束，这次是细川晴元与三好元长开始对立。天文元年（1532），细川晴元被三好元长打败后，连同幕府一起撤退到了近江观音寺城山麓的桑实寺境内，长达三年时间。连年的征伐导致民不聊生。据称天文六年，奈良县长谷寺住持弘深上人决定为乱世祈福，结果妖怪"白粉婆"梦幻般地变出了大量大米。白粉婆是流传在奈良县吉野郡十津川的怪谈，相传是脂粉仙娘的使女，头上顶着一把破伞，右手挂着拐杖，左手拿着一个酒壶，半边脸涂着厚厚的脂粉，面目极其可怖。①

自天文三年（1534）至天文十二年（1543）的十年时间里，足利义晴与细川晴元之间时分时合，只得在京都与近江之间来回奔波。天

---

① 于森编著：《图画百鬼夜行》，北方文艺出版社2018年版，第254页。

文十六年（1547），足利义晴入居北白川的瓜生山城，在与足利晴元的"舍利寺之战"中战败，再次避难至近江坂本并于此时把将军一职让位给了年幼的儿子足利义辉（1536—1565）。之后随着与细川晴元的和好，足利义晴父子曾一度返回京都。但是天文十八年（1549），细川晴元与家臣三好长庆①（1523—1564）开战，在"江口之战"中，细川晴元败北，足利义晴和足利义辉再度逃亡至近江朽木谷。天文十九年（1550）五月四日，足利义晴在近江穴太去世，享年40岁。

## 第十节　足利义辉

足利义辉，幼名菊童丸，绰号"剑豪将军"。天文五年（1536）三月十日出生于东山南禅寺，出生后马上就被过继给外祖父近卫尚通做养子。

### 一　有名无实

童年时期的足利义辉跟随父亲足利义晴在京都和近江的坂本或朽木谷各处辗转，避难。天文十五年（1546）十二月，年仅十一岁的菊童丸成为室町幕府第十三代将军，就职仪式也在避难地近江坂本的日吉神社祠官树下成保的府第中举行。在此期间足利义辉改名为"义藤"。

天文二十一年（1552）一月，足利义藤与三好长庆议和，条件是让细川氏纲出任管领一职。回到京都的足利义藤实际上是三好长庆及其家臣松永久秀的傀儡。天文二十二年（1553），在细川晴元的协助下，足利义藤与三好长庆开始决战，不料战败，只得再次逃亡至近江朽木，并在此地度过了五年时间。天文二十三年（1554）二月十二日，改名为"义辉"。

永禄元年（1558）十一月，在六角义贤（承祯）的斡旋下，足

---

① 关于三好长庆，明朝郑舜功在《日本一鉴》中有如下评价："世武，而且好文，故能思仁慕义，倭方耶律楚材云。"（《绝岛新编》卷4，北海图书馆1939年版，第7页）

◆ 坐看风云起

利义辉与三好长庆议和，五年之后终于得返京都。同年十二月二十八日，足利义辉迎娶伯父近卫稙家的女儿为正室。但是幕府政权仍由三好长庆所把持。其间，三好长庆遭遇几次暗杀而未遂，据称是足利义辉指使的。

图 5-13　足利义辉（京都市立艺术大学艺术资料馆藏）

## 二　后生可畏

为了重振幕府将军之权威，足利义辉力争与各国大名修好，调停大名间的纷争，如天文十七年（1548）的伊达晴宗和稙宗，永禄元年（1558）的武田晴信与长尾景虎，永禄三年（1560）的岛津贵久与大友义镇（1530—1587）、毛利元就与尼子晴久，永禄六年（1563）的毛利元就与大友宗麟，等等，以此来光大其将军之威。此外，足利义辉还通过怀柔政策笼络人心，甚至还把自己名字中的"辉"字赏赐给多位大名，显示出其高超的政治手腕。因此，足利义辉得到了各位大名的承认，织田信长、上杉谦信等还亲自上京拜谒义辉，大友宗麟献上铁炮以示忠心。

永禄元年（1558），畠山高政和六角义贤在畿内造反，反对长期把持幕府政权的三好长庆。结果，三好义贤战死，三好家族开始败落。永禄五年（1562），一直和三好长庆联手垄断幕府政权的政所执事伊势贞孝，宣布与三好长庆反目。足利义辉瞅准时机，马上更迭了政所执事一职。被激怒的伊势贞孝起来造反，结果被三好长庆镇压。因此，政所执事一职长期被伊势氏霸占的历史终于落下了帷幕，将军开始掌握政所的政务。永禄七年（1564）七月，足利义辉最大的政敌三好长庆病死，为其重振幕府权威迎来了大好时机。

### 三　鸡飞蛋打

足利义辉原以为三好长庆的死是重振幕府权威的天赐良机，不料却是螳螂捕蝉，黄雀在后。在一直想执掌幕府政权的松永久秀和三好三人众的眼里，此时的足利义辉已经是他们的绊脚石了。因此，松永久秀和三好三人众为了彻底排除足利义辉，决定另立足利维之子足利义荣（足利义辉的堂兄弟）为新将军。而足利义辉的靠山近江六角氏自永禄六年（1563）的"观音寺骚动"以后，已无法脱身领国近江而来助足利义辉一臂之力了。

永禄八年（1565）五月十九日，松永久秀和三好三人众联合主君三好义继（长庆养子）拥立足利义荣而起兵谋反。足利义辉率军奋战，终因寡不敌众战死，享年30岁。而其生母在得知噩耗后在庆寿院自杀。

永禄十一年（1568）二月，足利义荣在三好氏的拥戴下就任幕府第十四代将军，同年九月，织田信长奉仕义昭入京，足利义荣意欲在摄津富田进行围堵，不料提前病死。因而，足利义荣又被称为"富田公方"。

## 第十一节　足利义昭

### 一　引虎自卫

永禄八年，当将军足利义辉及其母亲因战败相继而亡之际，足利义辉的弟弟觉庆（1537—1597）也受到了三好义继的袭击，幸亏被细川藤孝、一色藤长等人所救，遂隐居于琵琶湖畔的矢岛地方。第二年，觉庆还俗，改名为"足利义秋"，并向朝廷上书奏请继承第十四代幕府将军，不料其请不仅未果，还遭到仇敌追杀。永禄十一年（1568），足利义秋成人，再次改名，改为"足利义昭"，并致信织田信长请求帮助。织田信长见天赐良机，欣然应允。同年七月二日，足利义昭与织田信长在岐阜会面。九月二十六日，织田信长护送足利义昭开赴京都，并将三好一族和将军足利义荣逐出畿内。十月十八日，足利义昭就任征夷大将军，成为室町幕府第十五代将军。

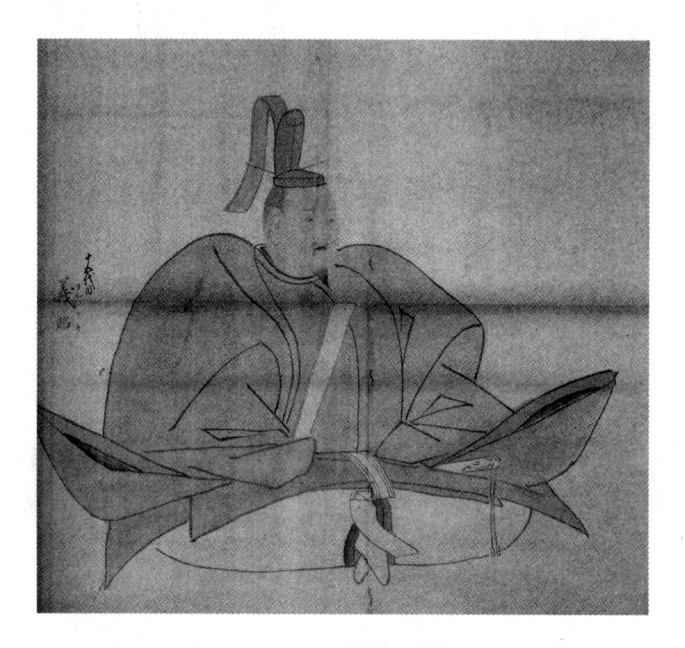

图 5-14　足利义昭像

元龟元年（1570），织田信长向将军提交了《五条事书》，夺取了室町幕府所掌握的军事指挥权、恩赏权等重大权力，足利义昭成为傀儡。

但是，足利义昭对织田信长的野心并不甘心忍受，在未征得织田信长的同意下，大肆分封畿内守护，以强化自己后盾。同时，织田信长也加快了分化将军亲信的工作，同时密切监视足利义昭的行动。

**图 5-15　织田信长肖像**

图片说明：作者为意大利的耶稣会成员 Giovanni Niccolo。据称是织田信长死后不久应织田家祭拜之需而作，因此此画应创作于 1583—1590 年，现藏于山形县天童市三宝寺。

## 二　寿终正寝

元龟三年（1572）九月，织田信长向将军提出了《异见十七条》以示谴责，双方的矛盾彻底白热化。十月，武田信玄响应足利义昭的号召，率军三万杀向京都，准备与织田信长、德川家康联军开战。十二月二十二日，史称"三方原合战"开始，结果联军大败。德川家康使用空城计得以躲过一劫。翌年四月，武田信玄病死于行军途中的信浓驹场，反织田信长势力受到重挫。

天正元年（1573）四月三日，织田信长包围了二条城，在朝廷的出面干涉下，足利义昭与织田信长达成誓约，织田信长暂时退兵。第二年七月，撕破誓约的足利义昭在宇治举兵，结果被织田信长活捉并将其流放至河内国若江城，其年仅2岁的儿子也被押作人质。室町幕府自此正式寿终正寝。但是，我们可以发现，在"应仁之乱"后，足利将军还持续了百年以上，这其中的理由主要有两点：第一，为了和

◆ 坐看风云起

图5-16 位于山梨县甲州市的武田信玄墓地（笔者摄于2012年12月）

政敌竞争，从而从将军手里得到更高的"荣典"（官爵、勋章），战国大名们不仅不能无视将军的存在，甚至还要和将军搞好关系；第二，足利将军巧妙地利用了大名们之间的竞争心理，这种战略甚至影响到德川将军时代。①

但是失去自由的足利义昭并不甘罢休。天正二年（1574）三月二十日，足利义昭下书武田胜赖，请其为恢复幕府出力。翌年五月二十一日，著名的"长筱合战"拉开战幕，仍然是武田军对抗织田、德川联军，但这次幸运之神没有再次降临武田方，其结果是武田军几乎全军覆灭。这其中的主要原因是织田信长军队使用了由3000多人组成的火枪队。

天正十年（1582）六月二日，发生了日本历史上著名的"本能寺之变"，织田信长被迫切腹，儿子织田信忠也自杀身亡。一说足利义昭也曾参与明智光秀（1528—1582）的阴谋造反活动。

史实告诉我们，足利幕府几乎是一个没有统治能力的政府，因为

---

① 山田康弘：《足利将军》，《日本の歴史》（26），朝日新闻社2013年版。

图 5-17　本能寺内的织田信长庙宇（笔者摄于 2013 年 4 月）

它无法与牢牢扎根于地方的一揆势力抗衡。于是，室町幕府就变成了离开大地飘浮在空中的政权。但尽管如此，由于室町将军手头握有货币，所以自足利义满之后的将军的生活是极为骄奢的。但可笑的是，之前的镰仓幕府虽然掌握了土地却因不善于管理货币而导致灭亡，而室町幕府是虽然掌握了货币却因无法支配其领国而灭亡。两者从一个极端走向了另一个极端。

# 第六章

# 室町时代的内政

正如前面南北朝时代一样，室町时代的划分史家也各执一词。时间较短的从明德三年（1392），即南北朝统一至"应仁之乱"爆发，即1467年。时间较长的有从建武三年（1336）足利尊氏在京都建立幕府开始至足利义昭（1537—1597）被织田信长（1534—1582）逐出京都的天正元年（1573）。但是问题的复杂性在于室町幕府成立时间因观点不同也存在多种说法。从形式上判断，室町幕府成立于南北两朝合一后，幕府的存在受到正统天皇承认之时，即元中九年（1392）；也有学者认为应从永和四年（1378）义满在京都室町营建新府邸时算起；或是认为应从延元三年（1338）足利尊氏受命出任征夷大将军时算起；还有学者认为应该从后醍醐天皇的"建武中兴"失败、足利尊氏宣布实施"建武式目"的延元元年（1336）算起；甚至有学者认为，从真正意义上来说，室町幕府体制真正的确立要从第三代将军足利义满时算起。

笔者认为应该把"室町幕府"和"室町时代"这两个概念区别对待。"室町幕府"的起始为足利尊氏开创幕府的建武三年（1336），终结为第十五代将军足利义昭被逐出京都的天正元年（1573）。而作为一个时代，理应把南北朝统一的明德三年（1392）作为"室町时代"的开始，而把标志幕府权力旁落的"应仁之乱"作为时代的结束。换言之，笔者主张对"室町时代"的时间划分起于明德三年（1392），终于应仁元年（1467），即1392—1467年。

# 第六章 室町时代的内政

虽然足利尊氏升任征夷大将军建立了室町幕府,南北两朝之争却没有那么容易就结束,不服从幕府命令的大名也还有很多。在这个时代,各地的守护被称为"守护大名",拥有相当强的实力。为了扩张各自的势力,一会儿归顺南朝,一会儿投奔北朝,变化无常,今天的盟友可能会变成明日战场上厮杀的敌人。这其中也包括上述提到的同室操戈的足利尊氏与足利直义兄弟。

## 第一节 统治机构

室町幕府除将军足利氏外,其统治阶层还有"三管领四职"。"三管领"即轮流担任管领(宰相级别)的斯波氏、细川氏、畠山氏。"四职"即轮流出任负责京都内外警备以及刑事裁判的"侍所"长官的赤松氏、一色氏、山名氏、京极氏。其统治机构的主要配置为:畿内及周边地区由细川氏、畠山氏、斯波氏等作为足利氏重要权力支柱的公家担任守护,在关东设立镰仓府,奥州和九州分别设立奥州管领(奥州探题)和镇西管领(镇西探题)等地方统治机构,用来掌控守护和国人。

镰仓公方:在镰仓设置"镰仓府",统辖关东八国(相模、武藏、安房、上总、下总、常陆、上野、下野)以及伊豆和甲斐等十个领国。首任长官由足利义诠担任,主要目的是应付内乱。贞和五年(1349)足利义诠的弟弟足利基氏入主镰仓府,其后镰仓公方由基氏子孙世袭,主要处理行政事务。

关东管领:总揽政务,辅助镰仓公方,起初称"执事"。贞治二年(1363)改称"管领",由上杉氏世袭。镰仓公方千方百计想从幕府独立,而将军的部下上杉氏又全力阻止这种倾向。因此,幕府将军、镰仓公方和上杉氏三者之间的关系显得异常微妙,这也是最终引起内乱的根本原因。

此外,镰仓府下设还有"评定众"(和管领一起处理政务)、"引付众"(长官称"头人",负责诉讼审理)、"侍所"(长官称"所司"，武士统领机构）、"政所"（长官称"执事"，掌管财政）、"问注所"（长官称"执事"，审判机构）以及"奉行"（武家官职，协助评定众、引付众处理部分政务）。

奥州管领又称"奥州总大将"，后改称"奥州探题"。奥州一般指陆奥（青森、岩手、宫城、福岛），而出羽（秋田、山形）惯称"羽州"，现在一般通称"奥羽"。最初是室町幕府为了对抗建武政权的陆奥将军府而设置的。贞和六年（1345）畠山国氏和吉良贞家出任奥州管领，奥州总大将一职被废除。当时正值"观应扰乱"前夕，幕府内部分裂，畠山国氏作为尊氏、师直派的代表，而吉良贞家作为直义派的代表共同管理军事和民政。

明德三年（1392），足利义满和镰仓公方议和，陆奥、出羽两国归属镰仓府，废黜奥州管领一职。应永六年（1399），镰仓公方足利满兼派遣两位弟弟足利满直、足利满贞至奥州，委以"稻村御所"和"篠川御所"之职，统辖奥州。由于两者之间并无明确的权限之分，所以在室町幕府和镰仓府的权力斗争中，"稻村御所"和"篠川御所"成为加剧政治紧张局势的重要原因。应永七年（1400），大崎诠持奉幕府之命担任奥州探题，以后该职由大崎氏世袭，直至大永十一年（1514）伊达稙宗担任陆奥国守护一职为止。

镇西管领的最初出任者为一色范氏，由足利尊氏任命。当时，九州各国守护表现出了强烈的抵触情绪，管领与守护之间的对立日趋激烈。加之南朝怀良亲王前往九州出任征西大将军后，形势一度对幕府极为不利。应安三年（1370），幕府任命今川了俊前往九州担任九州探题。今川了俊通过"半济"[①] 等改革，驱逐了南朝势力，平定了九州。

应永二年（1395），幕府因担心日益壮大的今川了俊会威胁统治政权，突然将其解职，由涉川满赖接任，之后由涉川氏子孙继承。但涉川氏缺乏统治能力，九州各国守护我行我素，由涉川氏担任的九州

---

① 庄园地租实行折半，其中一半缴纳给守护。

探题一职徒有虚名。

在室町时代的守护的领国内，主要存在着两大统治和支配系统：第一系统是幕府委任守护经国人领主、土豪至末端的农民；第二系统是幕府直接通过国人领主经土豪至农民。两大系统的稳定和联系，是幕府得以存在的统治基础。

## 第二节　一揆与内乱

提到"一揆"，很多人脑海首先浮现的就是农民反抗统治者的武装暴动，所以有的译成"起义""蜂起"等，其实不然。日本中世的"一揆"，一般指因某种目的而结成的组织或集团，有时就可以指这组织本身。因此，不仅是农民、市民，武士、僧侣、神官等所有社会阶级都可以结成一揆。而且一揆的目的也不一定是反抗统治者，有时还有为了统治而结成的一揆。它的特点是成员相互平等，这种关系在结成之时通过在神佛前宣誓的方式得到保证。"一揆"并不就是大名之间的对立，相反，两者的构造有着类似之处。①

当然，一揆就像双刃剑，它也可以成为一种农民暴动。总的来说，大致可以分为"土一揆""国人一揆""百姓一揆"三大类。"土一揆"主要发生在中世的近畿地方，主要成员是农民，所以又被称为"土民一揆"。它的主要目的是要求幕府颁布德政令，从而废除所欠债务，因此常以"德政一揆"的形式出现。而"国人一揆"中的国人是指以地方的以领地为基础、具有较强独立性的武家领主。这些领主为了组成军事同盟或更好地统治百姓及家臣而采取的一种协约式的一揆，就是"国人一揆"。"百姓一揆"一般要到江户时代才出现，他们以村落为基础团结一致，从而达到减免税赋、减少不当的代官更替的目的，这样的一揆被称为"百姓一揆"。

---

①　久留岛典子：《一揆と戦国大名》，讲谈社2009年版，第10页。

## 一　民众蜂起

前面提到的农民自治组织"惣村"为"土一揆"的乡村地方利益组织提供了组织核心。"土一揆"通常用示威抗议的方式来反抗赋税征收、高利贷和其他势力，它在畿内一带最多，主要出现于那些有实力的贵族、寺院和神社所有的村庄中。①

### （一）正长一揆

被称为日本有史以来土民蜂起之始的是发生在正长元年（1428）的农民暴动，史称"正长一揆"。这年，日本发生了全国性的饥荒，瘟疫蔓延。但是，室町幕府却为了将军的继承人问题而争战不休，毫无救灾之意。八月，近江的"马借②（马帮）"首先发难；九月，京都东醍醐寺领地农民揭竿而起，山科、鸟羽、西冈的农民也群起响应。起义军屡败官军，到处毁灭借据，夺回抵押品，宣布废除债务关系。十月，京都市内也发生了要求取消债务的起义，与此同时，由木津的运输工人和农民组成的几千名起义者逼近奈良，统治者不得不假借大庄园兴福寺之名发布"德政令"，减轻甚至取消农民债务。"正长一揆"还波及播磨、纪伊、和泉、河内、堺、伊贺以及伊势等地，迫使各地的统治者们也发出"德政令"。自此，各地起义此起彼伏。据统计，1428 年至 1441 年发生起义 23 起，1442 年至 1466 年发生起义 35 起。

### （二）播磨一揆

永享元年（1429）播磨发生土一揆，并和国人的一揆联合起来，禁止武士留在地方上，而且击败了守护赤松满祐的军队及所有武士。同一年，丹波、大和、伊势等地也发生了土一揆。直到 1434 年，在畿内和近国地区每年都有土一揆发生。之后的七八年内虽然一时平

---

① 康拉德·托特曼：《日本史》，王毅译，李庆校，上海人民出版社 2008 年版，第 146 页。
② 郑舜功在《日本一鉴》中认为就是"商人"（详见同书《穷河话海》卷 4 第 6 页，北海图书馆 1938 年版）。

稳，但以"嘉吉之乱"为界，再次出现了土一揆的高潮。

## 二　细川家族的内讧

（一）药师寺叛乱

在天皇和将军前面几近横冲直撞的细川政元，却为统领属臣而伤透脑筋。各个家臣均以自我为中心，心怀鬼胎，冲突一触即发。其中，赤泽朝经最引人瞩目。他曾为细川政元化解过危机，是位功劳卓越的家臣。但是得势之后的赤泽朝经在大和、河内地区胡作非为，人民怨声载道。忍无可忍的细川政元于永正元年（1504）三月，命令摄津守护代药师寺元一出兵征讨朝经的老巢真木岛城。

闻讯的赤泽朝经一溜烟似地出逃，可药师寺元一却与其私下串通，并出面向细川政元请愿，赦免了赤泽朝经。不料九月初，药师寺元一竟突袭淀城（京都市），公然举起了反对细川政元的大旗。谋犯的原因主要有二：一是药师寺元一得知细川政元要剥夺其摄津守护代之职。二是想让细川政元的养子细川澄元成为细川家族的继承人。

细川澄元原是阿波守护细川成之的孙子，前年（1503）的五月二十日正是由药师寺元一牵的线使其成为细川政元的养子。但是这一切细川政元早已有所准备。当药师寺元一起兵造反时，细川政元派遣山城守护代香西元长以及药师寺元一的胞弟药师寺长忠，一举攻陷了淀城。结果药师寺元一被捕，在京都被迫切腹自杀。

"药师寺叛乱"虽被平息，但内讧的火种却一发不可收拾。在平定药师寺元一反叛中声名鹊起的香西元长因此飞扬跋扈，私自想从庄园征收兵粮，招致公家和寺院的强烈反对。永正二年（1505）九月，征粮不成的香西元长付诸武力，到处纵火。细川政元出面干涉，香西元长逃至嵯峨。

（二）兄弟阋墙

细川澄元因其后盾药师寺元一的灭亡而失势，而细川政元的另一养子聪明丸（九条政基之子，后改名"澄之"）本应因此得势，但鉴于与香西元长不和，细川政元决定还是让细川澄元继承家统。这又埋下了细川澄之与细川澄元之间恩怨的种子。

永正三年（1506）七月，为了镇压大和的反对势力，政元命令赤泽朝经出兵。但是战势不利，三好之长出兵救援。当他来到奈良时，传言说香西元长企图谋反，只好又马上返回京都，展开了与香西元长的斡旋。

永正四年（1507）六月二十三日深夜，细川政元在浴室被暗杀，一代枭雄命归黄泉。根据《宣胤卿记》的记载，杀害细川政元的是竹田孙七、福井四郎等，而幕后策划者正是药师寺长忠、香西元长兄弟。听闻细川政元被杀的寻尊，认为这是"天下大庆珍重之事"，可见其对于蛮横的细川政权抱有怨愤。次日正午，香西元长率兵袭击了细川澄元的府邸，细川澄元出逃。于是，取胜的香西元长迎接蛰伏在丹后的细川澄之来京。七月八日，细川澄之入居京都的游初轩。为了达到目的，香西元长竟然不择手段杀害自己的主公，这不是个例，而是那个时代见怪不怪的现象。

出逃至近江甲贺的细川澄元与三好之长，迅速组织军队进行了反击，形势急转直下。细川族的细川高国、细川尚春也旗帜鲜明地拥护细川澄元。永正四年八月一日，细川高国进攻药师寺长忠的邸宅，而细川政贤则与香西元长开战，细川尚春则直捣黄龙，袭击了细川澄之的游初轩。结果，香西元长和药师寺长忠兵败被获，细川澄之切腹自杀。次日，细川澄元率领五万大军入京，谒见将军足利义澄。

（三）危机四伏

当细川澄元与三好之长正在享受胜利成果之时，新的一轮危机却在悄悄萌芽。那就是远避在周防国的前将军足利义尹正瞄准时机，蓄势待发。同时，细川族新势力的代表细川高国与细川澄元决裂，倒戈足利义尹。

大永五年（1525）四月，细川高国退位出家，儿子细川稙国继承家统。不料半年后，细川稙国身患黄疸英年早逝。大永六年（1526）七月，细川高国听信细川尹贤之言，逼迫家臣香西元盛自杀。这可捅了马蜂窝，一场始料未及的内乱开始了。

元盛的兄弟波多野稙通和柳本贤治联合阿波的细川澄元之子细川晴元，在丹波举起复仇大旗。十一月，细川尹贤率军迎击，却在丹波惨败，狼狈逃回；十二月，阿波细川军与三好军渡海登上堺，虎视京都。大永七年（1527）二月十三日，由将军足利义晴和细川高国率领的政府军与反军在京都展开激战，结果足利义晴和细川高国败走近江的坂本。柳本贤治的军队占领了京都，而细川晴元与三好元长在抵达堺后，奉前将军足利义澄的遗孤足利义维为上，各自扩张势力。

大永七年（1527）十月，足利义晴和细川高国打回京都。十一月，柳本贤治和三好元长率军上京，在京都郊外与政府军僵持。大永八年（1528），为了打开局面，细川高国拟与三好元长议和，却遭到细川晴元的强烈反对。因此，三好元长与细川晴元反目成仇。

足利义晴深知自己是细川家族内讧的殃及者，细川晴元和三好元长并不是冲着自己来的，他们的矛头指向的是细川高国。因此，利用这种局势和矛盾，足利义晴决定东山再起。同时，细川高国也在寻思复权的机会。于是，享禄元年（1528），足利义晴暂居朽木谷的朽木稙纲，蓄势待发，而细川高国则说服备前三石城的浦上村宗协同作战。此后，将军足利义晴有家难回，在坂本的小幕府度过了六年漫长的时光，直至天文三年（1534）九月才重返京都。

（四）时代易主

享禄三年（1530）六月二十九日，柳本贤治在播磨被暗杀。细川高国进军摄津，战势一时对细川高国方面有利。享禄四年（1531）三月，细川高国攻陷池田城，挺进大阪，但后又因战败退居天王寺。五月，细川高国的得力武将内藤彦七战死丹波，形势急转直下。六月四日，三好军队攻陷天王寺，浦上村宗溺死，细川高国乘船逃至尼崎，但还是被俘。六月八日，细川高国被迫切腹自杀。

细川高国被灭后，三好元长居功自傲，加之在享禄五年（1532）正月擅自进攻并俘获柳本贤治之子的行动，使得其本来就与细川晴元不和的关系雪上加霜。享禄五年（1532）六月二十日，细川晴元发动一向宗徒攻陷了三好元长的根据地——堺，最后以三好元长及其家族全体自杀而终。

但是，帮助细川晴元打败三好元长的一向宗徒因不满战后的封赏，八月掉过枪头，集体围攻细川晴元，发动了一揆。结果，数百一向宗宗徒死亡，细川晴元取得胜利。斗转星移，历史车轮转至细川晴元时代。

## 第三节　经济

幕府的财政主要依靠直辖地的收入，必要时也向各地课税，但守护与地头多不纳税。因此，分散于各地的二百余处御料所成了幕府最重要的财政来源。为了筹措资金，幕府在畿内交通要道设置关所，征收关钱；对京都内外的"土仓"和"酒坊"征收"仓役"与"酒坊役"等税；同时，也向商人征税，并依靠对明贸易获取了巨额利润。

应永二十七年（1420），朝鲜使节宋希璟出使日本，来到对马岛之际，留有两首杂咏。第一首名为《人居》，诗文曰："缘涯得见两三家，片片山田麦发华。那识朝鲜千万里，春风处处富桑麻。"第二首名为《渔舟》，诗文曰："子摇短棹逐波头，父执疎筌急放收。中有炊妪兼抱子，捕鱼行贼一扁舟。"① 对马岛山多田少，以种植麦子、桑麻为主。父子出门协力捕鱼，而老妪在家料理家务。有趣的是最后一句"捕鱼行贼一扁舟"，该句道出了当时对马岛岛民时而捕鱼时而行窃的两重生活。同时不难发现，该地区鲜见水稻种植，这在后面的记录中也可以得到进一步佐证。当一名被倭寇贩卖至此沦为人奴的明朝人前来向宋希璟乞讨时，对马岛主人说"给米吾当卖此人"②，可见，这里的人很缺大米。

但是，当宋希璟来到兵库的时候，则发现"日本人多，又多饥人，又多残疾。处处路边会坐，逢行人则乞钱"③。对日本的乞丐不

---

① 宋希璟：《老松堂日本行録——朝鮮使節の見た中世日本》，第195页。
② 同上书，第196页。
③ 同上书，第209页。

乞讨大米而是希望得到金钱惊叹不已。

永享元年（1429），同样是朝鲜使节的朴瑞生来到日本，令他吃惊的是只要有钱，什么都不用带就可以到日本各地旅游。换言之，当时日本的货币经济已经渗透到了社会各阶层，货币已经成为稳定的流通媒介，这取决于农业生产力的提高、工商业等的社会分工的成立是否带来了社会生产力的全面扩大，以及以此为基础的交换活动的普及、流通经济的发展。相比之下，同时期的朝鲜王朝的货币几乎没人使用，而越南的货币则到18世纪还没有成为稳定的流通手段。

当然，当时流通的货币主要是"渡来钱"。自从长宽二年（1164）平清盛不顾周围反对，决定输入宋钱之后，日本经济由此获得了发展，进而又产生了更大的货币需求，这样的情况反复循环，直至宽永十四年（1637）。在这约四百七十年的时间里，在日本流通的都是宋朝和明朝的钱币。

## 一　幕府财政

室町幕府初期的财政基础来自御料所的年贡。但是在南北朝动乱中，部分领地被用于奖赏，部分领地在与南朝势力的争夺中丧失，因此，经济显得越来越窘促。这时，足利义满注意到的是支撑京都经济的"酒屋""土仓"以及批发商、物流、仓库业等。明德四年（1393）以保护自己的名义，足利义满对"酒屋""土仓"征收新的税赋。据研究表明，室町幕府的这种开源方法是模仿了大觉寺统的手法。[①]

室町时期，既无对外战争，国内也无大规模的反政府动乱，所以幕府的军费开支相对较小，而寺社的修缮以及佛事的费用却占据了最大份额。那么，幕府支付上述两项开支的主要财源又是什么呢？一是临时向各国按照亩数征收的税金，即"段钱"，二是五山禅寺奉献的钱物。比如伊势神宫二十年一次的"式年迁宫"所需的费用，乃征自全国田赋，起初是稻米，后来改为货币，也被称为"役夫工米"。

---

① 桥本雄：《"日本国王"と勘合貿易》，NHK2013年版，第17页。

◆ 坐看风云起

而京都、镰仓五山禅寺所需的巨额修缮费，一是来源于中日勘合贸易，二是"段钱"，还有一个重要财源是五山禅院平时贡献的钱物，即很大一部分修缮费是取自禅寺而用于禅寺的。

那么，皇宫的修缮费用又如何呢？一般认为这部分费用依靠皇室自己的庄园收入不就行了吗？其实不然，根据室町中期公家的日记《建内记》之记载，嘉吉元年（1441）朝廷庄园的年收入总计四千贯，而其他富裕公卿的收入可达一万六七千贯。因而，朝廷的许多费用，尤其是一些临时支出还得依靠幕府来筹措。

上述这些临时支出不计入一般预算，而是作为"专项财政"以工事名目另外征收的。那么，这种"段钱"一般有多少呢？禅僧瑞溪周凤在《卧云日件录拔尤》"文安五年八月十九日"条中记载了修建金阁寺的相关费用：

（足利义满）创基恐在于泉州合战之前一两年欤。初命诸大名之士役于土木，独大内义弘曰："吾土以弓矢为业而已，不可役于土木。"此即义弘深逆钧旨之滥觞也。经营未毕时，略令考其费，则二十八万贯也。然则至于毕功，则殆百万贯乎！①

这段史料透露了几个信息：一是金阁寺建造费的来源；二是大内义弘惹怒足利义满的理由，即拒绝足利义满让其将士兴修土木的要求；三是金阁寺还没修完，修建费用就需二十八万贯，全部修完的话恐怕会花费多达百万贯。

当然，这些段钱最终是摊派在农民身上的。不幸中的大幸，像伊势神宫的式年迁宫、将军府邸的修造几十年才会有一次。但是，农民们还是忍受不住这样的盘剥，多次起来反抗。

那么，幕府用于日常性开支的财源又来自何处呢？一是众所周知的"酒坊""土仓"上缴的税收，二是不太被人熟知的五山禅院的

---

① 瑞溪周凤：《卧雲日件録拔尤》，岩波书店1992年版，第29页。

收入。

根据明德四年（1393）发布的《洛中边土散在土仓并酒屋役条条》的规定，幕府一年从土仓、酒坊中收取的税金只有六千贯，按月征收的话每月五百贯，加之有时还发生拖欠、不足等现象，更有甚者，如发生了"德政一揆"，那这项收入将进一步缩水。因此，此项收入实际很难维持幕府的日常性开支。

室町幕府的财政中，还有一个特点就是"投资型的经费"支出极少，据说根据当时记录只有修理兵库港护岸之类的费用。①

那么，幕府用什么收入来填空呢？可能的答案有两种，一种认为是抽分钱，如通过遣明船贸易获得抽分钱。另一种认为来自禅宗五山官寺，尤其是在嘉吉至应仁年间，这种依赖性越发明显。幕府主要通过保护五山经济利益（免除"段钱"、不缴关税、禁入庄园、护卫伽蓝等）而从中得利，滥发住持公帖甚至是空头公文即"座公文"，向五山禅寺借款等创收，还有一项重要的财政来源就是五山的献金、贡物。近年研究趋势表明，后一种说法占据了优势。无论是中国还是日本，佛教寺庙经常会成为统治者财富的渊薮，同时，寺院开创的"金融制度"常成为其敛财的主要手段，这些手段包括典当、拍卖、借贷、奖券等，据称这些看似现代的金融制度其实都是寺院的发明。

其实，还有一种现象值得关注。那就是在室町幕府经济趋于崩溃的情况下，将军频繁巡幸大名官邸以收掠唐物，这种巡幸也成为将军的主要经济活动。因为，在唐物泛滥的社会背景下，各大名的官邸在迎奉将军巡幸时都要用珍奇的唐物装饰馆舍，同时，还要向将军进献唐物。将军把从大名手里掠夺的唐物分两类处理，一类作为东山御物的收藏品，被保存在幕府的宝藏库（公方御仓）。另一类作为给大名的回赐品。由于这些唐物当时具有假性货币的功能，而经幕府宝藏库收藏过的"东山御物"其价码会成倍增长，所以

---

① 今谷明：《战国期の室町幕府》，讲谈社2006年版，第35页。

"将军巡幸""公方御仓""东山御物"在室町时代起到了经济流通的枢纽作用。①

## 二 农业的发展

1420年6月，朝鲜使节宋希璟一行来到兵库县尼崎市，只见这里的农家"秋耕畓种大小麦，明年初夏刈大小麦。种苗种，秋初刈稻。种木麦，冬初刈木麦。种大小麦一畓，一年三种，乃川塞则为畓，川决则为田"。② 可见，当时濑户内海沿岸一带，农业已经存在一年三熟制，即初夏收割大小麦，初秋收割水稻，初冬收割荞麦。这表明这一时期农业技术有了很大提高，尤其是灌溉和施肥取得了较大进步。同时，灌溉技术的进步带动了新田的大量开发，这些开发促成了一批中小型的农民的成长。

同时，西国一带已经开始栽培经由中国移植至日本的大唐米（占城米）。此米原产于中南半岛的占城（今越南），属于早稻的一种，耐寒抗病，出产量多，因此深受西国农民喜爱。应永年间（1394—1428），大唐米已经作为年贡来缴纳。

为了处理同村或邻村之间的纠纷，成立了以有力的农民为中心、包括中小农民也参加的村落自治组织"惣"。惣是全村的最高权力决议机构，拥有裁判权、检察权和自治权，有权制定各种规章以维持村落的正常生活。除了自主管理灌溉用水外，惣还有山林、田地等公用土地，从中产生的经济利益则被用于集会、村落活动等。

从琵琶湖北岸深山处一个名叫菅浦的小山村发现的史料表明，村民成立了一个名为"宫座"的组织，由其负责神社的祭祀。当有纠纷的时候，全村人员都会集合至神社，一起饮用由宣誓文烧成的灰水，以示团结一致对外。这也被称为"一味神水"。

---

① 滕军等编著：《中日文化交流史考察与研究》第五章第二节"义政收藏唐物——东山御物充当日本假性货币"，北京大学出版社2011年版，第256—266页。
② 宋希璟：《老松堂日本行录——朝鮮使節の見た中世日本》，第221页。

## 三 手工业、商业的发展

在室町时代，类似现代金融业的"土仓"一度十分活跃。同时，一些"酒坊"，即酿造业者也积聚了大量的钱财兼营"土仓"。日本高利贷业的历史到了室町时期，又有了新的发展。它把借贷与典当结合起来，以先有抵押品"质物"为借贷条件，抵押品除田地外，也可用日用家具、衣服粮食等。于是保存抵押品的"土仓"便成为高利贷业不可缺少的组成部分，并且代替镰仓时期的"借上"而成为高利贷业的代称。当时的酒坊多兼营典当，到了室町时期，习惯性地把高利贷业统称为"酒坊土仓"。《看闻日记》"应永二三年七月七日"条有"饰具足、唐物等，宝泉悉进之"的记载，意思是说在由贞成亲王举办的七夕会上，许多人送来了"唐物"，其中有一被称为"宝泉"的土仓。当然关于土仓藏有唐物的记载还可见于其他文献，换言之，土仓是当时收藏"唐物"这种舶来文物的重要场所。

据说在京都，当时还有被称为"唐人仓"的土仓，这在后面还将详叙，经营者乃名为"天竺圣"的外国人。其儿子就是在明代中日贸易中大显身手的楠叶西忍。虽然其名字中有"天竺"一词，但并非表明这位经营土仓的天竺圣就一定是印度人，而很有可能是元末避难至日本的中国少数民族，即信仰伊斯兰教的回族人。[①] 可见当时赴日的外国人中还有如此有权势之人。

酒坊、土仓的早期保护者是寺社的封建领主，之后朝廷分得了部分收税权。幕府建立后，日益加紧对酒坊、土仓税收权的争夺。幕府通过保护土仓来征收税金，而土仓由于受到幕府保护获得了信用，由此扩大并聚集了大量的"合钱（即土仓储蓄）"。与之相应的，不断壮大的町众有着旺盛的资金需求急需借钱。这种贷款与合钱之间的利息差年毛利润竟可达36%左右。算一笔简单的账就可一目了然：足利义政从明朝求得五万贯铜钱，如果将它全部以二文子（每百文钱一

---

① 榎本涉：《僧侣と海商たちの東シナ海》，讲谈社2010年版，第207—208页。

个月的利息为二文钱）的利息存进土仓，仅利息一项每月收入就可达一百万文，因此他们完全没有必要去苦心经营领地就能过着奢侈的生活。

美浓、播磨、越前、但马、赞岐、大和等地的造纸业，河内、备前、尾张的制陶业，河内、大和、摄津、京都等地的酿酒业，山城的榨油业以及濑户内海沿岸的制盐业都很有名。中国出产的漆制品，以河内、大和、相模、京都为中心的金属铸造业，以加贺、丹后、美浓、尾张、常陆等地为中心的纺织业也都很有名。博多、山口、堺这些对外交流频繁的新兴城市开始了高级丝织品的生产，其中天鹅绒的生产技术世界领先，对中国的纺织业产生了较大影响。

商人经济实力增长的同时，商人和手工业者所在的町镇开始萌发自由城市之芽。如堺市、宇治山田、平野、博多、桑名、大凑等地，出现了"会合众"这样的机构来领导地方自治，尤其以堺市最为著名。

还有一点值得注意的是，在14世纪后期至15世纪前半期，本岛的日本人已经往来于现在的北海道，和当地的阿依努族人进行各种贸易。这在近年的北海道中世遗址（余市町大川遗迹）等的发掘中已经得到了证实。[①]

---

[①] 五味文彦：《日本の中世を歩く——遺跡を訪ね、史料を読む》，岩波书店2009年版，第164页。

# 第七章

# 室町时代的外交

## 第一节　外交奉行

所谓"奉行"是一种武家的官职名称，指分管部分政务的人员。室町时代的"奉行"是对评定众、引付众的称呼，而"外交奉行"是指负责处理部分对外交流事务的官员。根据交涉国家的不同，主要可分为"唐船奉行"和"朝鲜奉行"，以上两类奉行在日本文献中又被合称为"异国奉行"。

"唐船奉行"顾名思义是指遣明使船的负责人，但实际上还包括了遣琉球使节的相关事务。所以它的职责主要有以下三条：第一，负责管理来自明朝、琉球王国的礼品；第二，负责处理送给明朝、琉球王国的国书以及礼物等相关事务；第三，全权负责贸易事宜。

赠送明朝或琉球王国的礼物，实际上由守护大名和寺社具体分担，由政所统一组织；国书也一样，内容可由唐船奉行作出指示，由相国寺荫凉职选定书写者；使节人事也是以荫凉职为中心来决定的。与遣明使有关的还有"硫黄使节"（遣往萨摩调度硫黄的使节）和"九州使节"（遣往九州催促遣明使早日回京的使节）。

在中世日本的对外交流中，还有一个重要的对象就是朝鲜王国。与"唐船奉行"不同的是，管理遣朝使节事务的官员在文献中并没有使用"朝鲜奉行"这一名称，在此只是为了行文方便使用该名而已。它的职责基本等同于"唐船奉行"，一是在起草国书时传达将军的旨意；二是命令荫凉轩主选定国书的书写者；三是处理使节派遣中发生的相关诉讼。

## 第二节　与明朝的关系

### 一　通交限制

上述已经提及，洪武十九年以后中日之间官方往来中断，实际上朱元璋在洪武十六年就下诏拒绝日本来贡，并著训云："以日本隔海，僻在一隅，得其地不足以供给，得其民不足以使令，故不兴兵致伐。著为训章，绝其往来。"① 这种两不往来的僵局直到建文三年才得以冰释，而此时的日本已经进入了室町幕府时代。

然而，此时的中日两国国情却截然不同。就明朝来说，自1399年7月燕王朱棣以"清君侧"的名义举兵以来，节节胜利。建文二年（1402）十二月，燕王率军大举南进，随后燕军渡过长江直逼京师。由此看来，明朝建文帝朱允炆突然改变祖宗遗训，主动与日本进行通交往来，应当也有受国内紧张局势所迫的原因。建文四年六月，燕军攻入京师，皇宫化为灰烬，建文帝消失于大火之中，内战结束，燕王即位，次年改号"永乐"。

但是明朝并不能就此安枕。1369年建立帖木儿帝国的帖木儿正虎视眈眈地盯着这个东方大国。1402年7月，战败西亚伊斯兰世界另一霸主巴亚吉一世的帖木儿已把矛头直接对准了明朝。1404年末，帖木儿亲率二十万大军自撒马尔罕出发，向东方前进。不料，历史和帖木儿开了个大玩笑，1405年2月末，年近七十的帖木儿病殁于征途，明朝因此躲过一劫。

历史没有假设，但帖木儿如果晚死若干年，后果将不堪设想，

---

① 郑若曾著，李致忠点校：《筹海图编》，中华书局2007年版，第170—171页。

亚洲的历史将如何展开也无法想象，明代的中日关系也许会更加微妙。

前面已经提到过，三代将军足利义满接受明朝册封，以日本国王的名义频频进贡。虽然有人认为足利义满对明贸易的真正意图是满足其经济、文化上的需求，而并不是借此把明朝皇帝作为靠山。① 但是不管日方出于何种目的，通过这种双方政府渠道的往来，中日之间加深了相互理解，倭寇骚乱大有收敛，在这一点上我们是要予以肯定的。

尽管中日两国的关系得以正常化，但与其他国家一样，明朝对日本也设置了重重限制，虽然实际上未能很好地履行，但至少在制度上是有着明确规定的。

（一）表文

在明朝的册封体系中，只有各国的国王才有遣使资格，因此使团是否持有国王的表文成为是否接纳该国使节的重要标准。建文四年（1402）明使道彝天伦、一庵一如随日本使者祖阿、肥富一行赴日，完成对足利义满"日本国王"的册封，并颁示大统历。此后，幕府派遣的使节都需奉持"日本国王臣某"名义的表文，否则将遭到明朝的拒绝。日本当时递呈的表文内容及格式，可参见《善邻国宝记》中的记载。②

（二）勘合

为了防止倭寇的入侵，即使是日本国王派遣的使节，明朝政府对来贡的周期、人数、船只乃至上京人数都进行了严格的规定。具体就是通过勘合制度来实施的。

明代颁予各国的勘合，由礼部发行。首次颁发时间为洪武十六年，对象是暹罗、占城和真腊。首次为日本制作的勘合为"永乐

---

① 桥本雄：《中華幻想——唐物と外交の室町時代史》，勉诚出版社2011年版，第193页。
② 田中健夫编：《善隣国宝記・新訂続善隣国宝記》，集英社1995年版，第110—112页。

勘合"①，颁发时间不明。一说是永乐二年（1404）赴日的赵居任携往的，也有学者认为是1402年由一庵一如颁发的。原则上每逢改元应予以更换新的勘合，但必须上缴未用完的旧勘合。实际上，除"永乐勘合"外，之后还颁发了"宣德勘合""景泰勘合""成化勘合""弘治勘合""正德勘合"，共计六次。关于勘合的形状、尺寸、功用以及保管使用方法，先学已有比较完整的研究成果，②尤其值得注意的是最近日本学者桥本雄对勘合具体模样的推测。③

明朝赐给日本的100张日字勘合（底簿分别由北京礼部、宁波的浙江布政司保管）起初由幕府将军严格保管，想要参与对明勘合贸易的势力必须与幕府为伍。当然，要想取得贸易资格，即得到勘合必须支付相应的谢礼，这个费用被称为"勘合礼钱"，一般是一张勘合需要三百贯铜钱作为礼钱。

根据参加过三次勘合贸易的商人楠叶西忍的描述，得到勘合的寺社组织要马上筹备资金和雇用船只。如果以永享六年（1434）为例的话，当时十三家（船只各一艘）各出一百二十贯以支付各种费用，这些费用主要包括租船费三百贯，修船费、船只工具调遣费三百贯，船头等四十人的工资四百贯，食品、淡水、药品等五百贯。粗略计算的话，当时的一贯相当于现在的十万日元，也就是说，一艘勘合贸易船的费用是一亿五千万日元左右（折合人民币一千万元左右）。这是一项非常庞大的开支，没有相当的实力就难以运营。

---

① 郑舜功在《日本一鉴》中有这样的记载："嘉靖癸未，细川高国、多多良义兴各请勘合一道，遣使于朝，各执称辩者，以洪武、永乐两给也。"即郑舜功认为洪武朝也颁赐给了日本勘合，而且后面还补充说明了这些勘合的藏地，"《浙江通志》、《宁波府志》谬以两给勘合一贮肥后，一贮周防。《日本图纂》、《筹海图编》谬以勘合皆在山口，陶殿之乱勘合俱焚矣。夫此言者，盖昔任事臣坏谋始终甘自欺，殊不知我皇祖宗与勘合，悉贮日本国王之官房，至今无失。"关于洪武朝也颁赐给了日本勘合的记载，目前为止还不见其他史料的记载，所以有待进一步考证。（郑舜功《日本一鉴·穷河话海》卷7，第8页。）

② 可参见郑梁生《再论明代勘合》[《中日关系史研究论集》（十）、台湾文史哲出版社2000年版]以及汪向荣、汪皓《中世纪的中日关系》"一〇勘合"（中国青年出版社2001年版）等。

③ 桥本雄：《"日本国王"と勘合貿易》，NHK2013年版，第26—36页。

那么，这些费用从何而来的呢？一是通过每位商人必须缴纳的乘船费，二是通过收取商品运输费。当然，也会采取一些特殊的手段，如大乘院向自己领地额外征收遣明船税即"渡唐反钱"，以致引起四十八处民众造反。而五山寺院则通过出卖"坐公文"，即住持任命状来集资，据说南禅寺的一张住持补任状可以卖到一百十七贯。既然出发前要支付如此巨额的费用，那么我们不禁要问，勘合贸易到底有多少盈利呢？

寻尊的《大乘院寺社杂事记》明应五年四月廿八日有如下一条记载：

> 唐船三艘当年可归朝也。各和泉堺地下人一万贯杂物积之，可成三倍四倍之间。三艘数万贯足也。[1]（原文为日文，笔者在翻译过程中对行文稍作改动。）

上文的大致意思是说三艘遣明船将于今年（明应五年）归国。船上满载和泉堺商人时值一万贯的商品，归国以后可赚得原价三倍到四倍的钱，三艘加起来可盈利数万贯。因此，勘合贸易可以说是暴利行业。尤其是到了室町时期，随着航海技术的发展，海难已经很少发生，所以对明贸易实在是一条敛财的捷径。

当然，上述盈利并不是全部归遣明船承包者所有，回国后遣明船承包者必须上缴"抽分钱"，一般是商品总价的十分之一左右，即三千贯到四千贯之间。这些钱将缴纳给贸易船的经营主体，即若为幕府船则交给室町幕府，若为细川氏船则交给细川氏，若为天龙寺船则交给天龙寺。按理来说，这种抽分钱应在归国后缴纳，但有时也会有在出发前缴纳的情况。

室町幕府除获得抽分钱外，还有一大收益来源，即明朝皇帝的回赐品。根据《教言卿记》的记载，坊间在传仅应永十四年（1407），

---

[1] 辻善之助编：《大乘院寺社雜事記》第11卷，三教书院1936年版，第38页。

幕府就获得了大量的铜钱，据说达到二十万贯左右，仅这一项就相当于七艘左右船只的利润。其实，这可能是误传，根据文献记载来看，在两万贯左右，但这也是一笔不菲的收入。

既然是朝贡贸易，幕府首先得准备贡品。负责这项工作的是管理将军家财务的籾井家族。根据《戊子入明记》的记载，应仁年间的遣明船用于购买朝贡品所花费的总金额为七百贯左右。但是1441年发生的嘉吉土一揆，给幕府的财政造成了致命的打击，因为幕府的重要财源——土仓、酒屋遭到了严重创伤。足利义政时期的第一批遣明使是在宝德三年（1451）出发的，幕府因负担不起朝贡品的费用，所以尽管当时组成了史上最大的船队（九艘船），但是其中竟然没有一艘船属于幕府。

尽管如此，足利义政还是生财有道。他采取了两个办法稳赚外快：一是通过大量放出勘合来赚取勘合礼钱。前面提到过，一张勘合的礼钱是三千贯，九张勘合就是两万七千贯。二是购买朝贡品的费用由其他船只来承担。比如宝德年间的遣明船中，前三艘船只都是天龙寺派遣的，那七百贯的费用就由天龙寺来承担的。而天龙寺也乐于接受，七百贯的费用由三艘船分摊，每船只要二百三十贯左右，与以万贯为单位计算的盈利相比，实在是小菜一碟。

但是，日本庞大的朝贡队伍（九艘船，一千二百人）给明朝带来了沉重负担。因此，明朝政府严格规定，日本以后的朝贡必须遵守"船三只、人三百、十年一贡"的规定，否则不予接纳。这样一来，足利义政的吸金术也就无法施展了。

同时，我们应该注意到，以宝德年间的遣明船为界，幕府在勘合贸易中逐渐淡出舞台，而地方势力却尝到了甜头，勘合争夺战愈演愈烈，最后由细川氏和大内氏掌控，以致最后四次勘合贸易幕府被完全排除在外。足利义政在宝德年间遣明船中的上述失策可以说是导致日本进入战国时代的诱因之一。

图7-1 遣明船（《真如堂缘起绘卷》京都真正极乐寺藏）

（三）时间与人数

在提到限制日本遣使的时间与人数时，经常会听到"永乐条约""宣德条约""嘉靖条约"等用语，对这些用语的用法持反对意见的学者也不在少数，如汪向荣先生就认为"这是当时中国对所有来贡者的规定、限制，而且也是明朝单方面作出，并没有和来贡国商洽，根本谈不上是什么条约。可是以后日本史学界为了保持日本国家的体面，竟称这是《永乐条约》"。[1] 笔者赞同这种观点。事实上，不仅在中国史籍中找不到有关记载，在日本史籍中也无法见到有关缔结条约或协定的记录。

但是，明朝对日本的来贡的确是有时间、人数等方面的限制的。据明代抗倭幕僚郑若曾在《筹海图编》中记载："永乐二年，钦定每贡二艘，正副使等无过二百人。若贡非期，人船逾数，夹带刀枪，并以寇论。宣德元年，遣贡人船刀剑不奉朝制，谕使臣自后贡无过三舟，人无过三百，刀剑无过三十（恐"千"之误）。嘉靖六年奏准，凡贡非期，及人过百，船过三，多挟兵器，皆阻回。二十九年，定日

---

[1] 汪向荣、汪皓：《中世纪的中日关系》，中国青年出版社2001年版，第121页。

本贡船每船水夫七十名，三船共计水夫二百一十名。正副使各一员、居座六员、土官五员、从僧七员，从商无得过六十人。"① 显然，永乐年间规定日本来贡时船只两艘，人员两百。宣德年间提升至船只三艘，人员三百。嘉靖年间有两次规定，嘉靖六年规定人员不能超过一百，船只三艘。嘉靖二十九年的规定就更详细了，不过总的来说与宣德年间的一样，即船只三艘，人员三百。上面有所提及，因日本宝德年间的遣明人数和船只数量大大超标，所以明廷再次规定日本以后十年一贡，船至三艘，人员三百，有人将它称为"景泰条约"。②

然而，尽管明廷再三要求日本按照规定入贡，但日方遵守规定的时候很少。例如，永乐初期几乎每年都有船只来贡。对于这种频频来贡的现象，郑舜功在《日本一鉴》中有如下记载："圣朝混一之处，而彼来朝亦无定期。自成祖文皇帝朝定制十年一贡，抑来朝贺、谢恩、献俘、告讣无拘也。"③ 即永乐期间虽然规定日本十年一贡，但凡遇朝贺、谢恩、献俘、告讣等情况就不受上述规定限制了。可见，日方频频来贡，许多时候是事出有因的。

如果按照笔者的时代划分来看，室町时代的时间跨度为1392—1467年，因此，对中日勘合贸易的进行阶段本应到此告一段落。但为了叙述上的方便，同时兼顾明朝方政策的一贯性以及勘合贸易内涵性质基本不变等因素，在此对明代中日勘合贸易概况作一归纳。

关于明代中日之间的勘合贸易次数，主要存在以下几种观点：

（1）"十六次"说

"十六次"说以日本学者汤谷稔为主要代表。他在《日明勘合贸易史料》一书最后的数据"日明勘合贸易年表遣明交通路"中，把勘合贸易次数总结为十六次。只是第八次和第九次各分为两批人马。第八次中的一批是正德四年（1509）以宋素卿为使的细川船；另一批是正德五年（1510）以了庵桂悟为正使的大内、细川混合船队。

---

① 郑若曾著，李致忠点校：《筹海图编》，第174页。
② 桥本雄：《"日本国王"与勘合贸易》，NHK2013年版，第50页。
③ 郑舜功：《日本一鉴·穷河话海》卷7，第8—9页。

第九次中的一批是正德十五年（1520）以宗设谦道为正使的大内氏船；另一批是嘉靖二年（1523）以鸾冈瑞佐为正使的细川氏船。①

（2）"十七次"说

"十七次"说以日本学者木宫泰彦、中国学者王辑五为主要代表。木宫泰彦认为勘合贸易大体上可分为两期。第一期起自足利义满于应永十一年缔结中日贸易条约到足利义持于应永二十六年（1419）断然拒绝与明朝交往为止，共十五年。在此期间，日本派遣勘合船六次，明使来到日本共七次。第二期起自足利义教为了恢复中日通好，于永享四年（1432）派遣使节到足利义晴于天文十六年（1547）派遣最后一次遣明使为止，共一百一十五年。在此期间，日本派遣勘合贸易船共十一次，明使来到日本一次。②

（3）"十八次"说

"十八次"说以中国学者郑梁生为主要代表。他在《明史日本传正补》最后的"附录一"中将这种朝贡贸易分为两期，第一期七次，第二期十一次，并列出了详细的年表。

（4）"十九次"说

"十九次"说以日本学者田中健夫为主要代表。他在《对外关系史》（体系日本史丛书5）中写道：自明代建文三年（日本应永八年，1401），日本室町幕府第三代将军足利义满派遣正使肥富、副使祖阿正式与明朝建交后，在那以后的将近一个半世纪的时间里，中日之间以勘合为凭证展开了贸易，前后达十九次之多，这种遣明船贸易俗称"勘合贸易"。从勘合贸易的变迁来看，可以分成前、中、后三个阶段。其中前期包括第一次至第八次，为明代中日关系的成立期；中期包括第九次至第十七次，为两国关系的发展期；后期指第十八次和第十九次，为两国关系的衰退期。从遣明船的经营性质来看，前期为幕府独占时代；中期为有力寺社以及守护大名的经营时代；后期为大内

---

① 汤谷稔：《日明勘合贸易史料》，国书刊行会1983年版，第635—638页。
② 木宫泰彦：《日中文化交流史》，胡锡年译，商务印书馆1980年版，第520—521页。

氏独占时代。①

（5）"二十次"说

"二十次"说以中国学者张立凡等人为主要代表。其在《试论以勘合贸易为中心的明日关系》一文中认为：从永乐二年（1404）勘合贸易开始至嘉靖二十三年（1544）勘合贸易结束为止，共计一百四十年。在这个时期，两国坚持往来，互通贸易，日本前后共计二十次派百余艘勘合贸易船来中国。并且，还把勘合贸易分为四期：第一期，洪武至建文时期——勘合贸易制定期；第二期，永乐至宣德时期——勘合贸易发展期；第三期，正统至正德时期——勘合贸易衰萎期；第四期，嘉靖时期——勘合贸易终止期。② 遗憾的是张立凡没有列出每一时期的具体年代划分。

表7-1 勘合贸易次数一览

|  | 十六次说（派遣） | 十七次说（入明） | 十八次说（抵京） | 十九次说（入明） |
| --- | --- | --- | --- | --- |
| 第一次 | 永乐二年（1404） | 永乐二年（1404） | 永乐元年（1403） | 建文三年（1401） |
| 第二次 | 永乐三年（1405） | 永乐三年（1405） | 永乐二年（1404） | 永乐元年（1403） |
| 第三次 | 永乐四年（1406） | 永乐四年（1406） | 永乐三年（1405） | 永乐二年（1404） |
| 第四次 | 永乐六年（1408） | 永乐六年（1408） | 永乐五年（1407） | 永乐三年（1405） |
| 第五次 | 永乐八年（1410） | 永乐六年（1408） | 永乐六年（1408）五月 | 永乐五年（1407） |
| 第六次 | 宣德七年（1432） | 永乐八年（1410） | 永乐六年（1408）十二月 | 永乐六年（1408） |
| 第七次 | 宣德九年（1434） | 宣德八年（1433） | 永乐八年（1410） | 永乐六年（1408） |
| 第八次 | 景泰二年（1451） | 宣德九年（1434） | 宣德八年（1433） | 永乐八年（1410） |
| 第九次 | 成化四年（1468） | 景泰四年（1453） | 宣德十年（1435） | 宣德八年（1433） |

---

① 田中健夫：《对外关系史》，山川出版社1978年版，第87—90页。
② 张立凡：《试论以勘合贸易为中心的明日关系》，东北地区中日关系史研究会编《中日关系史论丛》第一辑，辽宁人民出版社1982年版。

续表

|  | 十六次说（派遣） | 十七次说（入明） | 十八次说（抵京） | 十九次说（入明） |
|---|---|---|---|---|
| 第十次 | 成化十二年（1476） | 成化四年（1468） | 景泰四年（1453） | 宣德十年（1435） |
| 第十一次 | 成化十九年（1483） | 成化十二年（1476） | 成化四年（1468） | 景泰四年（1453） |
| 第十二次 | 弘治六年（1493） | 成化十九年（1483） | 成化十四年（1478） | 成化四年（1468） |
| 第十三次 | 正德四年（1509）、正德五年（1510） | 弘治六年（1493） | 成化二十年（1484） | 成化十三年（1477） |
| 第十四次 | 正德十五年（1520）、嘉靖二年（1523） | 正德六年（1511） | 弘治九年（1496） | 成化二十年（1484） |
| 第十五次 | 嘉靖十八年（1539） | 嘉靖二年（1523） | 正德五年（1510）、正德七年（1512） | 弘治八年（1495） |
| 第十六次 | 嘉靖二十六年（1547） | 嘉靖十八年（1539） | 嘉靖二年（1523） | 正德六年（1511） |
| 第十七次 |  | 嘉靖二十六年（1547） | 嘉靖十九年（1540） | 嘉靖二年（1523） |
| 第十八次 |  |  | 嘉靖二十八年（1549） | 嘉靖十九年（1540） |
| 第十九次 |  |  |  | 嘉靖二十八年（1549） |

说明：表中的"派遣"是指遣明船从日本出发的时间；"入明"是指遣明使到达明朝的时间；"抵京"是指遣明使抵达明朝都城的时间。

资料来源：宋翔《关于遣明使的一个研究》，日本思想文化研究会《日本思想文化研究》2012年第十号。

仔细分析表7-1可以发现：从宣德时期开始到最后的嘉靖时期各种说法都认为是十一次。年代上的出入主要是由于基准不同，即存在"派遣""入明"以及"抵京"的区别。而几种说法的矛盾之处主要集中在永乐朝。笔者认为，造成这种现象的主要原因有两条：第一是对勘合贸易这一概念的理解不同。第二，对史籍记载的永乐六年的两次连续朝贡的理解不同。如果认为只有持勘合的船只才是勘合贸易船的话，永乐二年（1404）之前的朝贡贸易就不能被称为"勘合贸易"，因为日本在永乐二年才得到勘合。另外，据《太宗实录》卷79永乐六年五月己酉朔条载："日本国王源道义，遣僧圭密等百余人，贡方物，并献所获海寇。"卷 85 永乐六年十一月乙巳朔条载："日本国王源道义，遣使来贡。贡马及方物。"即永乐六年确有两次来贡，且都为源道义（足利义满）所遣。尽管永乐年间中日交流十分频繁，但一年内连续派两次使者似乎也不合情理。况且从筹备勘合贸易的一般情况来看，这并非轻而易举之事。所以把这两次来贡看作同一次的两批不同时间抵达中国的人马更合适，即后一批以昌宜为使的日本人是因为某种原因与以坚中圭密为正使的大部队失散了。

通过以上分析，笔者赞同上述的"十六次"说。下面将各次遣明使的正使姓名、出发时间、入明时间及归国时间整理如表 7-2 所示：

表 7-2　　　　　　　　十六次勘合贸易一览

| 次数 \ 项目 | 出发时间 | 入明时间 | 归国时间 | 正使姓名 |
| --- | --- | --- | --- | --- |
| 第一次 | 1404 | 1404 | 1405 | 明室梵亮 |
| 第二次 | 1405 | 1405 | 1406 | 源通贤 |
| 第三次 | 1406 | 1406 | 1407 | 坚中圭密 |
| 第四次 | 1408 | 1408 | 1409 | 坚中圭密 |
| 第五次 | 1410 | 1410 | 1411 | 坚中圭密 |
| 第六次 | 1432 | 1433 | 1434 | 龙室道渊 |
| 第七次 | 1434 | 1435 | 1436 | 恕中中誓 |
| 第八次 | 1451 | 1453 | 1454 | 东洋允澎 |
| 第九次 | 1468 | 1468 | 1469 | 天与清启 |
| 第十次 | 1476 | 1477 | 1478 | 竺芳妙茂 |
| 第十一次 | 1483 | 1484 | 1486 | 子璞周玮 |
| 第十二次 | 1493 | 1495 | 1498 | 尧夫寿蓂 |
| 第十三次 | 1510 | 1512 | 1513 | 了庵桂悟 |
| 第十四次 | 1520 | 1523 | 1524 | 宗谦设道 |
| | 1523 | 1523 | — | 鸾冈瑞佐 |
| 第十五次 | 1539 | 1540 | 1541 | 湖心硕鼎 |
| 第十六次 | 1547 | 1549 | 1550 | 策彦周良 |

那么，室町时代明使的派遣情况又如何呢？上面已经提到南北朝时期明朝遣往日本的使节名单，下面根据《明实录》《明史》《善邻国宝记》以及《邻交征书》整理出大明使节一览表。

表7-3　　　　　　　　室町时代遣往日本的明使

| 时间 | 使节名 | 官衔 |
|---|---|---|
| 建文四年 | 道彝天伦 | 僧侣 |
| | 一庵一如 | 僧侣 |
| 永乐元年九月 | 赵居任 | 左通政（正四品） |
| | 张洪 | 行人（正八品） |
| | 僧道成 | 僧录司右阐教（正六品） |
| 永乐三年十一月 | 潘赐 | 鸿胪寺少卿（从五品） |
| | 王进 | 内官（不详） |
| 永乐四年正月 | 俞士吉 | 侍郎（正三品） |
| 永乐六年十二月 | 周全 | 中官（不详） |
| 永乐十五年十月 | 吕渊 | 刑部员外郎（从五品） |
| 宣德八年六月 | 潘赐 | 鸿胪寺少卿（从五品） |
| | 高迁 | 行人（正八品） |
| | 雷春 | 中官（不详） |

从表7-3可知，明朝的每次遣使，除僧侣外，其品秩一般在正三品至正九品之间，与同时期遣往朝鲜、琉球、占城、爪哇等国的使者身份相比较为高级。这与明朝，尤其是朱棣对日本的重视以及足利义满对明朝友好的态度有直接关系。从使团的人数来看，除永乐二年与永乐三年有明确记载，即分别为134人和300余人外，其余各次人数不详，但总的来说要比日本使团人数少。

（四）其他限制

实际上，除了对贡期、贡例（即朝贡规则）有限制外，明朝还对日本来贡进行了多种其他限制。例如在贡道方面，规定日本贡船在浙江宁波府定海关收舶，对日本进贡的方物也有明确规定："马、盔、铠、枪、剑、腰刀、玛瑙、苏木、涂金装彩屏风、描金粉匣、描金笔匣、洒金木铫角盘、洒金文台、洒金手箱、洒金厨子、贴金扇、抹金提铜铫、水晶数珠、硫黄、牛皮"① 等。

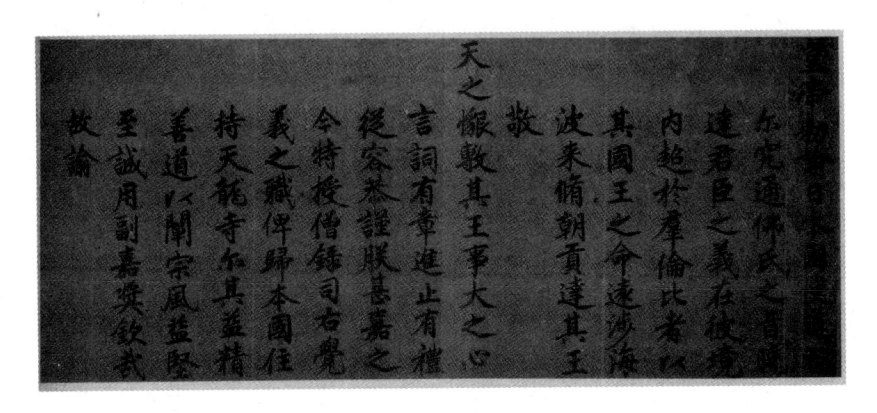

图7-2 宣德皇帝敕书

尽管明朝设置了重重限制，但日方总的来说并没有限制明使的相关规定。比如，1404年5月12日，明使赵居任等一行七八十人同赴京都，同年的8月28日，又有关于明使马荣宗等五六十人赴京都的相关记载。更有甚者，《东寺王代记》应永十二年五月一日条中的记载，该年有300余名明使前往京都。而1434年明使雷春一行的人数为500人左右。但是在足利义持时期，有几次明使被拒绝上京。例如，永乐三年的王进、永乐十五年的吕渊。拒绝的理由是拟以此矫正足利义满与朱棣结下的不平等外交关系。

## 二 倭寇问题

前面已经对倭寇的概况以及南北朝时期骚乱我国的情形做了叙述。如果从时间上来看，室町时代相当于明朝洪武二十五年至成化十二年，本节就对室町时期倭寇肆虐我国的情况进行介绍。

---

① 郑若曾著，李致忠点校：《筹海图编》，第174页。

## 第七章　室町时代的外交

表7-4　　　　　　室町时代倭寇入侵明朝一览

| 时间＼区域 | 辽东 | 山东 | 江南北 | 浙江 | 福建 | 广东 | 合计 |
|---|---|---|---|---|---|---|---|
| 洪武二十一年至洪武三十五年 | 1 | 1 |  | 3 |  | 1 | 6 |
| 永乐年间 | 3 | 3 | 6 | 12 | 1 | 1 | 26 |
| 洪熙年间 |  |  |  | 1 |  |  | 1 |
| 宣德年间 |  |  |  |  | 2 | 4 | 6 |
| 正统年间 |  | 1 | 1 | 3 | 1 |  | 6 |
| 景泰年间 |  |  |  | 1 | 1 |  | 3 |
| 天顺年间 |  |  |  |  |  | 2 | 2 |
| 成化元年至成化十二年 |  |  |  | 1 |  | 1 | 2 |

资料来源：范中义、仝晰纲：《明代倭寇史略》，中华书局2004年版，第18—33页。

从表7-4可以发现，比起之前的南北朝时代，室町时代倭寇侵扰的总次数有所增加，但由于时间跨度大大超过南北朝，所以相对来说频率就低多了。从掠夺的地区来看，有南移的倾向，尤其是以浙江为主的江南地区受害最为严重。从时期分析，则主要集中在永乐时期，这与当时日本国内外形势有直接关系。

最近，日本对15世纪前半期倭寇的一大据点——长崎县对马水崎遗址进行了调查研究。当时的水崎是倭寇头领早田氏的据点，这在申叔舟的《海东诸国纪》中就有记载。通过考古发掘，出土物中除了"越南""泰国"等百件以上的陶瓷外，还有中国铜钱、玛瑙等异国文物。这说明在琉球成为东亚贸易中枢之前，早田氏已经在广大的海域进行了海盗贸易活动。[①] 这也是早期倭寇活动的一个侧面。

关于早期倭寇的性质，绝大多数的观点认为是日本的海盗。但是，也有部分学者认为应是失去了谋生手段的中国海民与倭寇合作，为倭寇指引了到达中国沿海地区的航路。这样就诞生了一批以日本恶党为中心、中国海民与其合作的早期倭寇。这一推断虽然没有得到完全的

---

① 川口洋平：《出土遗物から見えてくる倭寇の実態》，《日本の歴史》（23），朝日新闻社2013年版。

图 7-3　申叔舟画像

史料证明，但它可以解释清楚早期倭寇的特质与明朝对策的背景。①

## 三　入明见闻

将近横跨一个半世纪的中日勘合贸易，也是两国文化交流的重要渠道和方式。一些遣明使将自己的入明经历写成详细的日记留存至今，为我们了解当时的中日交流提供了第一手资料，如策彦周良的《初渡集》和《再渡集》、笑云瑞䜣的《笑云入明记》等，关于这些都已经有了专门的研究，在此不再赘述。② 还有一些有入明经验的使臣，乐于将自己的所见所闻与他人分享，在此过程中一些见闻被记录、保存了下来。本节将选取两位人物，通过他们的见闻来分析当时中日之间形式多样的交流。

---

①　上田信：《海与帝国：明清时代》，高莹莹译，广西师范大学出版社 2014 年版，第 97 页。

②　有关策彦周良的研究可参照拙著《明代中日文化交流史研究》（商务印书馆 2011 年版），《笑云入明记》的研究可参见村井章介、须田牧子编《笑雲入明記——日本僧の見た明代中国》（平凡社 2010 年版）等。

## (一)金子西

金子西(《邻交征书》称其为"金子亚",恐有误),出生于日本永享四年(1432)①,本名云英宗悦。建仁寺天润庵(南浦绍明的塔头)门徒,曾出任禅寺书记,后还俗。文明十五年(1483)入明,在宁波等候上京期间与当地文人张楷一家交流甚多。文明十六年(1484)七月十六日,宁波书画家金湜与其进行了诗文的唱和。

图 7-4 建仁寺唐门(笔者摄于 2013 年 4 月)

金子西回国后,经常去拜访和泉国海会寺的季弘大叔,两人常以入明见闻为话题,甚至有时都用"唐语"来交谈。② 主要记载如下(因原文系日语,所以笔者在引用时做了适当调整、修改):

(1)文明十八年(1486)正月十二日的记载如下:宗悦书记在东山之天润庵,后作俗。癸卯入大明,去冬皈泉南。唐人字

---

① 季弘大叔《蔗軒日録》"文明十八年正月廿八"条中写道:"金湜今年七十一岁之人也,子西居士五十五岁。"
② 朝尾直弘、荣原永远男、仁木宏、小路田泰直:《堺の歴史——都市自治の源流》,角川书店 1999 年版,第 91 页。

◆ 坐看风云起

曰子西,名金也。是日问予而至,话及唐里之事。(中略)张楷故居,扁君子堂。有三子,长曰应麒,次曰应麟。有大才,长子之子曰应鹏,张天锡亦其人也云云。①

根据上述"唐人字曰子西,名金也"的记载,"金子西"之名乃出自明人之手。金子西到过宁波文人张楷故居,并对其家庭成员比较了解。

(2) 正月廿六日,金子西袖唐人和答之诸作一裹而至。以鍮赤锓儿一枚、凤凰笔一管付予,可珍爱。唐人诗共诵之,为喜。②

这日,金子西给季弘大叔带来了明朝的礼物,大叔很喜欢。两人还同时吟诵明人诗文。

(3) 正月廿八日,大明一时文人之手翰一束持而至,共诵为乐。……张楷集云《都台》,又有《皈田稿》《空谷录》。③

这一天两人也是共诵中国人的诗文,其中有张楷的《都台》《皈田稿》及《空谷录》。

(4) 三月二日,是日金子西至。余曰明日上巳辰,唐里如何?答曰:"赏桃花不如日本,尤赏清明。"谷道之日赏杨柳,犹如日本上巳桃花云云。全室有"始知今日是清明"之句。第三句"柳插两岸云云、清明云云"。④

---

① 季弘大叔:《蔗轩日录》,岩波书店 1978 年版,第 125 页。
② 同上书,第 132 页。
③ 同上书,第 133 页。
④ 同上书,第 146 页。

根据金子西的描述，明朝人赏桃花不如日本兴盛，但重视清明节。文中提到的"全室"即季潭宗泐禅师。

（5）三月十四日，金子西手其唐人所画之自像而至。张应麒作赞，画工者王氏之人也。予出雪舟所作之蔗庵轴而示之。西云："日本人把甘蔗叫沙糖，其实沙糖乃甘蔗煎后而所出之汁也，幼童咀嚼之。宁波府南门金湜家有日本等杨所画《三笑图》《商山四皓图》，壁之左右挂之。湜今年七十六岁也，大官人也，诗画俱妙也。杨之弟子云等悦者之画，在唐里，人皆美之云。"①

上文透露了很多有趣的信息。第一，为金子西画像的画家姓王，应该是宁波人。而为画题赞的是宁波文人张楷的儿子张应麒。张楷与金子西也有很多交往。第二，文中提到的金湜是宁波著名的画家，从他家墙壁上挂有日本画僧雪舟等杨的三笑图一事可知，雪舟等杨极有可能与金湜有过来往。第三，雪舟等杨的弟子等悦，他的画在中国也很受欢迎。另一名因画杭州西湖图而闻名的雪舟弟子秋月等观也曾入明学画。可见，雪舟派的画风在当时得到了明朝人的认可。

（6）三月廿一日，金子西云："唐人清明节赏杨柳，犹如日本上巳赏桃花。唐里上巳不赏桃云。"②

所谓"上巳"，一般指农历的三月初三，旧俗于此日在水边洗濯污垢，祭祀祖先，叫作"祓禊""修禊"。根据金子西的描述，与日本人不同，明朝人上巳节不赏桃花。现在的日本人，提到赏花，一般是指樱花，从上文可知，其实日本古时还有赏桃花的习俗。

---

① 季弘大叔：《蔗軒日錄》，岩波书店1978年版，第152页。
② 同上书，第154页。

（7）四月八日，金子西居士至。子西云："唐里之人爱画，八幅一对，四幅一对，柱上张贴五七绝句之联书。"①

（8）四月十九日，子西至。以九鼎所书之《百法问答》三册为借。话云："天竺僧、回僧、喇嘛僧相好魁伟，实大国之人也。靼人与畜类同者也，饮啖无所择焉。只耳垂金环之事，与余国异而已矣。此时外国朝者，殆乎十国云。唐衰之僧，戒律不禁严，道士之辈，戒法极严，犯者有罚。俗中亦有持大念珠诵咒唱号者。唐人知倭人之饮食不猥矣。（中略）交易之老夫一人，备之福冈人，持天与禾上入大明，游天童，图其境，唐人作诗者大幅而至。"②

上文提到，天竺僧、回僧、喇嘛僧不仅相貌好，而且长得魁梧，具有大国之风。而鞑靼人与畜类相似，很不注意饮食。而且一只耳朵挂有金环，与其他国家的人十分不同。当时来明朝朝贡的国家达到十几个。明朝的破戒僧很多，但道士的戒法极严。在来明朝的日本人中，有一老夫，福冈人，与遣明使天与清启一起入明，在游览天童寺后，画了寺庙图，在中国人为其作了很多画赞后将画携回日本。

（9）四月廿六日，金子西至。宁波府者古之鄞也。鄞江、浙江猪肉之内，其重头。禅录有悬猪头卖狗肉之语，以贵物替贱物之意乎。杀鸡、鹅与杀虮、蚊同，倭人悲则唐人笑之。猪者被杀悲叫不可忍也。羊被杀之时不悲鸣，日本的鲤鱼类之。禽兽杀时，受其血而用之。蚊帐床的四角各立柱。围棋，倭之纪七郎与唐人围棋，好匹敌也。子西藏鄞江别意图云。③

上述主要提到了宁波以及周边地区的一些风俗。如爱好吃猪头，宰

---

① 季弘大叔：《蕉軒日録》，岩波书店1978年版，第164页。
② 同上书，第170页。
③ 同上书，第173页。

杀鸡、鹅、猪、羊很普遍，还吃这些禽兽的血食。一名叫纪七郎的日本人（可能是与金子西一起入明）擅长围棋，与中国人对弈不分伯仲。

（10）五月九日，此日金子西至。唐人接倭人之时放炮，震威之意也。先炉香，辟秽气之意也。唐人弦歌音妙也。①

金子西认为明朝官府在迎接日本使节时的放炮是震威，这可能是多虑了，很有可能是鸣放礼炮，以示对远者的欢迎。因为接着还有焚香、乐曲表演等。

（11）六月四日，子西与梅侍者同至。予问云："唐人平民用美味之食否？"答曰："不然。似粥不粥底之物，入大桶，五六人、七八人环坐而食之。鱼草加盐而啖之。其艰甚于倭人云云。"②

上述提到了宁波一带渔民的饮食情况。金子西认为，那里的平民生活得比日本人还要艰难。

（12）六月廿四，子西居士至，为大明之话。予问小便的器皿形状。西曰："以（缺字）及银两造之，满之小便云。可怕可怕，不用云云。"唐人见其穴大，云大䏮而笑之。䏮即根事也。瞽者弹比巴，日本同矣。③

根据金子西的所见，中国的马桶当时用两种金属（其中一种为银）造成，盛满小便，他都不敢用。金子西的男根特大，中国人都笑他。在中国的盲人和在日本的盲人一样，也持琵琶弹唱卖艺。

---

① 季弘大叔：《蔗軒日録》，岩波书店1978年版，第179页。
② 同上书，192页。
③ 同上书，第201页。

(13) 七月廿二，子西临席，话及江南之事事。金陵城中禁日本人而不许入。①

(14) 十月十七日，子西至，唐话移时。北京玉河桥边，有鬻文以备于生业，曰燕文辉。问之他之文人，文人皆贱之，勿求彼所作之文皈日本。见文辉之文，不可以太不好。②

这里提到的是金子西在北京的见闻。玉河桥位于日本使节居住的会同馆附近，那里有一名叫燕文辉的穷书生，以卖文求生。其他文人都看不起他，告诫金子西千万别买他的文章回日本。但在金子西看来，燕文辉的文章并不是一无是处的。

(二) 楠叶西忍

根据《大乘院寺社杂事记》康正三年三月十一日条的记载，足利义满时代有一名叫"圣"的天竺人来到日本，入住相国寺，之后侍从将军家。前面也有所提及，这里所谓的"天竺"，可能是指印度，或是指阿拉伯、波斯，有人甚至认为是指中国。这位天竺人与石清水八幡宫领楠叶（现大阪府枚方市）的一位女性结婚后，生有一子，名楠叶西忍。楠叶一家定居京都，经营了一家名为"唐人仓"的土仓。③

文明十八年（1486）二月十四日，93 岁高龄的楠叶西忍去世。翌日，寻尊在《大乘院寺社杂事记》中有如下记载：（楠叶西忍）少年之时名ムスル（mu su ru），俗名"天次"，长子名新卫门尉元次，次男四郎，渡唐之时召具。三男阳禅房大定舜。息女二人在之。④ 可见，楠叶西忍育有三男两女，其中次男四郎也曾随同父亲一起赴明。

楠叶西忍父子都曾作为遣明使到过中国。楠叶西忍与兴福寺大乘院的寻尊来往密切，交流达 46 年之久，尤其是在其侍奉兴福寺后，两人的交流就更多了，其中西忍谈到的许多关于中国的见闻就被记录

---

① 季弘大叔：《蔗軒日録》，岩波书店 1978 年版，第 212 页。
② 同上书，第 246 页。
③ 辻善之助编著：《大乘院寺社雑事記》（一），潮书房 1931 年版，第 104 页。
④ 辻善之助编著：《大乘院寺社雑事記》（八），潮书房 1931 年版，第 418—419 页。

在《大乘院寺社杂事记》中。因记录原文是日语,为了读者方便,笔者将其大意记录如下:

(1)康正三年（1457）四月二十日：楠叶西忍来,持一块从明朝携回的白檀,长四寸五分、宽二寸五分,他说可以用来制作弥勒菩萨。寻尊觉得这实在是稀有之木。①

上述史料至少透露出两点信息,一是遣明船的输入物品除备受欢迎的铜钱、书籍、工艺品外,还有像白檀一类的珍贵木材。二是说明当时流行弥勒信仰。

(2)长禄二年（1458）九月二十九日：楠叶入道申,大唐王正头去年崩,则"继躰"又即位,再任也。正头之兄也,年号改元天尊。②

楠叶西忍说,上述信息是他从一名去年来到日本的"岛人"那里得知的,"岛人"们还献给室町将军明朝的铜钱千贯。至于这位"岛人"是哪里人不得而知,也有可能来自琉球王国。

粗粗一看不甚明了在说中国的什么事。可是仔细分析可知,其实,"正头"应该是"正统",由于两者的日语发音一样,而楠叶西忍只是用同音汉字标识而已。同样,后面的"继躰"应是"景泰"之误,"天尊"应是"天顺"之误。所以,上述说的其实就是正统十四年（1449）发生的"土木堡之变",英宗皇帝被瓦剌也先掳走,弟弟朱祁钰即位,1457年朱祁镇复辟成功而改元天顺之事。但情报错误严重,英宗没有驾崩,即位的是他的弟弟。

可能是因来自他人的转述之故,导致上述信息错误很多,但上一

---

① 辻善之助编著：《大乘院寺社雜事記》（一）,第121页。
② 同上书,第469页。

年在明朝发生的事这一年就传到了日本，可见当时中日之间信息的传递途径之多样和速度之快。

（3）长禄三年（1459）十二月十四日：楠叶西忍谈了几次遣明船的派遣情况。其中永享四年（1432）的情况如下：

一号船：室町殿（将军）；

二号船：相国寺；

三号船：山名氏；

四号船：三宝院、圣护院、大乘院、青莲院、三条氏、细川氏、同赞州、一色氏、畠山氏、武卫氏（斯波氏）、赤松氏、善法寺、田中氏（石清水八幡）；

五号船：三十三间堂

永享六年（1434）

一号船：室町殿

二号船：相国寺

三号船、四号船：山名氏

五号船、六号船：三十三间堂

享德元年（1452）

一号船：天龙寺

二号船：伊势法乐社

三号船：天龙寺

四号船：正福寺

五号船：岛津氏，但因没有勘合，最终没有成行

六号船：大都茂

七号船：大内氏

八号船：多武峰（谈山神社）

九号船：法乐社

十号船：天龙寺

携带货物

赤金（铜）：十五万五千斤

苏木：十万七千斤

硫黄：四十一万斤

日本刀：一万把

从以上的记载可以看出，在15世纪的遣明船贸易中，以将军为首，船主主要有细川氏、山名氏、大内氏等有实力的大名、寺社以及三条家这样的公家，其中尤其是以大名和寺社为中心。永享四年的四号船则由三宝院、圣护院、大乘院、善法寺、三条家、青莲院、田中家、武卫、畠山、细川赞州家、细川持之、一色、赤松十三家寺社共同出资经营。楠叶西忍当时就乘坐四号船入明，可见他与当时这些家族的密切关系。从携带物品的记录中可以看出，日本当时的主要贸易品以铜、苏木、硫黄和日本刀为主。

文明五年（1473）六月十七日，楠叶西忍向寻尊谈到了遣明船和明朝的情况：

（4）遣明船春天从肥前国大岛小豆浦出发，秋天则从肥前国五岛出发。其原因是八月至二月为北风，三月至七月为南风。回国时间一般在五月以后，趁申西之风发船，春天不可回国。

大唐的古都叫南京，现在中国的首都为北京，南北相距三千四百里。六丁为一里，相当于日本的五百里。日本船只停靠在明州，从明州至北京相当于日本的三百五十里。玄昉僧正、定惠和尚、道昭法师、传教大师、弘法大师、慈觉大师、智证大师、道慈律师、吉备大臣、清河等人都是从明州经由南京到达长安城。

太宗皇帝的大慈恩寺、西明寺、扑扬寺、淄州等在长安城，北京乃洪武帝与胡国作战时的行宫，于今战争不绝，犹如日本后醍醐院之际。

明帝系谱：洪武—永乐—宣德—正统

南京的殿堂、楼阁戒备森严。遣明使抵达南京后，发放廪给，永享年间、宝德年间皆为铜钱六万贯、缎子五百匹。

明朝颁赐给日本的勘合由鹿苑院殿（足利义满）掌管，只允许与持有勘合的船只进行贸易，否则可作为海盗而杀之。永享勘合两百枚，宝德勘合两百枚，每船持有一张勘合，上写船上人数，其中外官几人，商贾几人，几号船等。一号船为总船头。[①]

上述楠叶西忍的谈话包含了诸多信息，一是遣明船出发与归国的最佳时机、理由（但有一点值得注意，研究表明大岛小豆浦一般被认为是现在的长崎县北松浦郡大岛，与寻尊所记的有出入）；二是宁波对日本人的重要性；三是明朝帝王的更替信息，尽管比较粗略；四是勘合贸易的规则等。

文明十二年（1480）十二月二十一日，楠叶西忍就遣明船的贸易利润这一问题向寻尊进行了介绍：从明朝输入的商品中，利润最大的是唐丝，一斤在日本可卖五贯。在输出的商品中，苏木、甘草、桂心最为赢利。苏木在日本一斤的价钱是五十文或一百文，而在明朝则高达一贯五百文。[②]

文明十五年（1483）正月二十四日，西忍与寻尊谈了如下见闻：

永享五年决定派遣遣明船五艘，其中一号船为公方所有，二号船为相国寺所有，三号船为山名氏所有，四号船为赤松、细川、赞州、畠山、武卫、一色、三条家、圣护院、三宝院、大乘院、青莲院、善法寺、田中十三家共有，五号船为三十三间堂所有，永享六年出发。运往明朝的商品主要有海獭皮、胡椒、太刀、长刀、枪、铫子匙、赤铜、金、苏木、扇等，而从明朝携回的商品中主要有生丝、北绢、缎子、金萝、麝香、道士旧衣、女人古装等。[③]

---

[①] 辻善之助编著：《大乘院寺社雜事記》（五），第367—369页。
[②] 辻善之助编著：《大乘院寺社雜事記》（七），潮书房1931年版，第237页。
[③] 同上书，第489—491页。

上述记载对于了解当时中日之间贸易品非常重要，尤其是明朝并不值钱的道士、女人的旧衣裳，在日本曾作为贵族之间相互赠送的礼品流行一时。此外，胡椒、苏木是东南亚的特产，尤其是印度、泰国、爪哇、马来西亚等国出产尤多。中国产，但不能用作染料。为了筹备大明的朝贡品，琉球王国积极从上述东南亚国家购买胡椒和苏木，日本朝贡明朝的这两个物品，也有可能来自琉球王国。

那么，这么多的胡椒和苏木到了明朝后，究竟是如何消费的呢？一种是用作皇帝对臣下的赏赐，另一种是当作官员俸禄的一部分。明朝官员的俸禄分为两大部分，即本色和折色，本色常用大米支付，而折色则常用纸、笔、绢、银等替代。根据《明会典》的记载，1421年在在京官员的薪水支付中，折色部分中的钞币改成用胡椒、苏木支付。换算汇率为胡椒一斤相当于钞币十六贯，苏木一斤相当于钞币八贯。但是，到了1434年，这种汇率却分别涨到了钞币百贯和钞币五十贯，可见是因胡椒和苏木的进口量减少了或国内消费量剧增所致。

文明十七年（1485）八月三日，寻尊就宝德年间（1449—1452）的遣明使有如下记载：

> 九十岁的西忍来，拿来《渡唐船入目日记》。明王朝每五日一次发放给日本使者的生活用品如下：白米每日一升、酒半瓶、麦粉、烧饼四个、茶点、盐、豆瓣酱、酱菜、醋、鸡、山羊、生姜、薪、炭等。
>
> 景泰四年四月二十三日进入宁波府，八月六日上京。九月二十三日、十月三日、十月八日三次进京。景泰五年二月二十八日离京南下，四月九日入南京，五月三日离开南京，十三日到杭州，二十六日抵达宁波。[①]

---

[①] 辻善之助编著：《大乘院寺社雜事記》（八），潮书房1931年版，第346—348页。

◆ 坐看风云起

文明十七年（1485）八月七日，楠叶西忍就宝德四年的遣明船谈了如下见闻：

> 宁波府每日支付给一名遣明船居座（外官）的生活用品如下：柴四百五十斤、炭一百〇五斤、花椒十五两、茶二十五两、盐三斤十二两、蜡烛一百五十支、酒一瓶、油三斤十二两、鱼一斤半、菜三斤、白米五升。支付商人黑米二升。
>
> 宝德年间，多武峰与长谷寺共同经营遣明船一艘，船上有居座三人，分别是药师院、楠叶、七郎次郎，另有商人百名。一名居座下属三十多名商人。①

图 7-5　长谷寺（笔者摄于 2013 年 5 月）

可见，宁波府每日支付给居座的生活用品实际上是包含三十多名商人在内的物品，但是，商人吃的是黑米（玄米）。

永正二年（1505）五月四日，西忍就自己两次渡明的经历向寻尊进行了叙说。

---

① 辻善之助编著：《大乘院寺社雜事記》（八），第 348—349 页。

（楠叶西忍）第一次渡明的身份是商人，第二次的身份是居座。自京都至筑前博多，路程一百八十里。春天自南边的肥前国大岛小立浦发船，秋天则从北边的肥前国五岛出发，其间南北五十里。至宁波茶山，从港口至中国三百五十里，合计五百三十里，需五十三日。

从明州至南京四百里，南京至北京五百里，合计九百里，需要九十日。自南京至长安城四百里。

在北京，十文目（1文目＝3.75克）白银可换取一贯铜钱，南京可换取两贯，明州则可换取三贯。如果用此三贯铜钱购买唐丝，在日本可以获得很大的利润。[①]

楠叶西忍与寻尊之间有关遣明船贸易的谈话记录，对于今天我们了解当时的中日贸易是非常珍贵的资料。虽然有多次谈话记录，但楠木西忍谈及得更多的是以下三次遣明船：永享四年（1—5号船）、永享六年（1—6号船）、宝德四年（1—15号船）。其中，永享四年和宝德四年的见闻尤其多，原因是楠木西忍在这两次实际到了大明。

## 第三节　与朝鲜的关系

14世纪中期出现的倭寇，在给朝鲜人民带来巨大灾难的同时，也给朝鲜王朝的统治带来了烦恼。为了解决倭乱问题，1392年，在与倭寇战斗中崭露头角的高丽大将李成桂以强大的海军对倭寇的侵扰进行了反击。与此同时，朝鲜王朝采取的另一个手段就是怀柔政策：即使是倭寇，只要和平来往也可将其作为使者接纳。于是，日本各阶层派往朝鲜的使节一时人满为患，朝鲜方面把他们统称为"使送倭人"。"使送倭人"的正副使一般由禅僧担任，因为禅僧当时是高级知识分子，他们能与朝鲜官方进行交流。

---

[①] 辻善之助编著：《大乘院寺社雜事記》（十二），潮书房1931年版，第45—46页。

朝鲜王朝对于上述"使送倭人"给予了丰厚的待遇,支付每位"使送倭人""过海料"(渡海费用)和"留浦料"(留在三浦的生活费)。根据朝鲜成宗二年(1471)的标准,支付给每人的费用是每日米二升。因此,仅为了求取大米而长期滞留三浦(苎浦、釜山浦、盐浦)的对马岛岛民日益增多,这就是后来"恒居倭"(常驻日本人)产生的原因之一。

除了上述"使送倭人"外,还有一类往来于日本和朝鲜之间的日本人就是专门的商人,他们携带鱼、盐、米来到朝鲜半岛南岸进行贸易,被称为"兴利倭人"。此外还有归顺或者自己主动要求移居朝鲜的日本人,朝鲜将其统称为"来投倭人"。

可见,室町时代的日本和朝鲜的关系与日本和明朝的关系存在较大不同。在对明交往中,明朝方面只认可以日本国王为名义的一元化外交,而朝鲜则不同,只要是和平来往者,基本均予以接纳,因此日朝关系呈现多元化趋势。

随着"恒居倭"的飞速增加,朝鲜王朝的危机感也随之增强。永享八年(1436),朝鲜王朝与对马守护宗贞盛商议,要求送还部分"恒居倭"。结果,378名日本人被送还,仅60名宗贞盛的手下被允许继续留住朝鲜。但是尽管如此,"恒居倭"还是急剧增加。宝德二年(1450),三浦的常住日本人达到两千余人。文明七年(1475)在朝鲜的再三催促下,1000名日本人回到日本。但是与留在三浦的人口相比,这只是少数。据村井章介的统计,1475年三浦中的日本人有2209人,到了1494年增加到3105人。[①]

自1404年足利义满遣使僧金棠出使朝鲜开始,直至1567年的足利义昭为止,日本以各种名义遣使朝鲜达60多次,《高丽大藏经》、佛教经典、梵钟、佛画等在此过程中传至日本。[②] 值得注意的是,其实在1404年前的1398年,足利义满曾致书朝鲜,希望得到朝鲜的大

---

[①] 村井章介:《中世倭人伝》,岩波书店1993年版,第85页。
[②] 姜在彦:《朝鮮通信使がみた日本》,明石书店2002年版,第8页。

## 第七章 室町时代的外交

铜钟和《大藏经》，但朝鲜的态度不得而知。说到《大藏经》的木版印刷，早在1087年高丽王国就已经开印了，之后曾一度被烧毁，13世纪中叶，新版重新雕成，板数达到八万一千多枚，直到现在仍作为世界文化遗产保存在韩国的海印寺。截至17世纪，未见《大藏经》在日本印刷，可以说，《大藏经》是室町时代日本最需要的朝鲜物品，到16世纪为止，提出需求次数达到60次。在1404年足利义满以"日本国王"名义致书朝鲜国王，这表明在当时的明朝册封体制下，日朝两国应该是处于对等地位的。

进入15世纪后，日本很多船只私自出海抵达朝鲜，这其中主要以对马、一岐、九州的松浦以及南部地区的商船为主，平均每年多达13次左右。1407年，为了限制走私贸易，减轻财政负担，朝鲜国王给日本发放"文引"这种渡航许可证，以限制贸易船只。文引主要颁发给了足利将军、对马的宗氏、大内氏、少式氏、九州探题等，规定登陆港口为苻浦、釜山浦、盐浦，并建设了日本人专用的客馆，有些类似中日之间的勘合贸易。但是日朝之间尽管采用了"文引制"，但实际情况并不完全如此，根据申叔舟在《海东诸国纪》的记载，朝鲜王朝的主要日本贸易对象分为四种：第一种当然是"日本国王"，即足利将军；第二种是地方实力派，如斯波氏、畠山氏、大内氏、少式氏、细川氏、京极氏、山名氏等；第三种是对马的宗氏；第四种才是持有文引或者曾被授予朝鲜王朝官职的商人。

朝鲜王朝要求与室町幕府建立正常的外交关系的同时，希望日本能够禁倭。因此，幕府命令九州的守护取缔倭寇，并送还被掠人口。以此为契机，幕府、大内氏和大友氏等守护大名以及西日本的领主们向朝鲜派出通商船只，谋求贸易。朝鲜的主要出口商品是虎皮、豹皮、麻布、人参、米、豆、烧酒等。15世纪中叶，木棉布成为朝鲜的主要出口商品。

室町时期的日本究竟如何看待朝鲜这一问题，在学界一直存在分歧：一种认为是歧视，而另一种则刚好相反，认为是敬重。但有一点基本可以肯定，那就是至少在幕府内部没有歧视之说，而西日本各地也公开表示承认朝鲜权威。

不管日朝之间谁高谁低，可以肯定的是，朝鲜王朝是承认多股日本势力可以渡航来朝的。当然，这种交流不是没有限制。首先是牙符制，它的作用类似勘合，1474年由日本国王使臣正球首倡。这种制度不仅适用于日本国王使，也被应用于大臣使节。这样的情况一直延续到16世纪中期牙符完全被对马岛掌控为止。在那之前，牙符制在日朝之间发挥了重要作用。

但是根据申叔舟在《海东诸国纪》的记载，朝鲜对日本各势力的上京使节人数是有规定的。朝鲜文献中最早明确记载了日本国王使上京人数的是1423年由圭筹率领的使团，一行共16艘船计523人，上京人数是138人。朝鲜当局认为上京人数过于庞大，建议以四五十人为好。因此，两年后日本使臣中兑率领的遣朝使团中只有四十余人上京。但是，上述规定并不是一成不变的，如1430年为26人，1443年为27人或29人，1448年为60人，1450年为26人，1457年为28人，1458年为15人，1459年为21人，1470年为94人。①

然而，日方有没有对朝鲜使节作出限制呢？根据《东寺执行日记》的记载，1443年来日的朝鲜使节下孝文一行大约有100人，其余使团的人数不明，在日本文献中未见对朝鲜使团人数等有限制的记载。但是，1424年赴日的朴安臣被幕府拒于赤间关，是对朝鲜不给其《大藏经》经板的报复。最后在大内教弘的调停下，朴安臣得以进入京都。1443年赴日的朝鲜使臣下孝文也被拒于赤间关，理由是幕府无力支付使臣上京杂费。

## 一 应永外寇

应永二十六年（1419）五月，五十余艘倭寇船只袭击了朝鲜半岛西岸。鉴于对马岛的归属以及倭寇频频肆虐朝鲜等问题，六月二十日，朝

---

① 伊川健二：《大航海時代の東アジア——日欧通行の歴史的前提》，吉川弘文馆2007年版，第64页。

第七章　室町时代的外交

鲜大将李从茂率领兵船二百二十七艘，兵员一万七千二百八十五人抵达对马岛，进行肃清。一开始朝鲜军队战事开展顺利，但二十六日遭到日方伏兵袭击，朝方损失惨重。据之后的《对州编年史》一书记载，当时日方战死一百二十三人，而朝方却达两千五百余人。鉴于战事的泥沼化，七月三日，朝鲜军全面撤退至巨济岛，同时掠去了大量的日本俘虏。这就是日本历史上的"应永外寇"，朝鲜称之为"己亥东征"（对马则称之为"糠岳战争"）。被倭寇掠来的朝鲜人送还问题是日朝间此前的重要课题，可这之后，日朝之间又产生了被虏日本人的归还问题。

对于本次出击对马，朝鲜太宗在文书中提到，对马本来就是朝鲜领土，因偏僻不值得开发，以致沦为倭奴居住之地。而对马岛一方也许是为了及早恢复战后交流，也认可对马乃朝鲜牧马之地，因土地贫瘠无法生计，原住民移居至济州岛耕作，但移民还是向朝鲜纳税。鉴于对马岛的这种态度，朝鲜将对马岛划归庆尚道管辖。而当时的对马守护宗氏也表示朝鲜进攻对马就等于进攻本国。

关于"应永外寇"的朝鲜军事活动，在京都有各种各样的传闻。这在伏见宫贞成亲王的《看闻御记》一书中有较多记载，主要如下：

（应永二十六年——引者注）五月二十三日：大唐国、南蛮、高丽等，日本可责来云云。自高丽告申云云。室町殿御仰天，但神国有何事乎。①

六月二十五日：抑大唐蜂起事有沙汰云云。出云大社震动流血云云，又西宫荒戎宫震动，又军兵数十骑由广田社出行东方，其中女骑之武者一人如大将云云。神人奉见之，其后为狂气云云。异国袭来瑞想勿论欤。又二十四日夜八幡鸟居风不吹颠倒了，桥打碎云云。室町殿御参笼时分也，殊有御警云云。诸门迹诸寺御祈祷事被仰云云。②

---

① 后崇光院：《看闻御记》，续群书类从完成会1930年版，第187页。
② 同上书，第190—191页。

六月二十九日：北野御灵指西方飞云云，御殿御户开云云。诸社怪异惊人者也，唐人袭来先阵舟一两艘已有合战云云。大内若当两人为大将行向海上退治，其以前神军有奇瑞之由注进云云。（头书云）唐人合战事，实况不审云云，近日巷说多端。①

七月二十日：唐人袭来即付萨摩之地，国人合战唐人若干被讨，国人也被伐云云。唐人中有如鬼形者以人力难责云云。浮海上异贼八万余艘之由大内方先注进到来，自探题注进者未到云云。又兵库唐船一艘着岸，是为使节非军船云云。②

八月十一日：抑唐人袭来去六月二十六日于对马小贰大友菊地以下合战。异贼打负若干被讨，大将军二人生捕云云。大风吹唐船数多破损入海了，凡唐船二万五千艘云云。生取大将来兵库，去六日注进到来云云。天下大庆，室町殿御悦喜。③

从上述记载可见，对"唐人袭来"的描述简直是活灵活现，具体到战争的日期、将士规模和兵船数量、交战地点、经过以及结局。当然，最终是虚惊一场。但这个谣言的直接起因可能是上述的"应永外寇"，加上当时幕府拒绝与明交往，谣言就显得越发真实。可见，当时日本对大约一个半世纪前的"蒙古袭来"还留有较大的阴影，同时也可以体察到因回绝明使，幕府担心会惹怒明朝而使对方付诸武力的恐惧心理。

## 二 日本国王使

日本学者桥本雄根据日朝史料记载，整理出15世纪以"日本国王"名义遣使朝鲜的日本使节一览表。④根据表中所示，首次日本使

---

① 后崇光院：《看闻御记》，续群书类从完成会1930年版，第190页。
② 同上书，第194页。
③ 同上书，第196页。
④ 桥本雄：《中世日本の国際関係——東アジア通行圏と偽使問題》，吉川弘文馆2005年版，第188—191页。

节的派出时间是 1409 年，最后一次是 1499 年，其间共有记录 29 次，其中 10 次未载于日本史料中，而见载于《朝鲜王朝实录》。遣使的目的大致可以分为：求经（12 次）、回礼（3 次）、化缘（6 次）、与明交往斡旋（2 次）、求取金印（1 次）、通知金印使用（1 次）、牙符制成立（1 次）、牙符制启动（1 次）、目的不明（2 次）。

其实，在 1401 年足利义满接受明朝册封成为"日本国王"后的 1404 年，足利义满就以日本国王使的名义派遣僧周棠出使朝鲜了。[①]

## 三　王城大臣使

室町时期的日朝关系有一个明显特点，那就是朝鲜王朝与日本的诸多势力集团保持着外交关系。有"倭寇渊薮"之称的西日本自然不必多说，大都作为和平的"倭人通交者"而受到朝鲜王朝的厚待。更值得注意的是那些打着畠山氏、斯波氏、细川氏、京极氏、山名氏等在京有力守护名号的"王城大臣使"也受到了朝鲜王朝的欢迎。朝鲜与这些势力集团交往，对于倭寇问题的解决并没有什么有利之处，可见，其中的利益驱使是重要原因。

"王城大臣使"是朝鲜对上述自称是在京有力守护使节们的称谓，最早见于 1409 年，派遣者是"管领源道将"，直至 1509 年，共计 49 次之多。日本学者桥本雄将其分为几个时期：首先是初期，即 1409 年至 1444 年，遣使 11 次；其次是第一高潮期，即 1455 年至 1469 年，遣使 19 次；再次是第二个高潮期，即 1470 年至 1474 年，遣使 15 次；最后是末期，即 1479 年至 1509 年，遣使 4 次。衰败的原因主要是日朝之间实现了牙符制。除了初期的 11 次和 1431 年、1460 年的 2 次外，其余明显为伪使。[②] 从时间上来看，1470 年后，尽管日本已经进入战国时代，但是室町时期的"王城大臣使"仍达 30 次之多，在文书中，有的称朝鲜国王为"李皇帝"，可见日朝交往的频繁。

---

[①] 姜在彦：《朝鲜通信使がみた日本》，第 7 页。
[②] 桥本雄：《中世日本の国际关系——東アジア通行圏と偽使問題》，吉川弘文馆 2005 年版，第 28—33 页。

### 四　肥后菊池氏的遣朝使节

14世纪中期，随着我国元明两朝的交替以及东亚海域倭寇的猖獗，博多作为对外交流的重要窗口受到冲击，而肥后的高濑津一时兴起，在对外交流中扮演了重要角色。当地豪族菊池氏以及周边地区也积极开展了对外交流。但是自15世纪中后期开始，菊池氏族为了族长继承问题发生内讧，战乱不止，再无精力组织和派遣使节出访外国。有趣的是，根据申叔舟的《海东诸国纪》以及《朝鲜王朝实录》的记载，在1417年至1503年这将近一个世纪的时间里，以"菊池殿"名义遣使朝鲜王朝的活动竟达64次之多。但研究表明，这其中绝大多数是伪使。具体地说，1417年和1428年乃真使节，可能是菊池氏第18代家主菊池兼朝所派，1450年以后全部是伪使。而伪使又分为两大系统，即"肥后州守名义"和"肥筑二州太守名义"，其实他们都是对马岛势力所为。其实，在1443年朝鲜和对马之间签订了每年贸易船只数量限定在五十艘之内的《癸亥条约》。值得注意的是1470—1474年间，对马岛主宗贞国为了拥戴主家少式赖忠而驻留在博多，这时对马也派出了伪使团，守护代宗盛直、宗职盛父子冒充岛主宗贞国之名组织起来的伪使以"菊池殿"之名义前往朝鲜。

### 五　祥瑞祝贺使

朝鲜王朝世祖李瑈晚年笃信佛教，遍历全国古刹名寺，于是各地祥瑞不断。为了庆祝这种奇瑞，世祖十二年（1466），李瑈致书来朝的肥前那久野藤原赖永的使者寿蔺，希望日本国王派遣祝贺使，这就是日本历史上的"祥瑞祝贺使"。到成宗二年（1471）短短的几年时间里，日本大量派遣使节，形成了一个"朝鲜遣使热潮"。其中1466年由宗成职遣使1名，岁遣船16艘，使团成员以对马人为主；1467年遣使27名，岁遣船1艘，主体是对马人；1468年遣使34名，岁遣船4艘，主体是对马人；1469年遣使12名，岁遣船10艘，主体是对马人；1470年遣使6名，岁遣船14艘，主要由对马人和博多商人组成；1471年遣使 5 名，岁遣船 11 艘，成员主要是对马人和博多商人。① 其中，使者又大致可分为四类，即真正的祝贺使、寿蔺护送使、宗贞国之使及其他。

上述日本"朝鲜遣使热潮"的出现，主要有以下两个背景：首先是朝鲜方面，因篡位而成王的世祖李琛为了强化王权，时常在宫内进行一些越格的仪式，如模仿明朝皇帝的祭天仪式，让"倭人"和"野人"（女真人）之类的"夷人"列席左右，举行盛大的朝会等。其次是日本方面，更精确地说是对马宗氏。对马岛主宗氏正是利用了朝鲜国王这种予以强化王权的心理大量遣使以谋取外贸利益。

## 六 大内氏与朝鲜的交流

上一章已经提到，1379 年高丽王朝曾遣使韩国柱，与大内氏进行禁倭交涉，之后的十多年里不见双方人员互访。应永二年（1395），九州探题今川了俊被召回京都，双方的交流又开始活跃起来了。到弘治三年（1557）大内氏灭亡为止的 160 年左右的时间里，大内氏的对朝关系时断时续，使者真假混杂，呈现出多样变化的交流态势。室町期间，大内氏与朝鲜的交流大致可以分为以下几个阶段：

表 7-5　　　　　**室町时期大内氏与朝鲜的交流**②

| 次序 | 分期 | 时间段 | 派遣者 | 派遣主要理由 | 遣使次数 |
|---|---|---|---|---|---|
| 1 | 开展期 | 1379—1423 年 | 大内义弘、大内盛见 | 求取大藏经、献礼等 | 24 |
| 2 | 断交期 | 1424—1442 年 | — | — | 2 |
| 3 | 复交期 | 1443—1465 年 | 大内教弘 | 献土物、求大藏经等 | 14 |

---

①　桥本雄：《中世日本の国际関系——東アジア通行圈と偽使問題》，第 164 页。
②　表 7-5 参考了须田牧子《大内氏の対朝関係の展開と琳聖太子伝説》，载小野正敏、五味文彦、萩原三雄编《考古学と中世研究 3・中世の対外交流——場・人・技術》，高志书院 2006 年版，第 154—157 页。

1392年朝鲜王朝使者朴淳之会见了足利义满，朴淳之回国之际，大内氏的使者护送足利义满的使者一起随朴淳之赴朝鲜，室町幕府与朝鲜王朝的交流由此开始。在15世纪初期，日本国王的使者行列中经常有大内氏的人同行。由此可知，大内氏不仅自己积极开展交流，在室町幕府的对朝关系中，其在使者护送等方面也发挥了重要作用。

在与朝鲜交流的各种日本势力中，大内氏受到了仅次于日本国王的待遇，与朝鲜的交流尤其频繁。众所周知，在15世纪，日本人大量向朝鲜求取《大藏经》，无奈朝鲜设置了种种限制，但是对于日本国王和大内氏的请求基本如数给予。有数据显示，中世后期，日本共向朝鲜求得五十部《大藏经》，其中大内氏占去了大约四分之一的数量。此外，从现存毛利博物馆的"朝鲜国通信符"铜印中也可见日朝关系中大内氏的地位之特殊。这个通信符与其他交流者所持的"图书"（渡海凭证）在形状和性质上都不同，图书是正方形的印章，而通信符是骑缝章。在图书上刻有渡海者的名字，如果朝鲜王朝改元，则必须重新颁发，而通信符则没有这种限制。

## 七　朝鲜遣日使

与日本的遣朝使相对应，室町时期朝鲜遣往日本的使节也相当之多，文献记载显示，在1394年至1461年将近70年的时间里，朝鲜共遣赴日使节52次。从派遣名义来看，主要有：回礼使（15次），通信使（9次），敬差官（调查员）（6次），报聘使（5次）。从使节身份来看，以政府官员为主，尤其是军官占据重要份额，此外偶然还有僧人和降倭。使节交涉的对象上至幕府将军，下至大名，其中以一岐、对马两岛最多。具体遣使情况见表7-6。

表7-6　　　　　　　　　　朝鲜遣日使节一览

| 时间 | 派遣名义 | 使节姓名 | 派遣对象 |
|---|---|---|---|
| 1394年5月28日抵日 | 回礼使 | 金巨源、僧梵明 | 九州节度使（今川了俊） |
| 1394年10月11日派遣，翌年7月20日抵日 | 回礼使 | 崔龙苏（前工曹典书） | 镇西节度使（今川了俊） |
| 1395年12月14日回国 | 回礼使 | 金积善（户曹典书） | 九州节度使（今川了俊） |
| 1397年2月9日抵日 | 不明 | 朴仁贵（通事、前司宰少监） | 对马岛 |
| 1397年5月6日派遣 | 不明 | 朴仁贵（前司宰少监） | 对马岛 |
| 1397年12月25日派遣，1399年5月回国 | 回答使、通信使 | 朴惇之（前秘书监） | 大内义弘、日本国王（足利义满） |
| 1399年8月26日派遣 | 报聘使 | 崔云嗣（户曹典书） | 日本大将军（足利义满） |
| 1400年 | 回礼使 | 尹铭 | 对马岛、一岐岛 |
| 1401年 | 不明 | 朴惇之（检校参赞） | 日本 |
| 1401年 | 不明 | 李艺 | 对马岛、一岐岛 |
| 1402年7月11日致书 | 回礼使（？） | 赵汉 | 日本大将军 |
| 1404年4月25日派遣 | 报聘使 | 吕义孙（典书） | 日本国王（足利道义） |
| 1406年2月20日派遣 | 报聘使 | 尹铭（检校工曹参议） | 日本国王（足利道义） |
| 1406年3月29日派遣 | 不明 | 不明 | 对马岛守护 |
| 1406年闰7月3日回国 | 回礼官 | 李艺 | 日本 |
| 1407年10月19日派遣 | 不明 | 李台贵（判礼宾寺事） | 对马岛守护 |
| 1408年3月14日回国 | 通信官 | 朴和 | 日本 |
| 1408年5月10日回国 | 回礼官 | 金恕 | 日本 |
| 1408年5月12日回国 | 客人护送官 | 李春发 | 一岐志佐氏 |
| 1408年5月22日回国 | 回礼官 | 崔在田 | 大内氏 |
| 1408年8月1日派遣 | 报聘使 | 金浃（前书云观丞） | 大内氏 |
| 1408年11月16日回国 | 不明 | 平道全（护军） | 对马岛 |
| 1409年2月派遣，翌年4月14日回国 | 回礼官 | 朴和（司直） | 一岐志佐氏（源秋高） |

续表

| 时间 | 派遣名义 | 使节姓名 | 派遣对象 |
|---|---|---|---|
| 1409年4月21日派遣 | 报聘使 | 平道全（护军） | 对马岛 |
| 1410年2月4日派遣，翌年1月26日回国 | 回礼使 | 梁需（礼曹左参议集贤殿学士）① | 日本国王（足利道义） |
| 1410年5月13日派遣 | 不明 | 李艺（前护军） | 对马岛主 |
| 1411年9月11日派遣 | 不明 | 平道全（护军） | 对马岛主 |
| 1413年6月16日派遣，11月24日复命 | 通信官、回礼官 | 朴楚（前万户） | 一岐志佐氏、对马岛主 |
| 1413年12月1日派遣 | 通信官、通信使 | 朴贲（检校工曹参议） | 日本国王（足利义持） |
| 1414年8月7日派遣 | 不明 | 池温（降倭） | 对马岛主 |
| 1416年7月3日 | 不明 | 平道全（?） | 对马岛主 |
| 1418年4月24日派遣，翌年8月24日回国 | 敬差官 | 李艺（行司直） | 对马岛主 |
| 1420年闰1月15日派遣，10月25日复命 | 回礼使 | 宋希璟（仁宁府少尹） | 日本国王（源义持） |
| 1422年12月20日派遣，翌年12月4日复命 | 回礼使 | 朴熙中（典农事尹）、李艺（护军）、吴敬之（奉礼郎）、尹仁甫（通事） | 日本国王（源义持） |
| 1424年2月7日辞，12月4日复命 | 回礼使 | 朴安臣（判缮工监事）、李艺（大护军）、孔达、崔古音、朴忱 | 日本国王（源义持） |
| 1426年2月12日辞，5月21日复命 | 赐物管押使 | 李艺（大护军） | 对马岛、石见州 |
| 1428年12月7日出发，翌年12月3日回国 | 通信使 | 朴瑞生（大司成）、李艺（大护军）、金克柔（前副校理） | 日本国王（源义持） |

① 东京国立博物馆藏有一幅名为《芭蕉夜雨图》的纸本墨画，作画时间为应永十七年（1410），作画者不详，上有太白真玄、叔英宗播、猷中昌宣、无文梵章、惟肖得岩、谦岩原冲、惟忠通恕、愕隐慧奫、敬叟彦轼、玉畹梵芳、西胤俊承、严中周噩十二名五山禅僧的题赞，此外还有武将山名时熙、朝鲜国梁需的题赞。根据别幅上的仲方圆伊和作者的题跋可知，此图是根据南禅寺僧人一华建恕的诗文《秋雨芭蕉》写意而成，并且是赠送给一华建恕的作品。朝鲜使者梁需的署名为"朝鲜国奉礼使通政大夫礼曹左参议集贤殿学士梁需题"，诗名为"游龙山僧舍次韵芭蕉图"，全文如下："雨滴芭蕉秋夜深，拥衾危坐听高吟。远公何处无人问，异国书生万里心（永乐八年八月）"。诗中提及的"远公"是对东晋名僧慧远的尊称，他是继著名高僧道安之后的佛教首领，因其大力弘扬净土法门，被后人尊为净土宗初祖。从诗文内容可见，梁需不仅到访过一华建恕所在的南禅寺，还进行过参禅问道。此外，他有可能还与其他五山禅僧进行过交流（东京国立博物馆、京都国立博物馆、朝日新闻社编：《龟山法皇七〇〇年御忌记念：南禅寺》，朝日新闻社2004年版，第92页）。

续表

| 时间 | 派遣名义 | 使节姓名 | 派遣对象 |
|---|---|---|---|
| 1432年7月26日派遣，翌年10月6日离日 | 回礼使 | 李艺（上护军）、金久冏（护军）、房九成、金元 | 日本国王（源义持） |
| 1438年4月11日派遣，9月18日离日 | 敬差官 | 李艺（金知中枢院事） | 对马岛 |
| 1439年4月27日派遣 | 敬差官 | 不明 | 对马岛 |
| 1439年7月11日辞，翌年5月25日回国 | 通信使 | 高得宗（金知中枢院事）、尹仁甫（上护军）、金礼蒙（副司直） | 日本国王"源义教" |
| 1443年2月21日辞，10月19日复命 | 通信使 | 卞孝文（金知中枢院事）、尹仁甫（上护军）、申叔舟、曹伸 | 日本国王 |
| 1443年6月14日派遣 | 不明 | 尹仁绍 | 对马岛 |
| 1443年7月18日辞，11月15日复命 | 体察使 | 李艺（金知中枢院事）、牟恂（护军） | 对马岛 |
| 1443年8月2日辞，翌年4月30日回国 | 招抚使 | 康劝善、皮尚宜（通事） | 一岐岛 |
| 1447年3月16日派遣，5月6日复命 | 敬差官 | 曹汇（前兵曹佐郎） | 对马岛 |
| 1448年5月20日派遣，7月5日回国 | 不明 | 皮尚宜（司译院判官） | 一岐岛 |
| 1453年8月4日派遣，10月17日复命 | 致奠官、致赙官 | 李坚义（守成均司艺） | 对马岛 |
| 1454年12月7日派遣，翌年4月12日复命 | 通信使 | 元孝然（金知中枢院事）、皮尚宜（通事） | 对马岛 |
| 1459年8月23日派遣 | 通信使 | 宋处俭（金知中枢院事）、李从实（行护军）、李觐（宗簿主簿） | 日本国王（源义政） |
| 1461年4月22日派遣 | 宣慰使 | 皮尚宜（上护军） | 对马岛 |
| 1461年7月11日派遣 | 敬差官 | 金致元（行上护军）、金瓘（都官佐郎） | 对马岛 |

资料来源：表格主要根据中村荣孝《日本と朝鲜》（日本历史新书，至文堂1966年版）以及韩文钟《朝鲜前期对日外交政策研究》（全北大学校大学院史学科博士学位论文，1996年）编制而成。

通信使离开汉城后，在釜山登船渡海，经过佐须浦、西泊浦，到日本对马岛府中（严原港），然后经过一岐岛、蓝岛、南泊浦、赤间关、室隅（向岛）、上关、津和（津和地岛）、蒲刈（下蒲刈）、忠海岛、

◆ 坐看风云起

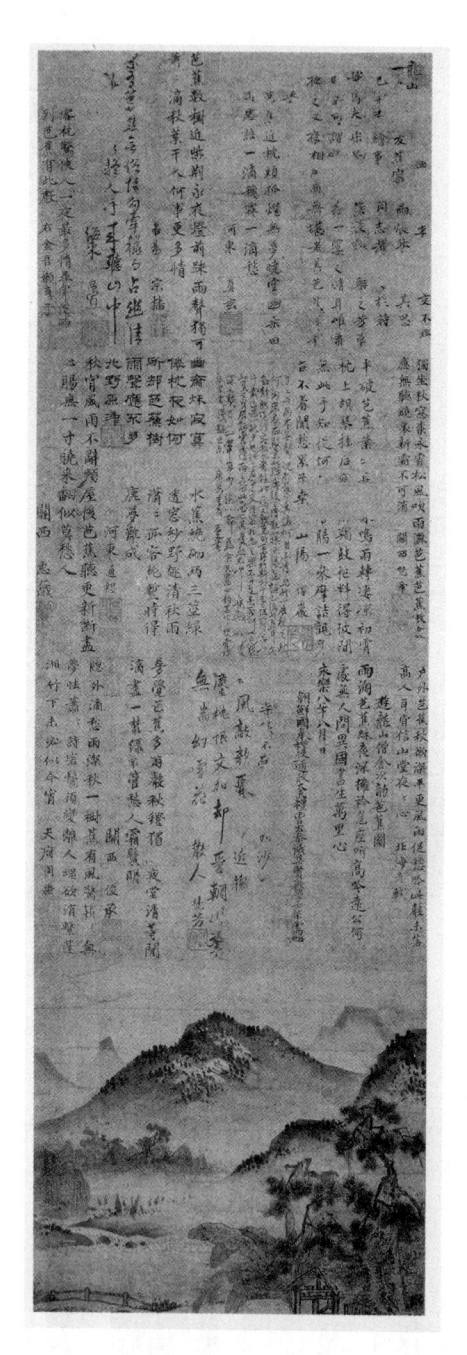

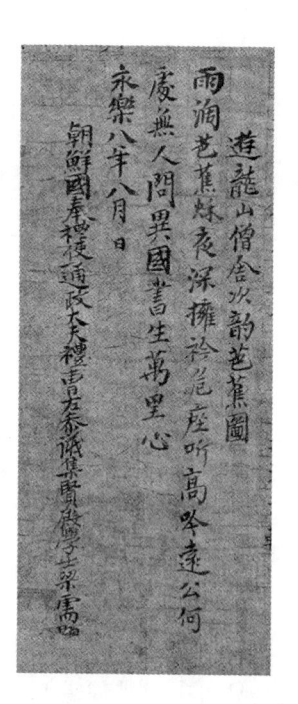

图7-6 《芭蕉夜雨图》（左）与朝鲜奉礼使梁需的画赞（右）

韬浦（鞆）、日比、牛窗、室津、兵库、大阪，沿着淀川抵达京都。稍作休整的通信使从京都出发后，历经大津、森山、八幡山、彦根城、今须、大垣、洲股、名护屋（名古屋）、鸣海、冈崎、赤坂、荒井（新居）、滨松、见付、骏河州、吉原、三岛、箱根岭、小田原、大矶、藤泽、神奈川、品川，最后抵达江户。

## 第四节　与琉球的关系

### 一　四封书信

记载室町幕府与琉球王国交流的最古老的史料，应是收录在1548年成书的《运步色叶集》中足利将军给琉球国王的四封书信，其中最早的一封是幕府将军足利义持写给琉球王尚思绍的，日期是日本应永二十一年（1414）十一月二十五日。义持在信中把琉球的官方贸易称为"贡物"。永享十一年（1439）足利义教在其写给尚巴志的信函中，也把琉球贸易称作"贡物"。这些书信表明，15世纪初至15世纪中期，琉球和日本的室町将军之间有过多次的使者互派。从书信的文字来看，琉球王给室町将军的书信不是用纯汉语写成的，而是使用和式汉文。可见，琉球王府中已经有日本人被登用出仕，其中有禅僧、商人和擅长语言之人，他们从事琉球王国的外交、贸易以及那霸地区的行政管理等工作。同样，室町将军给琉球王的书信是用假名文字书写而成的。它由幕府政所负责，而区别于日本与明朝、朝鲜的交往，也就是说它不是由五山禅僧担任的。

对这四封书信，日本学者田中健夫早就在《从书信格式看足利将军和琉球国王的关系》[①] 一文中进行了披露和研究。和田中健夫一样，日本学者黑嶋敏、高良仓吉等也认为，15世纪的琉球王和足利将军之间是一种不对等的上下关系，即足利将军居上位，琉球王居下

---

① 田中健夫：《文書の様式より見た足利将軍と琉球国王の関係》，载《対外関係と文化交流》，思文阁1982年版。

位,且这种关系不是一方决定的,而是双方达成了共识的。但是,我国研究者何慈毅在对田中健夫的研究提出质疑的同时,指出15—16世纪琉球和日本的关系基本上是对等的。琉球王国在统一之后,国王给日本的书信大致采用没有下意上传含义的"疏"的格式。日本室町幕府也很尊重琉球王国在明朝册封体系中的地位,尽管室町将军致琉球国王书以日本假名书写,并采用了将军在国内处理私人事务时所用的御内书格式,但这并不表示两者之间存在"半是外国半是家臣"的上下关系。相反,结束用语的不同,年号的使用以及"德有邻"印章的使用,说明室町幕府视琉球王国为其"亲善交邻"的对象。①

## 二 万国津梁

1450年,日本五山禅僧芥隐承琥(又名"芥隐西堂",一说京都人)为了究明佛理决意赴中国,不料却阴错阳差到了琉球。来到琉球的芥隐承琥于是积极弘扬佛教,主持营建了很多寺院,并劝说国王皈依佛门。此外,他还主持铸造梵钟悬挂于各大寺院。其中,1458年6月19日奉琉球王尚泰久之命铸造的梵钟最为著名,即传世的"万国津梁之钟"。其铭文开头有"琉球国者南海胜地,而钟三韩之秀,以大明为辅车,以日域为唇齿,在此二中间涌出之蓬莱岛也"之句,意思是说,琉球国汇集了朝鲜的优点,与明朝犹如颊骨和齿床的关系,互相依靠。而与日本的关系犹如唇齿,两者相依。琉球就是介于中国和日本之间的一座蓬莱岛屿。这段文字不仅反映出琉球王国当时的一种东亚秩序观,而且表明,其认为自己与日本的关系虽然密切但不是从属关系,而是相互依存的关系。

由于琉球地处独特的地理位置,商人的络绎往来使那霸成为一座颇有国际性氛围的城市。15世纪中期的久米村内琉球人、中国人、朝鲜人、日本人杂居在一起,而中国人已经形其成独特的居留地,并且由总理唐荣司这个组织的首长统一管辖。

---

① 何慈毅:《明清时期琉球日本关系史》,江苏古籍出版社2002年版,第42页。

第七章　室町时代的外交

图 7-7　冲绳县立博物馆内的万国津梁之钟（笔者摄于 2010 年 4 月）

记载日本人在那霸形成居留地的最早史料是冲绳县立博物馆所藏的《琉球国图》。根据此图的记述可知，在 15—16 世纪，那霸地区杂居着日本人。他们来到琉球的航路主要有三条：第一条是从南九州地区到琉球；第二条是从畿内通过濑户内海、土佐并经由南九州抵达琉球；第三条是从北陆通过日本海经由南九州奔赴琉球。①

### 三　贸易往来

16 世纪末之前，琉球对于日本的海外贸易来说有着不可或缺的存在价值。当时明朝实行海禁政策，其与亚洲各国的贸易受到限制，同时，日本也未能直接和东南亚诸国进行贸易的往来，所以琉球王国

---

① 上里隆史：《琉球那霸の港町と「倭人」居留地》，载小野正敏、五味文彦、萩原三雄编《考古学と中世研究 3・中世の対外交流——場・人・技術》，高志书院 2006 年版，第 95 页。

就成为当时连接日本和东南亚诸国的纽带了。因此，在琉球船只运往东南亚诸国的商品中，除大量的中国物品外，也有不少日本特产，如日本刀、扇子等。

据《镰仓大日记》的记载，1403年"琉球国船六浦流来"①，"六浦"是相模国港口。使用"流来"两字，日本学者认为是琉球船只明确奔着日本而来，但笔者认为极有可能是"漂来"之意。记载中还提到船中有音乐，可见是大型船，因此极有可能是明朝赐给琉球国的朝贡船只。

之后，随着与室町幕府交往的频繁化，琉球王国的船只已经开赴兵库、博多、坊津等贸易港，贩卖中国以及东南亚的商品，然后采购日本特产。随着时代的发展，日本的贸易船只主动驶向那霸港，在这里以日本商品直接换取中国或东南亚国家的物品。

尚德即位之际，岛津立久特送《太平书》以示祝贺。天顺五年（1461）六月三日，琉球国王尚德回赠给"三州太王"（岛津立久）"段子八匹"等物。这在《旧记杂录前编》等史料中有记载。②《室町纪略》"文正元年七月二十五日"条中记载说，那年琉球官人赴京都参谒幕府将军，并奉献方物。离京之际，鸣放铁炮两响，惊动了京都人。当然，这里的铁炮应该不是70年后传至种子岛的铁炮，可能是一种电光火箭之类的东西。③顺便交代一下，在日本文献《佐佐木家谱》中记载说，有一个叫"长口子"的中国人把南蛮（现在东南亚一带的总称）的铁炮带到了琉球，再从琉球传到了日本的种子岛。当然这种观点有待进一步确认。④

---

① 《增補續史料大成》第51卷《鎌倉年代記・武家年代記・鎌倉大日記》，临川书店1986年版，第233页。中国台湾学者郑梁生在《日本中世史》（三民书局2009年版，第196页）中认为，日本应永六年（1399）琉球船只漂流至武藏国六浦，五年后，琉球使节似至室町幕府，但难究其详。琉球船只至日本能考察者为应永二十一年（1414）以后。

② 关周一：《中世の唐物と伝来技術》，吉川弘文馆2015年版，第39—40页。

③ 服部四郎、仲宗根政善、外间守善编：《伊波普猷全集》第2卷，平凡社1974年版，第56页。

④ 同上。

葡萄牙人费尔南·门德斯·平托（Fernao Mendes Pinto）在其《游记》（*Peregrinacao*）中记载，他到日本种子岛之际，岛上有琉球妇女当翻译，所以一切活动进展顺利。① 平托是于1537—1558年乘船出发赴"远东"冒险的，在这漫长的21年间，他到过中国的双屿港（Portas de Liampo）、舟山定海、日本的种子岛、印度、马六甲、伊朗的霍尔木兹以及苏门答腊等地。②

图7-8 葡萄牙冒险家平托（1509—1583）

"应仁之乱"以后，琉球的贸易船只不再驶入畿内地区，这给堺市商人带来了直接与琉球进行贸易从而获利的极大商机。文明三年（1471），幕府致书萨摩的岛津立久，限制堺市船只前往琉球进行贸

---

① 服部四郎、仲宗根政善、外间守善编：《伊波普猷全集》第2卷，平凡社1974年版，第56页。
② 高倩：《一个葡萄牙冒险家的传奇——平托和他的游记》，《国际汉学》2000年第2期。

易。从此，萨摩藩掌控了对琉贸易的特权。琉球对日贸易的船只被限定在九州的西海岸，坊津和博多成了日本对外贸易的中心。① 文明六年，豪商汤本宣阿、小嶋三郎左卫门等亲自赴琉球进行贸易活动。

在堺市环濠都市遗址出土文物中，有一产自泰国的黑釉四耳壶引起了关注。这类壶主要出土地集中在现今的冲绳诸岛及博多、堺市等港口城市，学者们认为，这与日琉间的贸易有关。泰国黑釉四耳壶的主要制作地阿瑜陀耶是阿瑜陀耶王国的首都，也是国际化的贸易港口城市，据《历代宝案》的记载，1425年至1570年，共有将近60艘琉球船只奔赴阿瑜陀耶，运回了大量的商品。上文提到的黑釉四耳壶就是琉球中介贸易的商品之一，它们因日琉贸易而被带到了日本的高知、堺市等处。在堺市周边还出土了被用作炊饭器具的同类陶壶。可见，从泰国的阿瑜陀耶到琉球，再由琉球到堺市，似乎张开了一张覆盖广大东亚海域的贸易网络。②

琉球和朝鲜的交流始于14世纪末。起初，琉球船只直接渡海开赴朝鲜进行外交和贸易活动。但是这条航线上存在着博多、对马等日本九州的贸易势力，还会不时受到倭寇的袭击。因此，到了15世纪中期，琉球几乎不直接派遣船只去朝鲜，使者往往乘坐来那霸的日本商船赴朝鲜，或者干脆让日本人作为琉球使者出使朝鲜。其中最有代表性的人物就是大友氏势力下的道安，他原本是博多海商，曾三次受琉球王之托作为琉球使节出使朝鲜。

## 四　文化交流

琉球王国在倾倒于中国文化的同时，对日本的文化也有着关注。琉球王国现存的最古老的文字资料，即官撰的古代歌谣集《神歌册子》（原名《おもろさうし》，22卷，1554首，1531—1623年）就是用假名和汉字两种文字写成，并以假名为主的。此外，仅存五十九

---

① 米庆余：《琉球历史研究》，天津人民出版社1998年版，第54—55页。
② 续伸一郎：《陶器片の分析で解明されたタイ・琉球・堺の貿易ルート》，《日本の歷史》（26），朝日新闻社2013年版。

件的"古琉球辞令书",即琉球王颁发的诏书也是以假名为主作成的,可见琉球文化和日本文化之间有着极强的亲和性,这在像《历代宝案》这样的汉文资料的世界里是难以发觉的。

当然,在室町幕府时期日本与琉球的文化交流中,佛教也扮演着重要的角色。前面提到的芥隐和尚就是其中的代表人物之一。

出生于日本京都的芥隐是临济宗五山的禅僧,嗣法椿庭海寿。到了琉球以后,芥隐暂住那霸的若狭町,当时的国王尚泰久因慕其法,于1456年营建了广严寺,接着普门寺、天龙寺等寺院也相继完工。之后的国王——尚德、尚圆、尚真都在其各自执政过程中与佛教关系很近,这种政教并行的政策,持续了将近四十年,直至1495年芥隐圆寂为止。

芥隐出任开山的寺院很多,除广严寺外,主要还有圆觉寺、天王寺、崇元寺和龙福寺。圆觉寺完工于1494年,是祭祀王家祖先之处。天王寺建于成化年间(1447—1487),是安放先王妃子、夫人等的牌位之处。崇元寺的创建年代不详,大概在宣德年间至成化年间,它是历代先王的宗庙。龙福寺原是禅鉴和尚所建,荒废后由芥隐重振。此外,芥隐还积极铸造梵钟,仅在1456年至1459年就铸造了二十多座梵钟而悬挂于各大寺院中。

同时,琉球王国的禅僧和京都五山的僧侣之间也存有比较亲密的交流网络,两者不仅互赠汉诗,而且人员往来也不少,如五山僧侣曾到琉球王国进行弘法,而琉球禅僧则亲赴五山进行修行等。根据《荫凉轩日录》"文正元年八月一日、五日"条的记载,文正元年(1466),作为琉球国正使的芥隐西堂向荫凉轩主季琼真蕊赠送了"梅月大轴"和"南蛮酒小樽"。而"梅月大轴"是明廷赠送给琉球国王的画轴,是应日本要求而特意转呈给幕府将军的。这件事在《季琼日录》的"文正元年丙戌八月五日"条中也有相同记载:

　　琉球国芥隐西堂偶来,话刻移,语愚老曰:"先所赠之梅月大轴者,自大唐国赠于琉球国王之画轴也。今度此方来朝之次乞之持来，仍与于愚云。"然则千万里之志所之不亦幸乎。又平日爱梅，尚为喜也。①

虽然不知道明朝赠予琉球国王的"梅月大轴"究竟是怎样一幅画轴，但经由琉球王国传递中国文化，也是当时中日之间甚至是东亚之间文化传播的一种常见模式。此外，大内氏和琉球之间也存在较为频繁的人、物交流。

尽管佛教传入琉球王国后，给统治阶级带来了很大影响，但还是没能在一般民众的心里扎根落脚。

根据1605年成书的《琉球神道记》记载，古琉球时期有七大神社，其中六个是熊野权现②，一个是八幡大菩萨。可见，熊野权现在琉球的影响之大。这大概主要是由于熊野社在海上的频繁活动。不仅是熊野信仰，神道也因往来于琉日之间的那些民间宗教者的活动，而于15世纪前传至琉球。

此外，琉球在中日交流之间也扮演着重要的角色，其所起的作用与影响主要表现在：第一，在中日交流不通之时，琉球发挥中介作用，即来回传递明朝与日本两国的表文，传达两国的外交政策以助建交。第二，协助中日解决嘉靖二年"宁波争贡之乱"的遗留问题。第三，送还被倭寇掳去的明朝子民。第四，向明朝报告倭警，协助剿倭等。③

## 第五节　与南蛮的关系

1391年，暹罗国王的使者抵达高丽，这位使者表示之前曾在日

---

① 季琼真蕊《季琼日录》"文正元年丙戌八月五日"条，国际日本文化研究中心藏本。

② 所谓"熊野权现"是指熊野三山（熊野本宫大社、熊野速玉大社、熊野那智大社）祭祀的神灵，受本地进一步解释思想的影响，而称之为"进一步解释"。一休宗纯曾作偈颂《嘲熊野权现》一首，来讽刺这种信仰，全文如下："垂迹三山榎本头，百由旬瀑直飞流。室郡休道马不进，徐福精神物外游。"（殷旭民点校：《一休和尚诗集》，华东师范大学出版社2008年版，第58页）

③ 陈小法：《明代中日文化交流史研究》，商务印书馆2011年版，第431页。

本待过一年。可见，该时期的日本已经与东南亚人有了接触。1393年，暹罗人陪同朝鲜使节一起出访日本，但是一行人遭遇了倭寇，所有行李被劫，部分人丧失了性命。1406 年，爪哇船只到达朝鲜，结果同样遭遇了倭寇，船上的苏芳、胡椒、龙脑、沉香、鹦鹉、孔雀等货物被洗劫一空，21 人在与倭寇的搏斗中死亡，61 人成为俘虏，40人得以幸免逃到了朝鲜。而就在这一年，对马岛主宗贞茂（？—1418）向朝鲜赠送了苏芳、胡椒、孔雀，并毫无隐讳地说，这些物品是从爪哇使船上掠夺而得的。[①]

2008 年，美国进行总统大选，小浜市政府得知其中一位有力的下任总统候选人和自己城市的名称一样时，立即表明支持该竞选者获胜，这就是贝拉克·奥巴马（Barack Obama）。而原本名不见经传的小浜也因奥巴马的获胜被彼岸的众多美国人所知。

小浜是一个位于福井县西部、面临若狭湾的古老城镇，是古代若狭国府所在地。它是日本海岸重要的港口和渔业根据地，这里盛产若狭漆器、玛瑙等。

根据记录该地区大事的《若狭国税所今富名领主代代次第》的记载，在 15 世纪初就有南蛮船只先后两次到过小浜。所谓南蛮，日本历史上一般是对暹罗、吕宋、爪哇以及其他南洋诸岛的总称。关于南蛮船的出发港，存在两种主张：一种认为是巨港，即现在印度尼西亚的苏门答腊岛；另一种认为是爪哇。但"巨港说"略占上风。

南蛮船只第一次来到小浜的时间是日本应永十五年（1408）六月二十二日。船只的派遣者是一位名为"亚烈进卿"的帝王，携有《致日本国王书》。送给日本国王的礼物有黑象一头、山马一匹、孔雀两对、鹦鹉两对等。使节一行住在一位名叫本阿弥的人所经营的旅馆中。这一年的十一月十八日，因遭受台风船只被损，直到翌年才得以重造新船，十月一日离开小浜驶向明朝。

---

① Charlotte Von Verschuer：《モノが語る 日本対外交易史（七－十六世紀）》，河内春人译，藤原书店 2011 年版，第 246 页。

图 7-9 小浜的著名风观苏洞门

其实，自称"亚烈进卿"的这位国王很有可能是时任巨港宣慰使的华人施进卿。"亚烈"可能是"AL"，"AL"常被冠于阿拉伯人或伊斯兰教徒之名前。亚烈进卿原籍中国，为当时巨港的华侨领袖之一。另一华侨领袖陈祖义与亚烈进卿不和，使得亚烈进卿有压迫感。1406 年，郑和下西洋之际，进卿向郑和诉说陈祖义的横暴，请求协助。于是郑和面谕陈祖义，劝其服从皇帝之命，不料陈祖义竟袭击明军。郑和应战，杀陈党五千余人，并俘虏了陈祖义。于是，巨港便由亚烈进卿掌控。因此，南蛮首次抵达日本的船只，极有可能为亚烈进卿所派，遗憾的是，当时的日本只专心于对明贸易，对东南亚尚未表示关心，首次交往因此结束。①

第二次是在应永十九年（1412）六月二十一日，两艘南蛮船靠岸后还是住在本阿弥旅馆，并于同年八月二十九日离开。相关书籍中记

---

① 郑梁生：《日本中世史》，三民书局 2009 年版，第 188 页。

录有此次南蛮船来访时进献室町幕府将军的礼物清单。①

从上述两起南蛮船只抵达小浜的经过分析，这些船只并不是偶然漂流而至，而是最初就持有递呈室町将军外交文书的有组织行为。至于南蛮船只为何选择小浜，其中原因不得而知。但笔者认为，一是由于小浜优越的地理位置，二是世界大航海趋势的必然影响。

第三次是在应永二十六年（1419），船只是旧港宣慰使施进卿之子施济孙所遣。根据高柳光寿的介绍，船只的目的地是博多，在途中由于害怕受到海贼的攻击，选择在萨摩的川边郡泊津登陆。得到报告的京都幕府通过九州探题涉川道镇通知町田飞骅守家久，命令其护送船只至兵库。②

但在《满济准后日记》"应永二十五年八月十八日"条中记载，此年有从南蛮进贡的物品，具体包括"沈、象牙、藤以下等等"。因此，也有学者主张本次南蛮到日本的时间为1418年（即应永二十五年）。③

但是正是由于这艘南蛮船"不请自来"的造访，让日本人着实虚惊了一场。因为《看闻御记》"应永二十六年七月"条中，详细记载了"唐人来袭萨摩"的战斗过程。一向受日本人尊敬的唐人此时"有如鬼形者，以人力难责云云。浮海上异贼八万余艘之由大内方先注进到来"。可见，遇到战事时，唐人也成"鬼形"了。当然，这里描述的唐人与"国人"在萨摩的合战纯粹是谣传，其起因很有可能就是上述这艘南蛮船避难萨摩国阿多氏领地这一事件。④

上述船只在1420年4月之前离开萨摩开赴兵库，之后去向不明。但是有记录表明，8月前后有一艘琉球船通过蒲刈，实际上这艘船很有可能就是那艘去向不明的南蛮船。

---

① 大石直正、高良仓吉、高桥公明：《周缘から见た中世日本》，讲谈社2001年版，第323—325页。

② 高柳光寿：《应永年间における南蛮船来航の文书について》，《史学雑誌》43—8，1932年。

③ 关周一：《中世の唐物と伝来技术》，吉川弘文馆2015年版，第28页。

④ 同上书，第205页。

当时由于从旧港到日本距离太远，一般经由琉球作一小憩，然后让琉球人带路一起开往日本。船上乘员既有"南蛮人"，又有琉球人，所以日本文献记载上有时称此类船为"南蛮船"，有时又将其称为"琉球船"。

# 第八章

# 室町时代的社会生活

近来，在论及室町时代社会体制之际，"室町时代庄园制论"越来越受到重视。这种观点认为，南北朝时期濒临解体的庄园制，随着战乱的结束得到了再生，其前提是各守护要求"分国"内的庄园为战争提供必要的人力、粮食。①

## 第一节 守护和国人

守护也称"大名"，其管理的国家也称"分国"或"领国"。分国的治理权是幕府委任的，幕府根据统治战略决定所配置的守护及其职权，守护无法脱离幕府而自立。因此，分国的治理方式应是"幕府—守护体制"，而不是"守护领国制"。

室町时代的守护任命权由幕府掌握，所以遍布全国各地的守护是支撑室町幕府的重要支柱。室町时代的守护不仅继承了镰仓时代的检察审判和统治御家人两大权力，还掌握了军事指挥权、地租折半（半济）权、收割纠纷处理权（刈田狼藉权）、土地纠纷裁判权（使节尊行权）和课税征收权（催免权）等。因此，其在分国内的地位迅速上升。

---

① 吴座勇一：《南北朝期、危機に瀕した荘園制は室町期に再生した》，《日本の歴史》(23)，朝日新闻社2013年版。

室町时代的守护主要可分为"在京守护"和"非在京守护"。在京守护必须在京都和其领地分别安置家臣团，京都家臣团被称为"内众"，其领地家臣团被称为"国众"。非在京守护的家臣团被称为"年寄"，是非在京守护的主要辅助者。幕府规定，守护原则上必须居留京都，不得擅自居住于领国。因此，守护只得将权力下放给当地家臣，使得"守护代"成为当时真正的领国统治者。

所谓"国人"一般指当地的武士。在南北朝至室町时代，"国人"也是对各国本地领主的一般称谓，有时也包括该领国本地领主的家臣。因守护是由外而入的官员，所以"国人"也有"本地人"的意思。但是要注意的是，在南北朝时期，武士和恶党之间很难划清界限，根据战势随时投降和叛变的武士屡见不鲜。南北朝中期以后，文献中关于恶党的记载几乎绝迹，而"国人"一词频频亮相，这说明当时"恶党"已摇身变为"国人"了。日本中世纪是个"一揆"的时代，常说的"国人一揆"实际上具有类似"恶党"的性质。

守护为了加强对其领国的统治，必须把其领国内的武士、国人家臣化，建立一种稳定的主从关系。但是纵观整个室町时代，这种稳定关系并没有被确立，也就是说国人一直保持着相对的独立性。"守护使不入权"就是国人抗衡守护的表现之一。

## 第二节　衣食住

### 一　衣装

南北朝时期，地方武士的吃穿以粗食粗布为主，没有多少讲究，只是渴望能在战场上荣立功名。可是，建武新政以后，地方的武士们开始追求奢华的生活，一个个身着华服阔步都城街头。于是，新政府制定了服装令，严禁穿金戴银，禁止使用金银刀剑、马鞍。

除了某些特别的场合以外，公家服饰一般根据身份穿着"束带（正装）""直衣（便装）""狩衣（猎装）""直垂（礼服）"等，很多时候也穿着乌帽子、素袄、裤裙，后来出现了肩衣和半袴，一种被称为"大纹"的礼服也开始登场。

百姓的服装以短小的劳动服为主,男子也穿"袴(裙裤)"。一些人还模仿武士的发型,致使民间开始流行"月代",因此不戴"乌帽子"而露出发髻的渐次增多。而"素袄"原本是下级武士的服装,粗布一色,没有花纹,常有色差,而此时也开始被一般庶民作为礼服着用。

"狩衣",顾名思义是猎鹰时穿的礼服,也曾是公家的便服,而此时成为武士陪臣的礼服。

女子服饰也类似男子,礼服流行窄袖,开始使用腰带。外出时要戴"市女笠",否则还是要穿用"贯头衣",即上衣从头披戴。

## 二 饮食

室町时代日食三餐开始普及,但室町时代的饮食和习惯在总体上与前代相比没有很大变化,仍主要以大米为主食。一般有蒸笼蒸的糯米饭和土灶烧的软饭两种,糯米饭主要用于仪式中,而平日常食的是软饭。为了节约,软饭中多半混有蔬菜、板栗、小米等;喜庆的时候,也烧红豆米饭;7月15日的盂兰盆节之际,还流行吃莲叶包饭。这些风俗,即使是在今天的日本还可以见到。

副食品中蔬菜的种类与今天也无大别。战国时代武将斋藤利纲的《家中竹马记》中称"鱼中首屈一指者为鲤",即以鲤鱼为美味,其他主要还有鲫鱼、鳗鱼、泥鳅等淡水鱼,这主要是因为它们比较容易得手。[①] 此外,还有鲷、马哈、虹鳟、青花、虾、蛤蜊、乌贼等海产品。在烹饪方法方面,除了生食外,还有烩、煮、烤等。

受佛教思想的影响,在室町时代人们的饮食结构中,肉类占比较小。但是,雉、雁、云雀、野鸭等还是有人食用的,鹿、野猪、狐狸、鲸等也常常出现在餐桌上。"应仁之乱"后,肉食禁忌被打破,促成了烹饪法的进步,而生食、汤、煮、烧烤、煎、蒸、腌制等日本

---

① 斋藤利纲:《家中竹马记》,鹿儿岛大学附属图书馆藏写本,第60页。

的基本料理法在这一时期已齐备。酱油问世前，生鱼片是通过蘸芥末醋、姜醋进行解毒的。

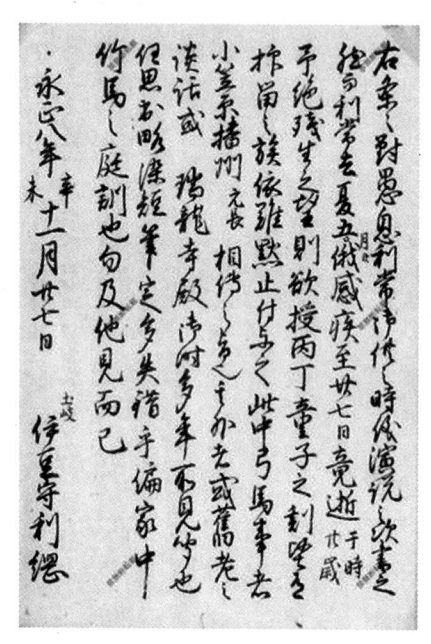

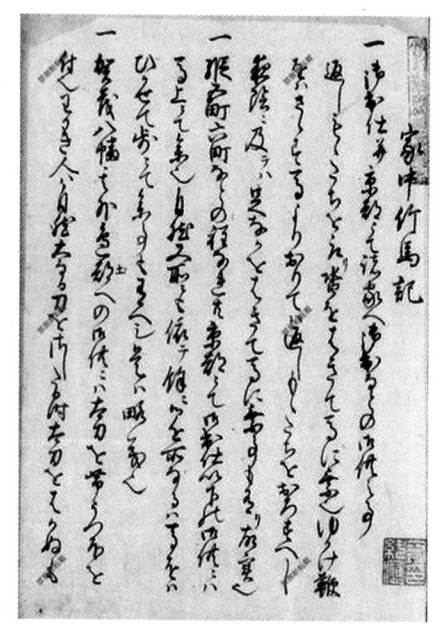

图 8-1 斋藤利纲《家中竹马记》的首页和尾页
（鹿儿岛大学附属图书馆藏写本）

1563 年赴日的传教士路易斯·弗洛伊斯（Luis Frois）认为当时的日本人有吃猫肉、生食猪肉的习俗。根据现代人的分析，弗洛伊斯所谓的猫，很有可能是水獭。而生食猪肉之俗则未见其他文献有所记载。

而吃狗肉的习惯在后崇光院所著的《看闻御记》"应永八年（1401）十二月十日"等条目中有所记载，不过主要是作为药用，并非一般食用。这一时期，由于基督教的传入，日本的烹饪方法也有所变化：用油清炒、饮用牛奶等也普及至一般庶民。禅僧喜爱的素斋，此时也已出现。

还有一点就是当时的人很喜欢煲汤,甚至是到了无汤不欢的地步。一般会用汤汁下酒、待客,汤料有鲸、狐狸、鲤鱼、鲫鱼等。

时人好酒,有客来访时,必陈汤汁、面食、年糕类以下酒,因此酒豪较多。随便翻阅当时公家、僧侣的日记就可以发现,类似"酩酊大醉"的记录较为常见。足利氏的历代将军,几乎都整天沉迷于觥筹交错之中,因此身亡的也不在少数。当时饮用的多为浊酒,不过也有京酒、地方酒之分。

调味料中值得注意的是当时已经使用砂糖。食物中,不仅有鱼糕、腌香鱼、腌鱼寿司、豆腐等,也有面包、饼干之类的外来食物。随着食品种类的丰富,烹饪方法和饮食礼仪也不断进步发展,并且出现了这方面的专门书籍,如《四条流庖丁闻书》《武家调味故实》《大草流料理书》《庖丁闻书》等。

### 三 居住

平安时代的"寝殿造"虽然多为独门独户,但是室内的格局基本靠幔帐、帘子隔开,既没有天井,也不铺榻榻米,所以在通风、采光上存在较大缺陷。镰仓时代的"武家造"主要目的是防止外敌入侵,其内部构造与"寝殿造"没有太大区别。

兼好法师在《徒然草》中这样写道:"修建住房,当主要考虑夏日的舒适。冬天什么地方都可以住,夏天却炎热潮湿,如果住所不舒适,是极其难熬的。庭院里的池子水太深,就没有清凉之感,潺潺的浅流,才让人感觉清凉无限。如果要让室内之物秋毫可辨,则安装遣户的屋子比安装蔀的屋子更敞亮。天井如果太深,容易使冬天的室内森寒阴暗。有一种说法认为,在空余的地方装点些东西,不仅可以增添观赏的趣味,还往往有意想不到的实用。"[①] 兼好法师是镰仓末期的歌人,从他上述的记载可知,当时的建筑中已经出现了天井。

但是,从足利义满时期开始,人们十分注重建筑的格局,通过在

---

① 吉田兼好:《徒然草》,文东译,第52页。

◆ 坐看风云起

住宅中造园、植树、挖池等，引入山水之美，这就是后来著名的"书院造"，现存最早的代表作为银阁寺内的东求堂。"书院造"的最大特点就是利用隔扇、拉门等把房间隔开，而必要时可以自由卸除这些东西，让房间成为一个大通间。

图8-2　银阁寺内的东求堂（国宝）

　　在一些城邑里，还出现了两层的建筑物，屋顶由原来的木板改为瓦片。当然，一般百姓人家大多还是采用茅草顶、木板墙的制式。为了防火，一般会在两户人家之间建造一个叫作"卯建"的防火墙。

　　而到了战国时代，日本建筑的最大特点就是各大名主的城郭建设。如著名的安土城、桃山城、大坂城等，这些建筑一是防止外敌入侵，二是炫耀大名的豪奢。

　　此外，为了防止蚊子叮咬，蚊帐也开始使用，这在防疫方面发挥了重要作用。

　　总之，到了室町时代，日本人在衣食住等日常生活上有了很大发展，同时在精神生活上也有了改善。按理说，这些改善应该有益于人们寿命的延长，但是根据统计，两者之间似乎没有直接关系。据称，镰仓时代日本人的平均寿命为61.4岁，而室町时代的平均寿命却只有60.4岁，反而缩短了一岁。①

## 第三节　疾病和医学

日本学者服部敏良通过对《康富记》《满济准后日记》《看闻御记》《后法兴院记》《亲长卿记》《实隆公记》《荫凉轩日录》《大乘院寺社杂事记》《鹿苑日录》《多闻院日记》《言继卿记》以及《言经卿记》等日记的研究发现，室町时期的疫病和医学情况大致如下：

第一，疾病种类。常见病有感冒、咳嗽、头疼、发烧等呼吸系统方面的疾病。其次就是腹痛、腹泻、呕吐、食欲不振等肠胃疾病，此外还有中风、疟疾、皮肤病、脚气等。基本与平安、镰仓时代的病种一样。特别值得注意的是此时开始流行被称为"虫"和"梅毒"的性病。被称为"虫"的性病在室町时期之初就有记载，是日本独有，不见中国医书记载。而"梅毒"又称"唐疮"或"琉球疮"，据日本文献《月梅录》记载，永正九年（1512）梅毒开始从明朝或琉球传入日本。中国最早感染梅毒的地方是广东，所以梅毒在中国又被称为"广东疮""广疮"，初现时间在16世纪初。琉球把梅毒称为"南蛮疮"，可见琉球的梅毒很可能是直接从南蛮传入的。② 与平安、镰仓时代相比，在包疮、麻疹、腹泻等传染病减少的同时，一种被称为"三日病"的流感成为室町时期主要的传染病。

第二，死亡原因。主要集中在呼吸系统和肠胃系统引起的疾病，没有其他特别原因。死亡的平均年龄在54岁左右。

第三，医疗活动。室町时代初期还是以官医居多，而到了中期以后，民间的优秀医生辈出，其中不乏留学中国的。镰仓时代的医生大多

---

① 服部敏良：《室町安土桃山時代医学史の研究》，吉川弘文館2007年版，第20—21页。

② 服部四郎、仲宗根政善、外间守善编：《伊波普猷全集》第2卷，第61—62页。

由僧侣兼任，但室町时代已经出现专职医生。此外，这一时期还有一个特点，即贵族和文化人非常热心于医疗事业，这大大促进了医学的发展。

第四，医药用品。一条兼良认为家中必备麝香丸、牛黄丸、苏香丸，但是因医生、时代不同，使用的药品有较大区别。①

此外，江户在中世只是海边的一个小渔村，在东京火车站附近曾发现当时居民的骨骸，骨骸旁边书写着室町时代的木牌。遗骸有的装在粗陋的棺木中，但大多数乃以草席包裹而土葬。

## 第四节　风俗习惯

应永二十七年（1420）幕府派遣无涯亮倪出使朝鲜以求取大藏经，朝鲜国王世宗答应了日本的要求，同时派遣文臣宋希璟作为回礼使随同无涯亮倪出访日本。宋希璟一行于同年闰正月十五日离开首尔，四月二十一日抵达京都，六月十六日谒见义持，六月二十七日离京，十月二十五日归国。

宋希璟在其纪行诗文集《老松堂日本行录》中记录了日本各地的许多风俗习惯，虽然记录的一般都是有别于朝鲜的民俗，有些甚至出于猎奇，但对于我们了解 15 世纪日本的社会还是十分有益的。如应永二十七年四月十六日，宋希璟一行来到摄津州兵库时，只见"高低板屋若蜂屯，数日停帆滞海门。殊俗亦能知礼义，殷勤来谒更呈尊"。② 可知，兵库一带当时的木建筑鳞次栉比，港口繁盛非凡。虽然风俗迥异，但相互间礼义通达，相见者更是尊之敬之。

### 一　佛教兴盛

四月二十日，宋希璟离开兵库向京都出发，沿途有两首杂咏：

---

① 服部敏良：《室町安土桃山时代医学史の研究》，吉川弘文馆 2007 年版，第 123—126 页。
② 宋希璟：《老松堂日本行录——朝鮮使節の見た中世日本》，第 209 页。

第八章　室町时代的社会生活

　　其一　　　　　　过利时老美夜店①
　　　　　　处处神堂处处僧，人多游手少畦丁。
　　　　　　虽云耕凿无余事，每听饥民乞食声。
　　其二　　　　　　宿盛加卧②店用前韵
　　　　　　良人男女半为僧，谁是公家役使丁。
　　　　　　未见宾来支对者，唯闻处处诵经声。③

从以上两诗大致可以看出，当时在兵库至京都一带佛教兴盛，有将近一半的男女都出家为僧。即使像朝鲜这样的国家的使节路过时，也不见有人出来应对，只听见到处飘荡着诵经声。因此导致良田荒废，饥民泛滥。

## 二　"不食鱼"

四月二十一日，宋希璟一行抵达京都，通事魏天、御医陈外郎设宴接风。五月一日，在京都访问达十天左右的宋希璟发现日本人有一个特殊风俗，那就是"不食鱼"，具体是这样记载的：

　　日本之人，父母没七七日设斋，后年年遇忌日设斋，至十三年后已。予来深修庵见之。五月初一日始，倭辈不食鱼，问其故，答云是月乃前王没后十三年，忌尽朔，故御所及国人不食鱼，不杀生也……十三年是尽忌年，举国国人不嚼鲜，宾馆亦停鱼肉馔。④

上述史料中的"七七日"即死后第四十九天，"前王"指幕府三代

---

① 利时老美夜店：今兵库县西宫市。
② 盛加卧：摄津国濑川（今大阪市箕面市）。
③ 宋希璟：《老松堂日本行錄——朝鮮使節の見た中世日本》，第209页。
④ 同上书，第214—215页。

· 243 ·

将军足利义满。也就是说，该月是足利义满去世第十三年，因此全国都禁止食用鱼肉，旅馆也不例外。得知日本有该习俗的宋希璟也入乡随俗，三日不食鱼。足利义持得知外国使节也遵守日本习俗，非常高兴。

### 三 "迎王劝觞"

在15世纪的日本，还有一种子孙相传的被宋希璟称为"最奇事"的风俗，那就是"迎王劝觞"，具体情形如下：

> 六月十三日王归甲斐殿，家殿设馈奉物。日本此法乃来年某月某日王归某殿家，其殿别构，迎王之堂。其奉王之物弓剑、鞍马、钱物，别求备畜。又求水陆之味，争相胜。其日王归其第，主人率妻出庭迎之，王率武卫、管领等二三人而来，主妇迎王上堂馈饷，夫于堂外接对宾客。王许入，然后乃入。王醉后入于浴室，主妇随入，去王身垢。此日本子孙相传之法也。①

宋希璟所谓的日本最奇事其实就是让各地大名妻子轮流侍候将军，最要命的是大名的妻子要给醉酒的将军洗澡，而且丈夫还不得入内。从史料来看，这种习俗在室町时代前已有，代代相传至今。正因为这种陋习，发生了通事魏天所说的"今王（足利义持）横刀夺爱"②之丑闻。

### 四 喜爱男色

六月十七日，宋希璟在行录中记有"日本奇事"一项，且看内容：

> 日本之俗，女倍于男，故至于路店游女迨半。其淫风大行，

---

① 宋希璟：《老松堂日本行錄——朝鮮使節の見た中世日本》，第216—217页。
② 同上书，第217页。

店女见行路之人，则出于路而请宿，请而不得则执衣而入店，受其钱则虽昼从焉。盖其州州村村皆边海缘江，孕其江海之气，故其生女颇有姿色焉。又其男子年二十岁以下学习于寺者，僧徒髡去眉毛，以墨画眉于额上，涂朱粉面，蒙被斑衣为女形而率居焉。其王尤好少年，择入宫中。宫妾虽多，尤酷爱少年也。国人效之，皆如王之好少年焉。其土风如此，故闻而记焉。①

可见在宋希璟看来，日本当时的游女明目张胆地拉客，世风日下。而将军是"不爱美人爱少年"，国人也皆效仿将军而喜爱男色。正是"清江处处水为乡，游女争艳满道旁。且问王宫谁第一，涂朱粉面少年郎"。② 我们也不得不发出犹如宋希璟这样的感叹啊！

### 五　庵中美女

深修庵位于京都，是日本接待朝鲜使节的地方。六月二十六日，宋希璟在住处邂逅两位小美女，深感惊讶，后得知这也是日本的土风之一。行录中载："日本之法，童男女上寺不削发，着僧衣而吃肉，谓之可乙只。其年至十四五乃削发也。其土风人生男女，则择善男女各一为僧尼也。"③

上述中的"可乙只"即"喝食"，也就是说日本的童男童女先上寺庙充任喝食，到了十四五岁再削发剃度。日本的风俗是选择优秀的子女出家为僧尼。

此外，在京都时，宋希璟觉得日本蚊子特多，有诗为证："黑身蚊子倍南州④，日在帘钩满屋头。长喙噬肤眠不得，帐中危坐使人驱。"⑤ 当然还有在端午喝菖蒲酒之类的习俗等。⑥

---

① 宋希璟：《老松堂日本行錄——朝鮮使節の見た中世日本》，第219页。
② 同上。
③ 同上书，第220页。
④ 南州：朝鲜半岛南部。
⑤ 宋希璟：《老松堂日本行錄——朝鮮使節の見た中世日本》，第215页。
⑥ 同上。

### 六 赏樱花

虽然在上述宋希璟的《老松堂日本行录》中没有提到,但在同时期的僧人日记中多次提到日本还有一个风俗,即赏花,这在室町时代已经相当流行。

《荫凉轩日录》"宽正六年三月"条中有如下记载:

> 三月四日,四鼓刻花览出御,华丽夺目,天下改观,皆曰一代奇事也。自室町北小路法界门,一条万里小路近卫川原东行,法胜寺、华顶山御连歌以后若王寺御成云云。华顶管领畠山殿雅掌,若王寺细川右京大夫殿勤之,上样若王寺御成云云。天欲雨不降,世人皆为奇也。世界花皆盛开,可谓天公应时也。于于次郎法师第前仰望之,一色殿供奉,但先规也。公方样于于当寺马场被御览,公家并门迹出仕之事华也。三条室町有火,祐阿宅烧书云云。晚来云起,明日必欲雨,尤为奇也。
>
> 六日,早晨小原为看花御成云云,天阴雨不止也。
>
> 八日,前四日华顶花御览。

而对于该日的足利义政华顶山赏花活动,《大乘院寺社杂事记》的同日条中作如下记载:

> 四日,今日东山御花见,花顶山御会所也。一献当官领畠山。御会人数,大阁、关白、圣护院准后、三宝院准后、实相院、三条、飞鸟井、日野云云。
>
> 五日,小原野御花见在之,大风大雨,珍事希代事云云。

足利义政喜爱在赏花或赏红叶之时举行连歌会,其中最有名的赏花连歌活动是上述两段史料中提到的宽正六年(1465)三月的洛外花顶山赏花和大原野赏花。

# 第九章

# 群雄纷争与战国大名

"战国"作为一个时代名称在日本是比较特殊的,因为无论是"镰仓时代",还是"室町时代",抑或"江户时代",都是以幕府所在地的名称来命名的。介于室町时代与江户时代的这个特殊时期,并不是说不存在室町幕府,只是此时的幕府统治力量十分微弱,各地大名纷纷割据独立罢了,是个"下剋上"的时代。因此,有人把战国时代称作过渡性的时代,但是这一时代毕竟跨越百年以上,这种提法应该不太恰当。

日本考古学家佐原真曾指出,日本历史上拥有沟壑部落那样的防卫设施的村落只出现过两次,那就是弥生时代和15—16世纪的战国时代。也就是说,与弥生时代是形成古代国家的起点一样,战国时代是在古代国家瓦解后形成新国家的起点。因此,根据他的观点,战国时代不仅不是过渡性的时代,而且应该被看作日本历史的一个重要分界线,这种分界线同时也是日本文化历史的区分点。

"战国时代"到底是该归入中世还是近世这一问题,在日本也争论已久。当然,与本文直接有关的是关于战国时代的时代划分之争。对于起始时间主要有以下几种观点:第一,应以嘉吉元年(1441)发生的赤松满祐谋杀将军足利义教的"嘉吉之乱"为起点,理由是从此之后幕府、将军的名誉扫地。同时,作为"应仁之乱"导火索的畠山氏的内讧早几年前就在畿内地区闹得不可开交了。第二,应以享德三年(1454)发生的镰仓公方足利成氏杀害关东管领上杉宪忠的"享德之乱"为起点，因为从此之后两派的斗争持续了20年以上。第三，应以应仁元年（1467）发生的"应仁之乱"为起点，持这一看法的代表人物是日本近代历史学研究中最早使用"战国时代"一词的田中义成。第四，应以明应二年（1493）发生的"明应政变"作为战国时代的开始。持这一观点的研究者们的理由主要有：首先，山城国一揆而建立的农民自治国于本年崩溃。第二，细川政元发动政变推翻将军足利义材也在这一年。第三，"应仁之乱"后，将军权威被削弱，统治地盘几乎仅限于山城一国。① 当然也有以"应仁之乱"结束那年即1477年②或以延德三年（1491）③开始计算的。可见，关于战国时代起始时间的不同观点之间就相差50年之多。

关于"战国时代"的终结时间的论争也同样激烈，主要有以下几种观点：第一，织田信长上洛的永禄十一年（1568）；第二，织田信长驱逐幕府将军的天正元年（1573）；第三，丰臣秀吉消灭北条氏的天正十八年（1590）；第四，德川幕府消灭丰臣氏的元和元年（1615）的"大坂之战"。而笔者采用的"战国时代"上下界划分为1467—1573年，即自"应仁之乱"开始至织田信长上京的107年的时间。

在非常注重大义名分的室町时代，幕府将军足利氏一族的出身无疑是一个致命的弱点。尽管足利氏为源氏名门，但与诸国守护之间并没有贵贱之分，因此，大名对将军的臣属意识非常薄弱。导致这种关系彻底破裂的是"应仁之乱"。"应仁之乱"后，不仅各大名公开叫板幕府将军，而且连将军继承人的决定权也落入有实力的大名之手。

# 第一节　应仁之乱（应仁、文明之乱）

前面已经提到室町幕府是建立在有力守护大名之间势力均衡的基

---

① 具体可参见上岛有《戦乱と一揆》（讲谈社1976年版，第174页）等。
② 山田邦明：《日本歴史第8卷·戦国の活力》，小学馆2008年版，第19页。
③ 坂本太郎：《日本史》，汪向荣、武寅、韩铁英译，中国社会科学出版社2008年版，第248页。

础之上的，而"嘉吉之变"说明了这种均衡已经打破，将军的威信荡然无存。待足利义政出任八代将军的时候，其对武士几乎已经没有什么统摄力了。

## 一　山雨欲来

15世纪有力的守护大名主要有足利一族的大守护，即被称为"三管领"的细川氏、畠山氏、斯波氏以及旁系诸侯山名氏、大内氏两家。其中占优势的是细川氏和畠山氏，细川家族的细川满元、细川持之、细川胜元以及畠山家族的畠山基国、畠山满家、畠山持国交替出任管领，位于幕府的中枢地位。细川氏的管理范围除了其世袭领地——摄津、丹波、赞岐三国外，还包括和泉半国、淡路、阿波等濑户内海门户城市。而畠山氏除其根据地河内外，还领有和泉半国、纪伊、伊势、越中、能登。两大家族围绕领地和势力的纷争渐趋白热化，尤其是畠山持国与细川持之、细川胜元父子之间的关系极为紧张，可谓一触即发，而导火索就是畠山家族的族长之争。

畠山持国起初因没有儿子，所以他的弟弟畠山持富将其儿子畠山政长过继给畠山持国做了养子。但是在这之后一位小妾却为持国生了嫡子畠山义就。宝德二年（1450）畠山持国隐退，把族长之位让给了畠山义就。而以畠山家的守护代越中神保氏为首的一批人却拥立了畠山政长。畠山持国当然要打压畠山政长，因此，畠山政长联合畠山持国最大的宿敌细川胜元，举旗反叛义父。享德四年（1455）畠山持国去世，畠山政长和畠山义就的武力纷争渐趋激烈。宽正年间（1460—1466）两军在河内、摄津、大和、纪伊等地有过多次交锋，畠山义就处于弱势，逃至吉野。宽正五年（1464），畠山政长替代细川胜元出任管领一职，但实际上由于畠山家族的内讧，畠山氏的实力已经大为削弱，权力仍掌握在细川胜元手中。

宽正六年（1465），日野富子生了一个儿子，即足利义尚，因此在嫡子足利义尚和养子足利义视之间，就族长问题矛盾开始激化。为了对抗实力雄厚的细川胜元，日野富子启用了担任八国守护的山名宗全（原名山名持丰）。

文正元年（1466）七月，足利义政重申斯波义敏为斯波氏家族的继承人，并把越前、尾张、远江三个守护职位赐予斯波义敏。这引起了斯波宗全、细川胜元等幕阁的一致反对，斯波义敏的对手斯波义廉在京都纠集军队，在畠山义就的配合下，挥军进驻大和壶坂寺。根据《后法兴院记》的记载，伊势贞亲、季琼真蕊向足利义政进谗言说，他们这是要拥立足利义视为将军的谋反，建议暗杀足利义视。信以为真的足利义政随即发出了征讨足利义视之令。得知消息的足利义视逃进山名宗全的府邸，后又移至细川政元邸宅，并通过细川政元向足利义政说明了事件的真相。见事迹败露的伊势贞亲父子、季琼真蕊和斯波义敏父子、上池院法师、赤松次郎法师等只好离开京都逃往近江。这就是历史上的"文正政变"。对此，一休宗纯在《狂云集补遗》中有这样一段描述："文正元年八月十三日，诸国军兵充满京洛，余门客不知平与不平，可谓是无心道人，因作偈示之云：乱世普天普地争，太平普天普地平。祸事事事剑刃上，山林道人道难成。"①

"文正政变"之后，斯波义廉乘势夺回了三国的守护之职。而已经控制了河内的畠山义就②，在山名宗全的斡旋下得到了足利义政的赦免，于文正元年十二月带兵进入了京都。文正二年正月五日，畠山政长突然被罢免管领一职，八日，受山名宗全支持的斯波义廉旋即就任新管领。因此，畠山政长一派就在市内到处放火，并在相国寺北边的上御灵社的森林中布下阵营。十八日，畠山义就出击政长军，由于没有得到细川胜元的援助，政长军败北。这一战成为之后持续十多年大乱的滥觞。

---

① 殷旭民点校：《一休和尚诗集》，华东师范大学出版社2008年版，第91页。
② 根据《北野社家日记》"延德三年二月二十六日"条及《大乘院寺社杂事记》"延德二年九月二十九日"条的记载，延德二年九月二十七日，预感死期即将来临的畠山义就参拜了长谷寺，同年十二月十三日因患恶性脓疮而切腹自杀。

## 二 京畿大战

至此，原来的细川氏与畠山氏之间的政治对立已经演变成细川氏与名山氏的武力对抗了。细川氏与山名氏的关系其实非同一般。为了压制畠山家族的势力，细川胜元迎娶了山名宗全的女儿为妻，因此两人之间是翁婿关系。但是为了权力斗争，两人反目成仇。应仁元年三月战机成熟，两军各自集中兵力开赴京都，三月二十六日开始街头零星战，到了当年六月则进入了大规模作战。细川军以幕府的室町宫殿——花御所、相国寺以及细川胜元的府邸为据点，而山名军则以山名宗全的宅邸为中心摆开架势。根据阵营的位置又把两军分别称为"东军""西军"。现在京都上京区的西阵就是当时山名宗全西军的阵营所在地。寻尊的《大乘院寺社杂事记》"应仁元年六月二日"条中关于东西两军所属的大名记载是该事件最有名的文献之一。

表9-1　　　　　　　东西阵营一览

| 西军 | | 东军 | |
|---|---|---|---|
| 守护 | 领国 | 守护 | 领国 |
| 山名宗全（一族） | 播磨、但马、因幡、伯耆、石见、美作、备前、备后 | 细川胜元（一族） | 丹波、摄津、土佐、赞岐、和泉、淡路、阿波、三河、备中 |
| 畠山义就 | 河内、越中、纪伊 | 山名是丰 | 备后、安芸 |
| 畠山义统 | 能登 | 畠山政长 | 纪伊、河内、越中 |
| 斯波义廉 | 越前、尾张、远江 | 斯波义敏 | 越前、远江 |
| 六角高赖 | 近江半国 | 斯波义宽 | 尾张 |
| 一色义直 | 丹后、伊势 | 京极持清（一族） | 近江半国、飞驒、隐岐、出云 |
| 土岐成赖 | 美浓 | 赤松政则 | 播磨、美作、备前 |
| 河野通春 | 伊予 | 富樫政亲 | 加贺 |

续表

| 西军 | | 东军 | |
|---|---|---|---|
| 守护 | 领国 | 守护 | 领国 |
| 大内政弘 | 周防、长门、筑前、丰前、安芸 | 武田信贤 | 若狭、丹后 |
| | | 河野教通 | 伊予 |
| | | 大内教幸 | 周防、长门 |
| | | 少式赖忠 | 筑前、肥前 |
| | | 大友亲繁 | 丰前、筑后、丰后 |

注：标"□"的领国为各守护存在争议之国。
资料来源：久留岛典子：《一揆と戦国大名》，讲谈社2009年版，第17页。

### 三 东西幕府

起初，由于东军得到将军的支持，所以战况对于西军来说极为不利。应仁元年八月大内政弘上洛，因此而得势的西军与东军展开了激烈的战斗，后花园上皇与后土御门天皇被迫于室町殿避难。同日，足利义视离开京都一时去向不明，后得知在伊势守护一色氏家。虽然足利义视此次的行动目的不甚明了，但经推断，此时其也许萌生了加盟西军之计划。

应仁二年九月，足利义视在足利义政的规劝下返回京都，但其与日野胜光、日野富子兄妹以及被赦免的伊势贞亲还是无法共存。因此，同年十一月二十三日，足利义视经比睿山进入斯波义廉的阵营，翌日，西军的诸位将军参拜了足利义视。于是，足利义视被拥立为西军阵营中的将军。不仅如此，山名宗全还奉迎后南朝的皇子作为"西军南帝"，虽然最后这位皇子在乱后不知去向，但当时的日本却像模像样地出现了东西两个幕府。

### 四 战乱终结

在那之后的战局上，西军略占上风，但优势并不明显，最终打破两军之间的这种胶着状态的是朝仓孝景。文明三年（1471）五月，朝仓孝景倒戈东军，越前国落入东军之手，西军受到巨大打击，丧失了仅有的微弱优势。这样，战乱趋于持久化。文明四年（1472），在细川氏和山名氏之间萌发了议和的想法。翌年五月，山名宗全、细川胜元这两位东西两军主将相继去世，两个幕府的向心力都明显减弱，尤其是西军一方的守护，他们一方面受到足利义政的劝说而动摇了意志，而另一方面又担心各自领国的情势，因此失去了凝聚力。当大内氏、足利义视决定与足利义政和解时，西军彻底瓦解。文明九年十一月，西军诸大名各自回归领国，西幕府也随之灭亡。一直受西军保护的足利义视也只好投靠了美浓的土岐氏。

狭义上来说，这场战乱起自应仁元年的上御灵社之战，而终于文明九年西军退出京都，所以有时也称之为"应仁、文明之乱"。实际上，战乱的起始、终止时间并没有如此明确。关于起始时间，上文已经提及，可以追溯至十多年前的畠山家族的内讧，而文明九年西军退出京都后，实际上是把战火蔓延到了地方，因此，这一年也很难被认定为战乱的结束。

日本学者神田千里在《土一揆的时代》（吉川弘文馆2004年版）一书中，曾对"应仁之乱"与农民暴动之间的关系做过研究。他指出，在"应仁之乱"时期，即1467—1477年，京都以及周边地区很少发生农民暴动，而"应仁之乱"一结束，暴动就又马上频发。这其中的原因是，不管是"应仁之乱"还是农民暴动，其主力都是被称为"足轻"的人群。当"足轻"参与东西两军作战时，农民暴动由于缺乏主力自然不起。所谓"足轻"就是浪人或者农民的武装集团。他们在作战的时候既不戴头盔，也不拿长枪，而是手提单刀直冲阵营。其最大的一个特点是没有绝对的敌我之分，而是根据战况可以归属任何一方，一见战局不利就马上逃跑。

值得一提的是，15世纪火器技术出于明朝的原因迅速在东亚和东南亚国家之间传播，唯有日本被隔绝于东亚的"火器时代"之外。15世纪40年代之前，几乎未见日本使用火器的记录。日本现存为数不少的"手铳"，多是万历年间"朝鲜之役"的战利品。例外的是，在室町时代禅僧云泉太极撰写的《碧山日录》"应仁二年十二月六日"条中，记载着该年细川胜元统率的东军阵营配置"火枪"的记录。这里的"火枪"应是指枪头系上装有火药的竹筒（或铁筒、纸筒），点火发射的一种原始管型火器，由持枪者直接点火喷射火焰，焚烧近距离的目标。①

"足轻"常以集团为单位行动，到处放火抢掠。他们的出现，一改日本传统的一对一作战方法，而向步兵集团战演变。而编入室町幕府的"足轻"，主要是庄园的住民和浪人。② 到了战国时期，训练有素的"铁炮足轻"成为重要的战斗力量。

图 9-1 铁炮足轻

---

① 中岛乐章：《16 世纪中期的东亚海域与火器传播》，李庆新主编《海洋史研究》第十辑，社会科学文献出版社 2017 年版，第 200 页。
② 早岛大祐：《幕府に組み込まれた足軽は荘民と牢人だった》，《日本歴史》(24)，朝日新闻社 2013 年版。

## 五　历史影响

"应仁之乱"是日本历史的一个里程碑,是室町幕府及中世封建社会矛盾、腐败的集中表现。它宣告了中世社会的终结,打开了产生近世社会的大门。它所起的作用,恰好类似"保元之乱"划分古代与中世纪,标志着道义的扫地和权威的没落等一样。① 关于"应仁之乱"发生的原因,前面稍有提及,即不少人认为其中的罪魁祸首是足利义政的妻子日野富子。平心而论,作为母亲想让自己亲生的儿子飞黄腾达的心情,应该是可以被理解的。然而,如此大乱难道真的只是因为一位女人的欲望而起的吗?笔者认为这有失公允,或者说是夸大了日野富子的作用。其实,从历史的进程分析可知,这次大乱的祸根早在几十年前频发的土一揆、"嘉吉之乱"以及民众连年遭受的饥馑中就已经埋下,这些历史问题经过长年的发酵,积聚了相当的反动能量,最后在各管领家族内讧的催化下,通过足利义政这位无能的统治者的这个缺口而得以爆发。

"应仁之乱"对日本历史的进程产生了重大影响,主要有以下几个方面:第一,以家族共同体为单位形成的日本民众登上了历史舞台,成为推动历史进程的重要角色;第二,"应仁之乱"是日本传统文化形成的开端,是迈向文明时代的先声;第三,日本开始形成具有国民国家性格的民族。

其实,"应仁之乱"的影响不仅止步于历史,其对当代日本政治也有不少冲击。1993年7月29日,社会党、新生党、公明党、日本新党、民社党等八个党派共同组建了联合政权,开始向自民党发起总攻。8月9日,时任日本新党代表的细川护熙成功登上首相宝座,这是一场日本前所未有的政治革命。取得政权后的细川护熙,不仅认为自己是源氏的后裔,签名经常使用"源护熙",而且觉得自己与一般人不同,常把"之前的大战"用来指向"应仁之乱",寓意是自己夺

---

① 坂本太郎:《日本史》,汪向荣、武寅、韩铁英译,第214页。

取政权的过程就如同发生在不久之前的这场大战一样,是一场具有历史性意义的政治革命。①

## 第二节　国一揆与下剋上

### 一　一揆频发

（一）山城国一揆

文明十七年（1485）十二月十一日,当畠山义就和畠山政长正在为族长继承权争战不休之际,南山城的从十五六岁到六十余岁的国人聚集在一起,爆发了一揆。国人向畠山义就和畠山政长的军队提出了三个要求（国中掟法）：第一,军队不得再入南山城；第二,恢复直接管理寺社本所领；第三,禁止新设各种关卡。交涉的结果是,畠山义就和畠山政长承认南山城国人的自治。

寻尊的《大乘院寺社杂事记》"文明十八年二月二十三日"条记载说："今日山城国人于平等院会合,国中掟法犹以可定云云。"即1486年的2月23日,国人再次在宇治平等院聚会,进一步扩大了国中掟法,要求根据"惣国月行事"轮流进行执政,自主征收半济以充财源,并要求行使针对强盗犯的逮捕、处刑等权力。

关于山城国一揆的性质,学界一直存在较大的分歧,一种观点认为它包含了土民、百姓的蜂起,而另一种观点则认为,应该把它当作国人和土豪的联合暴动。分歧的焦点在于一揆的主体到底是什么人,是"国人（庄园领主）"还是"地侍（村落权势）"。但是,实际上,在讨论山城国一揆的实质时并不能将上述两者截然分开,它具有以维护地域共同利益为基础而成立的组织——"惣国"的性质。当然,这种惣国并不是一蹴而就的,而是以国人为核心的当地居民相互团结为维护秩序发挥作用的一种结果。南山城的"国一揆"成功的背景还有其他因素,比如南山城位于室町幕府的脚下,领国制度以及家臣团的

---

① 大下英治：《小池百合子の華麗なる挑戦》,河出书房新社2008年版,第145页。

进展都相对其他地区落后等。

明应二年（1493），细川政元重新拥立了新的幕府将军，守护伊势贞陆在细川政元的支持下，任命守护代古市澄胤接管山城，虽然有一部分国人进行了抵抗，但大部分人服从了守护伊势贞陆的统治，山城国自治于是解体。

（二）京都土一揆

"应仁之乱"结束后，满目疮痍的京都表面上平静，但是挣扎在死亡线上的人却越来越多。大家聚集在一起希望能够消除至今为止欠下的债务和粮食。文明十七年（1485）京都爆发了要求施行德政的土一揆，幕府出于无奈答应了起义民众的要求，废除了民众所借物品的合约。但是以马帮为中心的一揆冲进了大和地区，奈良市中心也一时因之发生骚乱。兴福寺只好拿出铜钱一千贯用于镇压一揆，最后靠国人古市澄胤出兵才强行将其镇压下去。

（三）一向一揆

一向一揆是本愿寺信徒发起的武装起义，而本愿寺是净土真宗流派之一。净土宗创始人是法然（1133—1212），下有四个流派。法然的弟子亲鸾（1173—1262）创立了净土真宗，此宗和其他宗派最大的差异是僧侣可以食肉并娶妻生子。

亲鸾的十世孙莲如（1415—1499）在其四十三岁时成为净土真宗第八代宗主，他进一步简化教义，主张只要口诵"南无阿弥陀佛"，任何人都可以往生极乐净土。因此，莲如也是净土真宗的中兴之主。

莲如的传教根据地是毗邻京都的近江，而此地是比睿山延历寺的势力范围。宽正六年（1465）一月，延历寺出僧兵袭击本愿寺，莲如出逃至近江金森。两个月后，延历寺攻击金森，一向宗信徒武装应战，这是日本历史上第一次"一向一揆"。

连遭两次延历寺的打击，莲如选择离开近江，辗转流浪。之后择地越前吉崎，继续传教。由于没有烦琐的宗教仪式和戒律，信徒骤增，成为当地一股重要势力。莲如和农民信徒促膝交谈，并大量分发通俗易懂的教义书信给他们，以增强净土真宗的吸引力。为了使信徒加深信仰，莲如创制了一种被称为"讲"的组织。这种组织不问领主是否相同，而是根据地区来组织，它的指导者是国人和地侍①。这种群众性的反抗组织类似于近畿村庄的"惣"。

时值加贺国的两位守护（北加贺守护赤松政则、南加贺守护富樫政亲）争夺领国统治权，败北的富樫政亲被迫离开加贺寄居京都。当得知莲如在吉崎的消息后，富樫政亲马上整兵返回领国，请求莲如本愿寺教团出兵相助。文明六年（1474）十月，富樫政亲夺回加贺守护之位。但是好景不长，富樫政亲和莲如交恶，并于翌年三月开战，本愿寺门徒战败，逃至越中井波瑞泉寺。六月，门徒再次出击，但还是被富樫镇压了，传教基地吉崎御坊被烧。因此，莲如只得偕同长子顺如离开吉崎，此后一直在近畿地区传教，再未返回北陆。

失去根据地吉崎御坊的北陆本愿寺门徒只得投靠瑞泉寺，当地的诸多势力遂联合攻打瑞泉寺，这样一来，本是本愿寺分寺的瑞泉寺成为越中的众矢之的。瑞泉寺院主莲如的次子莲乘得知消息后，召集四周农民信徒五千名准备迎战。结果，在加贺本泉寺以及加贺本愿寺门徒的助战下，长享二年（1488）五月，爆发了加贺规模最大的一次一揆。一个月后，高尾城被攻下，富樫政亲自杀而亡。此后，加贺成为由僧侣、豪族、农民代表组成的自治国，将近百年不受任何大名统治，直至织田信长登场。

1496年，莲如在摄津石山建造了山科本愿寺的僧房，即之后的石山本愿寺（大阪本愿寺）。根据2011年9月12日《朝日新闻》的报道，在距大阪本愿寺东南方向600米左右的地方有一处中世寺院的遗址，经大阪文化财研究所的考证，该遗址就是法安寺。这一发现不仅说明了莲如在建造大阪本愿寺之前与法安寺的关系，也为空白的大阪中世史作了填补。

---

① 地侍：也写作"地士"，中世的土豪武士。他们不在幕府工作，是乡村有势力的武士。镰仓末年，非御家人、名主崛起。随着幕府权力的衰弱，乡村的实权逐渐由他们掌控，其领主化程度不断加深，旋即成为战国大名或战国大名的家臣，一直到江户时代。

图 9-2 位于镰仓的太田道灌旧居及旧居遗址碑（笔者摄于 2013 年 5 月）

## 二 长尾景春之乱

文明九年（1477）正月十八日，日本历史上发生了"长尾景春之乱"，这场动乱可以说奏响了战国时代"下剋上"的号角。

长尾景春乃长尾景信之子，其祖父长尾景仲和父亲长尾景信都是山内上杉家的"家宰（家老）"。文明五年（1473），父亲长尾景信去世，长尾景春本应继承家业和上杉显定家老的地位，但他的这一希望却落了空。因此，其对上杉显定和出任上杉家家老的叔叔长尾忠景怀恨在心。

文明八年（1476）六月，长尾景春在武藏国的钵形城举起反旗，但这一举动并没有引起上杉显定的重视，而在五十子阵营中的上杉方武将却对长尾景春早有所闻，因而私自逃匿者不在少数。文明九年（1477）正月，长尾景春率军袭击了五十子阵营，显定军大败，遂越过利根川逃至上野。

景春军的形势开始相当顺利，可就在胜利看似唾手可得之际，半路杀出一个程咬金，他就是扇谷家（上杉氏的分支之一）的家老太田道灌（1432—1486）。其实，太田道灌早就对长尾景春有所戒备，因此，在镇压叛乱军的过程中节节取胜。四个月后，长尾景春被逼回钵形城。文明十年（1478）正月，古河公方通过簗田持助与山内上杉家家老长尾忠景议和。"长尾景春之乱"因太田道灌的大显身手而宣告结束。

太田道灌是当时一流的政治家，他精通歌道，善于战略，人气很旺。在他的各种逸闻中，最有名的是"山吹之里"，即"太田道灌借蓑"的故事。这样的人物的存在，对主君上杉氏绝对是一个威胁。因此，文明十八年（1486）七月二十六日，太田道灌被扇谷上杉定正的手下谋害于相模糟屋（神奈川县伊势原市）。历史至此看似结束，实际上另一幕剧才刚刚上演。得知父亲被害，太田道灌的儿子太田资康投靠山内家的上杉显定伺机报其杀父之仇，这正中上杉显定下怀。自此，山内家和扇谷家的倾轧之戏开始上演了。

## 第三节　战国大名的出现

在"应仁之乱"及"明应政变"之后，幕府的名誉扫地，而朝廷的衰落更是惨不忍睹。地租税金的缴纳因受到两次动乱的影响，因财政入不敷出，即便皇宫的围墙倒塌也无力修复。驾崩的天皇因无钱举行葬礼，遗骸停放竟达一个月以上。还有，新天皇的即位仪式也因缺乏资金，延后十年甚至是二十年后才举办。为了赚取外快，天皇甚至在皇宫大门外摆地摊卖和歌、诗笺、绘画。与此同时，一些财力雄厚的大名拥兵自重，我行我素，几乎无视朝廷和幕府的存在。占地为王的领国制倾向不断发展，各大名逐渐使自己的领地成为"国家"并省略为"国"，整个社会已经进入一种无序状态，信奉的是实力。旧势力已经退出历史舞台，一股新的力量正在崛起，那就是战国大名。

战国大名以其军事实力为后盾，独立于幕府体制之外。他们利用家臣团，制定分国法，取得了领国最高土地所有权，摆脱了幕府的统治，形成了领国制。

表 9-2　　　　　　　　　　战国大名的主要统治法规

| 大名 | 国名 | 法令名 | 条数 | 制定时间 |
|---|---|---|---|---|
| 伊达氏 | 陆奥 | 《尘芥集》 | 170 | 1536 年 |
| 结城氏 | 下总 | 《结城家法度》 | 106 | 1556 年 |
| 北条氏 | 伊豆 | 《早云寺殿二十一个条》 | 21 | 不详 |
| 今川氏 | 骏河 | 《今川假名目录》 | 32 | 1526 年 |
| 武田氏 | 甲斐 | 《信玄家法》 | 55 | 1547 年 |
| 朝仓氏 | 越前 | 《朝仓敏景十七个条》 | 17 | 15 世纪 |
| 六角氏 | 近江 | 《义治式目》 | 67 | 1567 年 |
| 大内氏 | 周防 | 《大内家壁书》 | 50 | 1439—1495 年 |
| 三好氏 | 阿波 | 《新加制式》 | 22 | 16 世纪 |
| 长宗我部氏 | 土佐 | 《长宗我部元亲百个条》 | 101 | 1597 年 |
| 相良氏 | 肥后 | 《相良家法度》 | 7—21 | 1493—1555 年 |

追究战国大名的来历，大致有三种情况：一是近畿、北陆、东海等社会经济比较发达的地区，守护大名的家臣、守护代以及国人凭借武力或权术，在战乱中"下剋上"替代了自己的主公；二是关东、东北、九州等稍微后进地区，原来的守护大名趁战乱之际宣布独立，独霸分国；三是从商贾或者食客发展而来的。

各地的大名以"应仁之乱"为契机，纷纷为自己权力的正统性寻求依据，其中一个方法就是著书立传，例如大内氏的《大内氏实录土代》、松前藩的《新罗之记录》等。

## 一　东国三强

### （一）北条早云

延德三年（1491），即"明应政变"发生的前两年，在关东发生了一件大事：伊势新九郎长氏从骏河攻入伊豆，袭击了继任堀越公方不久的足利政知的儿子茶茶丸，攻陷了韮山城。这位伊势新九郎长氏就是后来的北条早云（1432—1519），也是首位战国大名。北条早云早期投靠于骏河守护今川氏亲，踞守兴国寺城，乃一介武士而已。因此，他的这次举旗反抗实属"下剋上"的典型事例。

◆ 坐看风云起

图 9-3　小田原城内的北条早云画像（局部）

北条早云原属伊势氏一族，原名"伊势盛时"，出家后更名为"伊势宗瑞"。他的父亲伊势盛定为室町幕府的奉公众，母亲家族为室町幕府政所执事的伊势氏本家。他本人并没有自称"北条氏"，称"北条氏"是从儿子北条氏纲之时开始的。

四年后的明应三年（1494），北条早云巧胜大森藤赖，夺取了关东的玄关——小田原城，并在那里建立了关东最坚固的城堡。小田原城的特色是"城邦都市"，是日本独一无二的建筑方式，曾繁盛一时。

永正九年（1512）北条早云与相模豪族三浦氏展开激战，仅半天时间就占领了三浦居城——冈崎城。三浦氏落荒而逃，躲进位于三浦半岛的新井城，四年后，新井城陷落。

北条早云自六十一岁攻打伊豆半岛以来，经过二十多年的岁月，终由白手起家成为伊豆、相模二国之主。1518 年，北条早云将城主地位让给三十二岁的长子北条氏纲（1486—1541），退位隐居。永正十六年（1519）八月十五日，一代枭雄北条早云在韭山城结束了其波澜壮阔的一生。

经过北条氏纲、北条氏康（1515—1571）两代，后北条氏雄霸东国，掌控关八州，尤其是在北条氏康时期，北条氏完善了著名的检地和

图 9-4　小田原城（笔者摄于 2014 年 7 月）

驿马制度，可谓盛极一时。天正十八年（1590），北条氏康之子北条氏政败于丰臣秀吉，后北条氏因此没落。

（二）武田氏

甲斐的武田氏原本就是守护大名。武田信虎时期，其统一了领国，加固了根据地。后来因失信于家臣，被儿子武田晴信所流放。武

图 9-5　武田信玄像（高野山持明院藏）

田晴信,就是后来的武田信玄。武田信玄制定了《甲州法度之次第》,加强了对领地的统治,同时多次出兵信浓以扩张领土。

(三)上杉氏

越后上杉氏原是世袭越后国守护辅佐之职的守护代,长尾为景时期,其以下犯上杀害了守护,成为领国的统治者。长尾为景死后,长尾晴景继承家业,天文十七年(1548)长尾景虎继任兄长之职,统治越后国。长尾景虎就是后来的上杉谦信(1530—1578)。

东国三强时而联盟,时而战争,势力基本均衡。在上杉谦信与武田信玄之间的战争中,最著名的就是"川中岛之战"。川中岛位于千曲川与犀川的汇流处,在长野县长野市。战争从天文二十二年(1553)开始到永禄七年(1564)结束,历时十二年,大战五次。最后以两军平分秋色告终。

川中岛之战后,上杉谦信为了取得关东管领之职,出兵讨伐掌控关东的后北条氏。天正六年(1578)越后上杉氏出兵关东已达十多次,但仍无结果,这年上杉谦信死于脑溢血。

而武田信玄为了平定北信浓一带和后北条氏结盟,以向西扩大势力。元龟三年(1572),武田信玄在率军攻打远江国时,遭遇守军德川家康的强烈抵抗,结果在"三方原之战"中吃了败战。在其无奈欲往三河、尾张国时,又受到了织田信长的威胁。病魔缠身的武田信玄最终死在返回领地的途中。

## 二 西国三雄

(一)尼子氏

出云的尼子氏出身守护代。尼子经久时期,其打败守护大名京极氏,成为战国大名,以富田城为根据地,辖有出云、隐岐、伯耆、因幡等山阴诸国,同时领有但马、美作、备前、备中、备后等东中国地区。尼子氏因其领地内储藏的丰富的铁矿资源,在山阴一带拥有强大的实力。

(二)大内氏

周防的大内氏原来就是周防、长门的守护。"应永之乱"后势力曾一时衰败，但通过与中国、朝鲜的海外贸易，又积聚了大量财富，使得山口成为文化的中心而繁荣一时。义兴时期大内氏领有周防、长门、石见、丰前、筑前、肥前以及从东中国到九州甚至部分四国地区。

(三) 毛利氏

安芸、备后的毛利氏最初原是本地武士，因其巧妙地联合尼子氏和大内氏的力量，得以逐渐扩大自己的势力范围。天文二十年（1551）八月，周防守护大内义隆受到家臣陶隆房（后改名为"陶晴贤"，1521—1555）袭击，在长门深川的大宁寺自杀身亡。当时身为大内氏家臣、安芸小领主的毛利弘元的次子毛利元就（1497—1571）出战陶隆房，在严岛合战中陶隆房败北，于是大内氏的领地也归属于毛利氏了。

提起毛利元就，许多读者一定对"三支箭"的日本历史故事早有耳闻，该故事讲的就是毛利元就希望自己的三个儿子要捻成一股绳的家教逸闻。毛利元就教子有方，为了追慕亡妻，不仅自己禁酒，还严禁子孙酗酒。

毛利元就五岁时母亲去世，十岁时失去父亲，领地也被家臣相继霸占。而继承父母家业的哥哥毛利兴元也早早离世，不料其侄子幸松丸也在九岁时夭折，于是二十七岁的毛利元就继承族长，成了郡山城主。弘治元年（1555）十月，毛利元就战胜陶晴贤，占据长门、周防两地。此后，毛利氏进军山阴，为石见银山和尼子氏发生了激烈争夺。石见银山是由博多商人神屋寿祯在大永七年（1527）前后发现的，天文二年（1533）采用了先进的"灰吹法"后，银的生产量迅速提高。在当时的日本国内还没有作为贸易通货的银，大都流向了国外。因此，石见银山的开采，很大程度上改变了东亚地区的贸易体制，西国大名、国人甚至倭寇都积极参与了其中的经济活动。

永禄九年（1566），毛利氏攻陷尼子家的根据地出云月山富田城，统治了大半个中国地区。随后，毛利氏派兵九州，却遭到大友氏的抵抗，因此毛利氏放弃了九州转而夺取了因幡、备前后，君临中国地区。

### 三 九州双虎

在北九州地区，大友氏是最具实力的。担任萨摩、大隅、日向三国守护的岛津氏最后压倒了大友氏，统治了九州一带。

（一）大友氏

以"基督教大名"一名而广为人知的大友宗麟（1530—1587）从一位丰后守护大名起家，最后曾一度统治全部的九州地区。其父大友义鉴（1502—1550）是大友家第二十代家主，作为长子的大友宗麟本应顺利继承家业，可父亲却偏爱当时才三岁的大友宗麟的同父异母弟盐市丸并意欲传位于盐市丸，这一决定遭到家臣反对。天文十九年（1550）二月，大友义鉴授意部下暗杀反对自己的家臣，不料躲过一劫的家臣们反而斩杀了盐市丸及其生母，大友义鉴也身负重伤。弥留之际，大友义鉴决定让位于大友宗麟。这样，大友宗麟才戏剧性地继承了族长之位。之后通过与陶晴贤联盟等手段，大友宗麟一时成为九州北部到中部统领六国的战国大名。永禄二年（1559），将军足利义辉任命大友宗麟为九州探题，但是天正六年（1578）大友宗麟在与岛津氏久的"耳川合战"中遭受惨败，此后一蹶不振，以致天正十四年大友宗麟亲赴大坂城向丰臣秀吉请求援兵对付岛津氏久。战胜岛津氏久的丰臣秀吉只给了大友宗麟丰后一国，此后不久大友宗麟病死于津久见。

"耳川合战"之前，四十九岁的大友宗麟接受基督教洗礼，成为一位名副其实的基督教大名。天文二十年（1551），宗麟在府内亲自款待传教士圣方济各·沙勿略，向其请教基督教教理，并在领国内大兴教会，成为日本宣传基督教的据点之一，府内也成为葡萄牙船只的定期登陆地。在 16 世纪 50 年代，葡萄牙船只至少五次来到府内，1560 年以后葡萄牙船只在府内地区的往来更是络绎不绝，[①] 这也有力

---

① 坂本嘉弘：《豊後「府内」の都市構造と外国人の居住》，载小野正敏、五味文彦、萩原三雄编《考古学と中世研究 3・中世の対外交流——場・人・技術》，高志书院 2006 年版，第 33 页。

地促进了南蛮文化在日本的传播。同时，大友宗麟也非常注重黑色火药在军事上、经济上的利益。此外，大友宗麟还是一位虔诚的禅宗信徒，京都大德寺塔头之一的瑞峰院就是大友宗麟所创，其夫妇的坟墓就坐落于寺内。

大友氏的领地丰后国毫无疑问是当时对外交流最具特色的地区之一，其中心——府内在16世纪达到了发展的鼎盛期。天正十四年（1586）府内有住户5000余家，人口达数万人。[①] 据大友义镇回忆，在他十六岁（1545年）就有六七名葡萄牙商人随中国帆船来到丰后。[②] 中国人往来尤其频繁，府内甚至还建有唐人町，而在唐人町里，除中国人外，还混居有朝鲜人和日本人等。

此外，著有《日本一鉴》的明朝人郑舜功曾于弘治元年（1555）访问丰后，前后达两年时间。另一位造访该地的著名人物就是宁波人蒋洲，其于弘治二年四月与王直一起抵达丰后，会见大友义镇，要求禁倭。

（二）岛津氏

岛津家族之祖——岛津忠久据说是源赖朝的私生子，在镰仓，两人之墓紧邻，目的是向世人强调岛津家族的显贵。但是进入战国时代的萨摩岛津家族，可以说是四分五裂的。担任萨摩、大隅、日向守护的岛津本家也面临消亡的危机。十四代家主岛津胜久（1503—1573）为了挽回家族颓势，大胆将家业让给了伊作岛津家的岛津贵久（1514—1571），此后，作为战国大名的岛津家得以重振雄风。岛津氏本宗第十五代家主岛津贵久有四个儿子，他们都非常骁勇善战，为统一九州立下了汗马功劳，尤其是次子岛津义弘（1535—1619），他一生经历了52次大战。

---

① 鹿毛敏夫：《戦国大名の外交と都市・流通——豊後大友氏と東アジア世界》，思文阁2006年版，第148页。

② 坂本嘉弘：《豊後「府内」の都市構造と外国人の居住》，载小野正敏、五味文彦、萩原三雄编《考古学と中世研究3・中世の対外交流——場・人・技術》，高志书院2006年版，第39页。

岛津义弘初战是天文三年的"岩剑城合战";之后,在元龟二年(1572)的"木崎原合战"中打败伊东义佑,平定了大隅和南日向;天正六年(1578),在"耳川合战"中,运用奇袭战法击败大友宗麟,使岛津氏的势力范围扩大至日向全域。就在离岛津氏统一九州伟业一步之遥之际,丰臣秀吉遣军协同大友宗麟与岛津氏久、岛津义弘率领的萨摩军展开激战,岛津部队受到重创,史称"户次川合战"。翌年三月,丰臣秀吉和丰臣秀长率领二十万大军登陆丰前小仓,兵分两路开始南下,岛津义弘只得退回日向死守。天正十五年(1587),屈服于丰臣秀吉的岛津义久在行军途中的伊集院剃发出家,斋名"龙伯",亲赴丰臣秀吉阵营,宣告投降。丰臣秀吉授予岛津义久佩刀,并继续认可其对萨摩的领有权。

归顺丰臣秀吉的岛津义久、岛津义弘兄弟相继到京都,在聚乐第拜见了丰臣秀吉。丰臣秀吉的亲信石田三成命岛津兄弟尽快敦促琉球上京谒见丰臣秀吉,恢复和明朝的勘合贸易,同时严禁海盗船只的出没。在此基础上,天正十六年(1588),丰臣秀吉颁发《刀狩令》和《海贼取缔令》,两者应该有着密切的关联。

尽管降服于丰臣秀吉,但岛津家的家主依然是岛津义久。丰臣秀吉为了分化岛津兄弟,把岛津家的领地一分为二,并让岛津义弘无条件服从岛津义久的命令。

文禄元年(1592)日本的侵朝战争爆发后,岛津义弘作为首战部队的第四军团出战,但是岛津义久在后方丝毫不提供支援。庆长三年(1598),岛津义弘、岛津忠恒父子率军在朝鲜半岛南部的泗川城与中朝联军展开激战,结果日军大胜,从此岛津义弘声名大振,明朝以"石曼子"("岛津"的音译)蔑称之,而朝鲜却以"沈安顿吾"("岛津殿"的音译)尊称之。

在丰臣秀吉死后两年的庆长五年,"关原之战"爆发,岛津义弘被迫无奈而出兵。由于小早川秀秋的投敌,西军形势急转直下,在属于西军的岛津义弘的军队中,1500多名萨摩将士只有数十人返回故地。而岛津义弘本人以金蝉脱壳之计得以脱逃,从此闻名全日本。此后，岛津义弘隐居加治木（现鹿儿岛县加治木町），撰写自传《惟新公御自记》，八十五岁去世，去世时其十三名家臣一起为其殉葬。

至于奥州王并有独眼龙之称的伊达政宗，因其出生于永禄十年（1567），不在本书的叙述范围，故不再展开，容待日后有机会再详论。

**四　卖油翁斋藤道三**

如果说北条早云是东国"下剋上"的代表，那么西国的典型人物就是斋藤道三（1494—1556）。斋藤道三的出身一直是个谜。一说其出生于山城，曾出家为僧，后还俗并入赘榨油商之家，自称"山崎庄五郎"，从事卖油翁的工作。在走南闯北的过程中，斋藤道三瞄准美浓作为以后自己的立足之地，原因是此地政情非常不安定，有机可乘。于是，斋藤道三千方百计接近美浓守护家的重臣长井氏，成为长井氏的家臣，并改名为"西村勘九郎正利"。之后，斋藤道三取得守护土岐政赖的弟弟土岐赖芸的信任，并于大永七年（1527）唆使土岐赖芸谋反哥哥土岐政赖，斋藤道三自己率兵攻陷了土岐政赖的根据地，拥立土岐赖芸出任守护。不仅如此，斋藤道三还借刀杀人除掉了自己的主人长井氏，并再次改名为"长井新九郎规秀"。天文七年（1538），守护代斋藤利良病死，斋藤道三继承其家业，并改名为"斋藤左近大夫利政"。天文十一年（1542），驱逐守护土岐赖芸至尾张国，名副其实地成为美浓的实际统治者。斋藤道三以其阴险毒辣的手段不断取得成功，所以历史上称其为"蝮蛇"。

而根据《六角承祯条书》的记载，首先成为长井氏重臣的人是斋藤道三之父新左卫门尉，而斋藤道三是在父亲去世后继承的重臣地位，之后掌控了整个美浓国。因此，主张"父子合力夺取美浓国"的观点也不在少数。

但最近有研究表明，从京都妙觉寺还俗并改名为"西村"的人物，实际上并不是斋藤道三，而是其父新左卫门尉。新左卫门尉侍从美浓名族长井氏而崭露头角，最后改姓"长井"。大永年间，新左卫门尉和长井长弘联手夺取了守护土岐氏以及守护代斋藤氏的实权。天文二年（1533）长井长弘和新左卫门尉相继去世，长井规秀（即之后的斋藤道三）继承父业，从此登上了历史舞台。因此可以说，没有其父的"下剋上"，就没有斋藤道三的"盗国"。①

由于斋藤道三有意将美浓国让给有能力的女婿织田信长，引起了其长子斋藤义龙的不满。弘治二年（1556）四月二十日，由长子斋藤义龙率领的一万两千名反军与三千名斋藤道三军在长良川开战，结果斋藤道三死在了儿子的手上，享年六十三岁。

### 五　近江浅井氏

浅井家族从浅井亮政时期开始就已经是近江湖北（琵琶湖北部）的有力领主了，其与湖南崭露头角的六角家时有冲突发生。到了浅井亮政的儿子浅井久政时期浅井家一蹶不振，以致沦为六角家的下属。将要登场的主人公浅井长政（1545—1573）就是在六角家的居城观音寺城下诞生的，因为当时其母亲阿古御料是浅井家留在六角家的人质。

永禄二年（1559），浅井长政改名为"浅井贤政"。旋即与六角承祯的重臣平井定武之女结婚，然而，婚后三个月，浅井长政将新娘子退还给了女方的娘家。翌年八月，浅井长政在近江野良田与六角义贤展开激战，一举大胜，浅井氏获得独立，是年浅井长政十六岁。永禄四年（1561）二月，浅井长政突然出兵美浓，其理由据说是为了配合织田信长的行动，也就是说，此时浅井长政与织田信长可能就已经开始结盟了。最近研究表明，浅井长政迎娶织田信长的妹妹市姬也在这一时期。②

永禄十年，织田信长攻陷斋藤龙兴的居城稻叶山城，接管美浓，以岐阜作为自己的根据地。永禄十一年，织田信长拥戴足利义昭入京继任幕府将军，在此过程中，据说浅井长政起到了很大的作用。

---

① 久留岛典子：《一揆と戦国大名》，第63页。
② 竹内正浩：《戦国名将物語》，讲谈社2009年版，第118—119页。

但是结为同盟的长政与信长之间关系后续的展开非常富有戏剧性。当信长于元龟元年（1570）四月攻打朝仓义景之时，妹夫浅井长政突然倒戈，与朝仓义景联手反击织田信长，因此织田信长陷入困境，只好暂时退出美浓，伺机报复。不到两个月，织田信长率军与浅井长政在姊川河畔开战，结果浅井长政惨败，史称"姊川合战"。之后的三年里，浅井长政联合足利义昭等势力不遗余力地构筑反织田信长的包围圈。但是反信长阵营的急先锋相继失势。织田信长瞄准时机，于元龟五年八月发起总攻，该月二十日，朝仓义景在越前大野自杀。九月一日浅井长政也兵败自杀。市姬以及幼小的三姊妹投奔织田信长，而浅井长政年仅十岁的儿子万福丸于十月十七日在关原被处以极刑。

## 六　四国长宗我部氏

在当时的四国地区，也诞生了一位风云人物，即长宗我部元亲（1539—1599）。长宗我部又写作"长曾我部"，据说本姓"秦氏"，乃秦始皇之后裔。长宗我部元亲是当时土佐小领主长宗我部国亲的长子，出生于冈丰城，五岁时，其祖父长宗我部兼序因受到本山茂宗等周围领主的围攻而自杀。其父亲长宗我部国亲落荒而逃，寄宿在土佐大名一条房家门下。十年后，在一条家的支持下，长宗我部国亲收复了失城冈丰城。因此，长宗我部元亲出生之际正值长宗我部东山再起之时。

长宗我部元亲年幼时体弱多病，被戏称为"娘娘腔公子"。永禄三年（1560）五月，二十二岁的长宗我部元亲出征长浜城和潮江城，首战告捷，极大地树立了自己的威信，人们改称他为"鬼公子"以示敬畏。六月，其父长宗我部国亲去世。

之后，长宗我部元亲用八年时间统一了土佐，天正三年（1575），开始与织田信长接近。在得到织田信长的首肯后，长宗我部元亲出兵阿波、赞岐和伊予。但是，以迅雷不可及之势席卷全国的织田信长部队也开始瞄准四国地区，天正九年（1581），长宗我部元亲与织田信长之间开始全面对决。不料翌年发生了"本能寺之变"，织田信长被杀。进攻四国的将士听说织田信长已死，都一溜烟似地四

图9-6　长宗我部元亲像（秦神社藏）

散而去。长宗我部元亲侥幸躲过一劫。但是关于"本能寺之变"的肇事者明智光秀与长宗我部元亲之间的瓜葛，历来就有各种猜测。明智光秀不仅是长宗我部元亲与织田信长之间的联络人，而且长宗我部元亲的正室是其重臣斋藤利三的妹妹。因此，说长宗我部元亲是"本能寺之变"的幕后策划者或许有些过分，但织田信长背信于长宗我部元亲而觊觎四国应该是引起明智光秀谋反的原因之一。

不管出于什么原因，因"本能寺之变"明智光秀在很多场合荣登日本历史"十大恶人"之首，其余九人分别为丰臣秀次（1568—1595）、足利义满、苏我入鹿（？—645）、由比正雪（1605—1651）、道镜（？—772）、高师直（？—1351）、梶原景时（？—1200）、松永久秀（1510—1577）、鸟居耀藏（1796—1873）。[1]可见，在"十大恶人"之中，中世的人物占据了多数。

---

[1] 铃木亨：《日本の悪人ベストテン》，《再现日本史》（78），讲谈社2002年版。

图 9-7 杨斋延一的"本能寺烧讨之图"（明治时代锦绘）

图 9-8 本能寺（笔者摄于 2013 年 4 月）

之后，长宗我部元亲联合柴田胜家和德川家康，成为反对丰臣秀吉的急先锋。与此同时，其平定四国的计划没有停止，终于于天正十三年五月，基本完成其统一四国的梦想。但是统一过程犹如昙花一现。六月，丰臣秀吉之弟丰臣秀长率领十一万大军分别从赞岐、阿波、伊予三面发起总攻，七月长宗我部元亲降服，仅留土佐一城。

天正十四年，作为丰臣秀吉麾下的一员武将，长宗我部元亲带领儿子长宗我部信亲奉命出征进攻九州的岛津氏，不料在与岛津氏精锐部队激战中，长宗我部信亲战死。从此以后，长宗我部元亲性格大变，晚年多有怪性，并两次迁移居城，致使家族大乱。当丰臣秀吉发起侵朝战争时，长宗我部元亲作为首战部队的第五军团一马当先，极力忠于丰臣秀吉。庆长四年（1599）五月，长宗我部元亲病死于伏见家中。

　　至此为止，已多次提及日本历史上著名的事件——"本能寺之变"，可见其重要性。但是"本能寺之变"的真相一直是日本历史的未解之谜。仅明智光秀为何要杀织田信长一点就存在多种观点，主要有：怨恨说（据说明智光秀曾被织田信长当众辱骂、并因被强制更换领地等对织田信长不满）、野心说（拟夺取防备意识薄弱的织田信长的天下）、悲观说（看到多数忠臣被迫害，而自己已年迈但嫡子幼小，因此对前途悲观）、四国政策说（织田信长对四国的政策从友好骤变成对立，因此，作为长宗我部氏的代言人，明智光秀失去了价值）、黑幕说（明智光秀的背后存在黑幕）、朝廷说（正亲町天皇、诚仁亲王等为了阻止日益衰弱的朝廷势力而利用了明智光秀）、足利义昭说（拟联合曾是主公的足利义昭的力量重振室町幕府）、丰臣秀吉说（丰臣秀吉事先已经知道兵变信息）、德川家康说（因嫡子、正室被织田信长所害，导致德川家康与织田信长不和）等。其中"四国政策说"一时占据主流，但也有学者主张，明智光秀杀害织田信长的原因并不单一，应进行综合考虑。而最近，日本学者堀新提出，"本能寺之变"并不如之前众人所研究的那样复杂，原因很简单，那就是时年67岁的明智光秀突发奇想，拟吃"天下掉下的馅饼"（即眼前唾手可得的天下）而已。理由是天正十年六月九日明智光秀在给细川幽斋、细川忠兴的亲笔信上，明确提到"本能寺之变"是没有任何预谋的，自己也没有任何野心，只是自己一时兴起所为而已。①

---

　　① 堀新：《明智光秀：もっと評価されてもよい武将としての才能》，金子拓编《新発見！日本の歴史》01 "戦国時代" 3，朝日新闻社2013年版，第11页。

图 9-9 明智光秀像（本德寺藏）

表 9-3　　　　　　　　　主要战国大名一览

| 姓名 | 别名 | 生卒年 | 出身 |
| --- | --- | --- | --- |
| 伊达植宗 | 伊达高宗 | 1488—1565 | 国人① |
| 伊达晴宗 | 无 | 1519—1577 | 国人 |
| 上杉谦信 | 长尾景虎 | 1530—1578 | 守护代② |
| 上杉景胜 | 无 | 1556—1623 | 守护代 |
| 武田信玄 | 武田晴信 | 1521—1573 | 守护大名 |
| 武田胜赖 | 诹访胜赖 | 1546—1582 | 守护大名 |
| 北条早云 | 伊势宗瑞 | 1487—1519 | 国人 |
| 北条氏康 | 无 | 1515—1571 | 国人 |
| 北条氏政 | 无 | 1538—1590 | 国人 |
| 今川氏亲 | 无 | 1473—1526 | 守护大名 |
| 今川义元 | 无 | 1519—1560 | 守护大名 |
| 德川家康 | 松平元康 | 1542—1616 | 国人 |
| 织田信秀 | 无 | 1511—1551 | 守护代 |
| 织田信长 | 无 | 1534—1582 | 守护代 |
| 斋藤道三 | 斋藤利政 | 1494?—1556 | 其他 |
| 斋藤义龙 | 无 | 1527—1561 | 其他 |
| 朝仓孝景 | 无 | 1428—1481 | 守护代 |

续表

| 姓名 | 别名 | 生卒年 | 出身 |
| --- | --- | --- | --- |
| 朝仓义景 | 无 | 1533—1573 | 守护代 |
| 浅井久政 | 无 | ？—1573 | 国人 |
| 浅井长政 | 无 | 1545—1573 | 国人 |
| 细川政元 | 无 | 1466—1507 | 守护大名 |
| 细川高国 | 无 | 1484—1531 | 守护大名 |
| 三好长庆 | 无 | 1522—1564 | 守护代 |
| 松永弹正 | 松永久秀 | 1510—1577 | 其他 |
| 山名宗全 | 无 | 1404—1473 | 守护大名 |
| 山名政丰 | 无 | 1441—1499 | 守护大名 |
| 尼子晴久 | 尼子诠久 | 1514—1561 | 守护大名 |
| 毛利元就 | 无 | 1497—1528 | 国人 |
| 毛利辉元 | 无 | 1553—1625 | 国人 |
| 大内义兴 | 无 | 1477—1528 | 守护大名 |
| 大内义隆 | 无 | 1507—1551 | 守护大名 |
| 陶晴贤 | 无 | 1521—1555 | 守护代 |
| 长宗我部元亲 | 无 | 1539—1599 | 国人 |
| 大友宗麟 | 大友义镇 | 1530—1587 | 守护大名 |
| 龙造寺隆信 | 无 | 1529—1584 | 国人 |
| 岛津贵久 | 无 | 1514—1571 | 守护大名 |
| 岛津义久 | 无 | 1533—1611 | 守护大名 |

注：① 国人，就是对日本中世时期当地领主、乡村武士等人的称呼。

② 守护代，就是当守护离开其国领地时代理行使政务的人。

## 第四节　战国时期的室町幕府

前面多次提到，"应仁之乱"后，幕府的权力严重衰落，作为全国政权的实体已经灭亡，将军在很大程度上只不过是摆设而已。但是，室町幕府的存在仍具有社会意义。第一，幕府继续统辖着京都，而京都是当时全国流通的中心。第二，将军还掌握着独自的政治权限，那就是各地守护的任命权和纠纷的调停权。战国时期，尽管各大名尔虞我诈，倾轧不已，但是也正因如此，各大名才更需要一个认定自己地位的权威存在，在此意义上，天皇和将军还有利用的价值。

在幕府内部，将军也形同虚设。"明应政变"之后，实权掌握在三管领之一的细川氏手中。但是拥立足利义澄继任幕府第十一代将军的细川政元沉迷于修验道，因不近女色而无子嗣，最后两位养子因家统继承问题导致细川家的分裂。

关于细川政元，在《后慈眼院殿御记》"明应三年九月二十四日"条中有如下有趣的记载：

> 又在数朝臣谈，抑细川右京大夫，近日从安芸国所上洛之命山伏司箭于鞍马寺令修兵法，世人行天狗之法云云。不审之处，在数朝臣去十六日为通夜，与东福寺边之僧令同导参当寺之砌，右京兆同诣，则与彼朝臣宿坊同在处也。仍少时分看经，夜深而后京兆及司箭等饮酒之间，相语彼坊主，临兵法之道场之处，其本尊不可说也。如短册之以小札一行书字了，其字云："张良化现大天魔源义经神"，如此十一个字也。从见之彼朝臣及僧等惊避了，不可说云云。

上述内容是根据室町时代的公卿唐桥在数（1448—1496）的描述而记载的，大致意思是说司箭院兴仙（生卒年不详）近日从安芸国来到京都，细川政元以他为师，两人在鞍马寺修行天狗之法。众所周知，鞍马寺是牛丸（源义经）从小长大的地方，此处的"鞍马天狗"非常有名，因传说深居鞍马山的僧正坊曾教授源义经出神入化的剑法而得名。而所谓的"天狗之法"乃指一种能使人误入魔道的法术。在中世纪，除了佛教六道之外，还存在天狗道，属于六道轮回之外。天狗种类较多，"鞍马天狗"属于鼻头很尖的"鸦天狗"，虽然地位比不上鼻子又高又长的"大天狗"，但剑术高超。[①] 唐桥在数为了一探究竟，与

---

① 于淼编著：《图画百鬼夜行》，北方文艺出版社2018年版，第6页。

东福寺的僧人一起赶到了鞍马寺。深夜,当细川政元、司箭院、唐桥在数等人一边饮酒,一边谈及修法的奥妙之际,司箭院说法义无法用言语表达,就在本尊的短册上写了"张良化现大天魔源义经神"十一个大字,大家见了非常吃惊,纷纷逃走。据称司箭院因有此法力而得重用,细川政元随其专心修炼修验道。中国的历史人物投胎成为日本人或成为日本神的说法不在少数,但汉朝名臣张良化现源义经实属有趣。

图 9-10 京都鞍马寺(笔者摄于 2013 年 4 月)

言归正传,取代细川氏而掌握幕府实权的是细川晴元的家臣三好长庆。天文十八年(1549),三好长庆驱逐了细川晴元,自己接管了京都,继而从近江迎回了流亡的将军足利义辉,重新恢复幕府职能。当然,真正操纵政权的仍然是三好长庆,他只是需要一个将军的名义来庇护自己而已。除此之外,三好长庆还联合堺的豪商统一了幕府内部。但是,随着三好长庆的去世,这种昙花一现的安定也随之而去了。

三好长庆死后,幕府政权的主角转由三好氏的家臣松永久秀扮演。永禄八年(1565),松永久秀杀了将军足利义辉,幕府实际上停止了运转。

足利义辉的弟弟在兴福寺出家,闻知哥哥被杀,他躲过松永久秀的严密监视,逃至越前的朝仓氏处避难,并还俗易名为"足利义昭"。说到这位越前的朝仓氏,有一事必须提到,那就是他与著名的《洛中洛外图屏风》有关。据说最初的《洛中洛外图屏风》是宫廷御用画师土佐光信在永正三年(1506)应朝仓氏之求而作的,而现存最古的《洛中洛外图屏风》是大永五年(1525)应细川高国的要求所作的,从画面分析可知,其中蕴含着细川高国对自己事业的标榜和对下一代的祝愿。

在织田信长的支持下,足利义昭迅速打败了松永久秀,收复了山城、丹波、摄津、河内、近江等地,于永禄十一年(1568)十月十八日,就任第十五代幕府将军。

但是好景不长,足利义昭和织田信长之间出现了分歧。为了打倒织田信长,足利义昭秘密联合武田信玄,以等待时机。元龟四年(1573)七月,义昭在山城槇岛城鸣响了出击织田信长的号角,不料仅一天时间槇岛城便沦陷了,足利义昭被捉,并被驱逐出京都。足利幕府宣告灭亡。

关于织田信长的统治能力,最近有了一个新的物证。2011年6月8日,爱知县小牧市教育委员会在调查织田信长于永禄六年(1563)建筑而成的小牧山城时,发现城堡中心部分的石材上残留着"佐久间"三字的墨书,文字系草书体,长12厘米,宽6厘米。据称,这是目前日本发现的最古老的城堡石材墨书。专家分析,这"佐久间"极有可能就是织田信长的重臣佐久间信盛(1527—1581),虽然晚年被流放至高野山,但当时为了织田信长的筑城,连同其他臣下争先恐后敬献石材。而这有墨书的石材就是佐久间信盛所献之印证。可见,筑城之举是获得了臣下的大力支持的,也表明了织田信长获取人心的能力。

# 第十章

# 战国时代的经济与生活

## 第一节　经济状况

室町幕府时代，日本的经济应该说有了非常重大的发展，农业产量的增长为经济大发展提供了有效的途径。积极的海外贸易政策，促进了日本经济的发展。同时，随着经济的发展，货币流通也随之活跃起来。纵观16世纪的货币史，主要有三个特点：第一，以渡来钱为中心的中世货币体制开始解体；第二，大米作为货币的一种支付手段再次复活；第三，确立了金银的货币地位。也就是说，16世纪主要的货币有金、银、米、铜钱。①

室町时期的经济主要以农业为基础，而这一时期的农业技术有了很大提高，各种新式农具、设备投入使用，农作物新品种的引进与培育、肥料的发展都使得农作物单位产量得到了大幅度提高，而这又相应地影响了商业和制造业。而矿产开采、清酒酿造和造纸业的技术进步，使得商业和制造业进一步发展，日本逐渐出现了一个富裕的农民和城镇市民阶层。但是生活在社会最底层的劳工和农民仍然朝不保夕，面临饥荒的威胁。

商业的发展结果是在各地的市场和城镇中出现了各种行会，即

---

① 田中浩司：《十六世纪前期の京都真珠庵の帐簿史料からみた金の流通と机能》，载峰岸纯夫编《日本中世史の再发见》，吉川弘文馆2003年版，第303—323页。

"座"。"座"是指由从事特定商品生产和贸易的商人和工匠所组成的组织,其目的是垄断这些商品的生产和贸易权利。作为回报,行会向保护自己的领主、宗教组织和大家族支付税款。

商人聚敛了大量的财富后,往往会想谋求政治权力。如16世纪时期,拥有人口三万多的大阪堺市就是其中的杰出代表。这座被西方传教士赞誉为自由都市、共和政治、威尼斯第二的港口城市,早在南北朝时期就已经是双方争夺的要地之一。自古以来,这里就有铸工生产的各类金属器具,濑户内海生产的海盐也通过堺市流入奈良等重要城市。当然,给堺市发展带来最大机遇的是"应仁之乱"。为了躲避京都的战乱,纺织技师们纷纷移住堺市,此外,中国大量便宜的生丝因勘合贸易源源不断涌入其中,于是堺市成为当时日本的纺织重镇。此外,堺市商人还与朝鲜、琉球进行海外贸易,所以它成为当时全国经济的龙头之地,仅次于京都、奈良的第三大商业城市。①

经济的富裕为自治创造了基础,同时自治也为经济的富裕提供了保障。堺市获得自治权可以追溯至室町时代的初期,由惣町负责承包年贡,拒绝了领主代官的统治,同时还取得了独立行使警察的审判权。为了防卫,在城市四周建造了护城河。

铁炮的传入是堺市又一发展的良机。堺市商人橘屋又三郎从种子岛习得了铁炮的制造技术后,使得堺市从著名的贸易港口摇身一变,成为铁炮的生产基地,并因而再次享誉全日本。堺市如此繁荣的景象一直持续到织田信长征服此地。成为信长的直辖地之后,堺市虽然被赋予苛刻的纳税制度,但并没有因此而一蹶不振,仍作为一个经济都市发挥着其强大的功能。②

当时堺市的管理主要由一群年长者来实施,而这些管理者的身份大多是商人。九州地区的福冈得益于海外贸易,因而也繁荣异常。但

---

① Charlotte Von Verschuer:《モノが語る 日本対外交易史七一十六世纪》,河内春人译,藤原书店2011年版,第229页。
② 胁田晴子:《自由都市・堺の幻想》,文艺春秋编《エッセイで楽しむ日本の歴史》(下),文艺春秋1993年版,第38—42页。

是获得自治权的商人和城市毕竟凤毛麟角，这种经济的增长和城市的发展更多的只是为封建领主们提供了一种新型的税源罢了。

## 第二节 社会生活

### 一 明朝文人眼中的战国日本

嘉靖三十四年（1556）四月某日，安徽新安人郑舜功受浙江总督杨宜之命出使日本宣谕禁倭。他经过大小琉球首先抵达了丰后国，翌年随同大友义镇的使僧清授返回宁波。在丰后国的不到两年的时间里，他对当地进行了一些调查。回国后，将自己在日本的见闻编纂成《日本一鉴》一书。在该书的《穷河话海》中，对战国日本的社会状况多有记载。

（一）疆土

在提到日本疆土时，郑舜功引用了《汉书》、魏晋隋唐各时期的史书记载，但并不迷信于上述史料，还参考了当时日本的有关书籍，提出了他自己眼中的"日本疆土"：

> 日本为溟渤海东之岛，宇渺居艮隅。大岛有三，曰耶马台岛、筑紫岛、阿波岛，中岛有六，曰志摩、淡路、一岐、对马、佐渡、隐岐，而小岛屿芑九岛，旁不可悉记。诸岛之中，东尽陆奥，西尽大隅，南尽土佐，北尽隐岐。缘亥四万五千三百七十四里，东西距三千八百七十里，南北距五百三十里（按：彼一里共六町，若中国一递铺程）。岛为中国东藩篱。（中略）国书开载，国、郡、乡、村、里、田、地、佛宇、神宫、大家、男女员数目录。国六十六，岛二，郡六百一，乡九万八千，村九十万九千八百五十八，里四十万五千三百七十四，田八千万九千八百十五，町二段三步，地一十一万七千一百四十六町二十三步，佛宇二千九百五十八，神宫二万七千七百一十三，成宫神三千七百五十，不成宫小神一万九千，男一十九亿九万四千八百二十八，女二十

九亿四千八百二十。(中略)今郡六百一十五,不记何时增设焉。田除对马之田未计外,今通算至八十九万八千五百六町。每年赋税该国解纳于都,以为京官之俸。仓部征收,运纳、稽迟、勘解由司举劾之。夫驿之设,水则舟楫津送,陆则车马往来。驿夫者,其名飞脚,驿骑者,其名传马。凡诸使人饮食供奉,各有常等,支费不轻。其诸列国或有斗争,惟防敌国间谍者。其他使人事不废弛。①

以上史料中"中略"的是郑舜功引用我国和日本史书的部分内容,因数据与当时相比已显陈旧,故作省略。这段史料主要交代了两个问题,一是日本当时的国、郡、乡、村、里、田、地、佛宇、神宫、大家、男女员数目录。要注意的是,当时日本男女数量,因为古代的一亿为十万,所以按照现在的计算方法,日本当时的男人有1994828人,女人2904820人,可见男女比例还是有些失衡的。二是日本每年赋税的征收情况。此外,还介绍了两个专有名词,即"飞脚"和"传马"。

(二)城池与日本人

关于"城池",郑舜功认为当时日本"多无城池,惟山城者山为城也。国书城郭四阿屋抑其隘口,而称城者凡廿余处。夫此之城,联木为之,其名木户,一名木构,兵守其间。夷中列国设,值战争则必构木,以为固守之计。无常木构焉"。②

这里郑舜功提到一个很重要的问题,那就是日本战国时期的筑城情况。根据他的所见所闻,当时很少有专门的守城,大多是利用地形防守。同时,木城是当时的主要固城防守方法。

在谈到日本人时,郑舜功认为,"夷身间多毛,胁半腥膻,足皆短小。本性慕义,善与不善,身由地气之感生,教本自师之好恶"。③

---

① 郑舜功:《日本一鉴·穷河话海》卷2,北海图书馆1938年版,第1—2页。
② 同上书,第2页。
③ 同上书,第5页。

## （三）珍宝与草木

在"珍宝"一栏中，郑舜功列出了"金、银、铜、铁、铅、青玉、白珠、水晶、玛瑙、玻璃、钽、丹土、硫黄、琥珀、金刚砂、白砂、棋子、青礞石、紫石、金章、银章、勘合、华文、铜钱"① 等。"金章"是指三个玉玺，其中，两个为汉魏时期所赐，另一个为永乐时期所赐。而"银章"是指汉魏时期赐给使臣的印章，据说当时还藏于石野守家。"华文"是指中国人的文字，即手稿、书札或书法之类。而在"铜钱"一项中指出，福建龙溪当时有人将私自铸造的铜钱卖到日本，由于当时日本国内非常重视中国铜钱，所以龙溪产的假钱也无人追究。

而在"草木"一栏中，郑舜功通过"既询其人，仍览其书"，"因其土产者悉为之录"。② 据笔者统计，总共记录了361种草木名字。限于篇幅，现仅摘录几种与我国有关的草木如下：

五叶松：凡五针。李唐时新罗曾进于中国，其名五粒松。

罗汉松：其名桢，又名伊吹木。武林③有种名寸金，新安④有种名雀桠。日本之种叶长过寸金，叶瘦过雀桠。温州谓椤，广西谓桧也。

槾：宋熙宁间僧诚⑤曾进木槾子。

温州：其谓橘，原自温州入朝移种者。

福州：未详何物，原自福州移种者。

汉竹：原自汉时移去者。

凤尾蕉：其名苏铁。广东之南雅、江西之南安、浙江之温州等处多有之。彼叶稠密。夷云多产琉球岛屿中。

---

① 郑舜功：《日本一鉴·穷河话海》卷2，第6页。
② 同上书，第7页。
③ 武林：杭州。
④ 新安：徽州。
⑤ 僧诚：此处指宋熙宁五年（1072）入宋的日僧成寻（1011—1081），著有游记《参天台五台山记》。

山檀：广东之种有三，红者名山檀，白者名玉楼，粉红者名锦楼春。

栀子：其名无口，一名蛇滴花。潮①之大埔县古庙曾见之。

按：山檀、栀子皆与广东相同，故《汉书》云地与朱崖、儋耳相近，疑似地之所宜也。

缠枝莲：藤属，类葳灵仙。夏开白花，围大不六寸，花如叠瓣，莲多。日向种有别名，浙之松阳人家有此花。②

"鸟兽"一栏中，郑舜功"因其所有得知者一并详述言"，共载录了148种日本的鸟兽名字。③

（四）国法

郑舜功提到，日本以前设法而不成系统，自圣德太子作法一十七条，名曰"宪法"。"逮至夷王桓武，作倭国法行于国。夷王守平之时，以国之法命僧圆净等注作五十一条，名曰《御成败式目》。"④ 这些法至今仍被引用。

审讯犯人时，"以木压膝，此惟昨说。凡有言辩之人，若或酗酒、逞凶恃强、先露锋刃者，虽不伤人，则必处死。奸淫、赌博、失火者死。而极严贼之禁盗，丝发者皆死。凡刑人不弃于市，乃押本犯于郊原间或滨海际，随释本犯颈缚，而犯从容自解其衣，自总其发，引颈当锋，观者如堵。若或夷下之人有凡死者，凡有新刀以验利钝，而为齑粉，其轻生也如此。若有叛逆则尽歼其党，火其居头目。富人有犯极刑者，多自剖腹而死。未行剖腹之先，置酒于堂，饮食自若，观者填咽⑤。稍若迟延，众则拍掌而笑曰：'汝妇人也。'剖腹既毕，人后颈之。俗有杀伤人命者，或即弃刀奔僧寺。勾摄⑥之人不擅勾取，必

---

① 潮：潮州。
② 郑舜功：《日本一鉴·穷河话海》卷2，第7—8页。
③ 同上书，第9—10页。
④ 郑舜功：《日本一鉴·穷河话海》卷3，第2页。
⑤ 填咽：同"填噎"，形容人多拥挤。
⑥ 勾摄：即拘捕、传拿。

覆于本司牧，乃命住持以出之。盖缘敬礼佛僧也"。①

至此，从郑舜功的描述我们可以发现，日本法律比较严厉，处以极刑的罪名较多。此外，引文中还提到几个在我国未见过的有趣现象，第一是以死囚犯来检验新刀的快钝，残酷的是把囚犯剁成齑粉。第二是自行剖腹的场面。犯罪的富人会在众目睽睽之下结束自己的性命，稍有迟缓则会被人耻笑为妇人。第三是寺院的力量之大。犯人一旦逃入寺院，官府也不能随便进入缉拿，只有求助本地司牧，即君主。

接着，郑舜功又提到了一件中日法律交流的趣闻。他说"十廿年间，中国私商有携《大明律令》一卷之于周防。周防司牧姓多多良，名义隆者，官为大内大夫。斯人也，读华诗书，知尊亲义，公道服众，列国咸爱之。初见《大明律令》，诚信笃敬，告彼学校之徒，咸称正法而广录之。中国私商有犯奸淫于彼，奸夫奸妇遽遭其夫斩杀之。私商之辈以杀商人言彼司牧，彼司牧也即令该部诛杀其夫方行。间彼司牧曰：'其妻在否？'私商答曰：'已同伴杀死矣。'彼司牧曰：'此尽中国之法也。'亟令止杀其夫，云：'奉宣谕至丰后，仰仗玄威，凭籍国体开悟。'彼守源义镇故遣使僧清授附舟报使，愿识中国礼法，奉命到国施行"。②

上文提到的"十廿年间"是指嘉靖十年至二十年即1531—1541年间，有中国私商将《大明律令》携至周防国。众所周知，《大明律令》是建国初期制定的法律，是《大明律》的基础。传至周防国的《大明律令》被国主大内义隆奉为至上，在国内大力宣传实施。

当时中国有位私商在周防犯了奸淫罪，结果奸夫淫妇都被杀死了，其他私商告状至司牧，司牧打算也将杀人的淫妇之夫诛杀，其间得知日人妻子也已被杀死之后，认为按照中国法律的话，可以到此为止了。因此司牧尽力阻止再斩杀日本人的丈夫，并表示感谢郑舜功来

---

① 郑舜功：《日本一鉴·穷河话海》卷3，第2页。
② 同上书，第2—3页。

到丰后，才能得益于大明的国威，才使得他们开化。随后，源义镇（即大友义镇）特遣使僧清授随郑舜功一同来到中国，目的是学习中国礼法然后回国施行。这里透露出一个非常重要的信息，即大友义镇的使者清授此行的目的。之前学界一直误以为是为了贸易利益，实际上学习法律可能才是其主要任务。

（五）礼乐

在叙述日本当时礼仪的部分，郑舜功引用了《汉书》《隋志》《日本考略》等史籍中的记载，然后与自己亲眼所见的状况相比较，总的来说相差不是很大。不过有一点特别有趣，那就是日本人见到中国使者时的态度，"庶民途遇中国使人与本王官，则必跣足于旁，解刀匍匐以俟过往。若或顺道，必俟行远乃行之。行分南北，则俟过而后行也"。[1]

而日本当时的音乐分为十二宫，即越调、断金调、平调、胜绝调、下无调、双调、凫钟调、黄钟调、鸾镜调、盘涉调、神仙调、上无调。"调作倭音，常陈紫宸、清凉之间。又白虎堂内、教坊皆乐所也。"[2]

（六）男女比例及婚姻

在当时日本男女比例问题上，郑舜功认为"女多男少"现象如同《汉书》《隋志》所记，迄今未变。原因是大家都不喜欢多生男孩。当不想要男孩时，把刚出生的婴儿"执儿身仍捉儿首扭杀之，其残忍也"。当郑舜功向日本人询问其中原因时，"东夷答曰：'好不须多'"。然郑舜功再问"今为寇盗中国者，众子欤？孤子欤？"时，"夷笑不答。此即自知不善矣"。[3] 郑舜功此次赴日的主要目的是宣谕日本禁倭，因此在本书各处均可见关于倭寇的情况调查。

在"婚姻"一项中，郑舜功提出了与《隋志》记载的一些不同

---

[1] 郑舜功：《日本一鉴·穷河话海》卷3，第3页。
[2] 同上书，第4页。
[3] 同上书，第7页。

之处，即"同姓为婚间有之，男女相悦而成也"。① 可见，此时的日本已经是男女自由恋爱了。后面又写道："中国流遁与之婚姻者，多夷民家之侍女，奸淫有之。野岛之夷十年以来，从逆冠我，有与流遁为婚者及居。孀妇夷之所弃，流遁婚媾之。若夷良民，固虽多女，耻与流遁为婚矣。"② 也就是说，当时与流亡日本的中国人结婚、奸淫的多是民家侍女或寡妇，良家女子虽多，但羞于与流亡者通婚。

（七）饮食

《日本一鉴》中记载道："今常饮食，如客至则先茶。若山野民，多以糇粮或以楄粒。如进酒，主则祭酒，先饮之盘。共设果脯，举筯侑觞。凡宴饮，父子、兄弟、夫妇、朋友俱不同席，不共食，惟酒传杯。若待宾客，必先饭而后饮，主喜客醉。客不能饮，必虚受之，以至唇而酹之于地。"③ 这里可见日本当时客来敬茶、饮酒的一些习惯。后面还提到，"楄粒"还有替代茶水之用。

郑舜功在本节中还记载道："其饮食价费，较之中国则四五倍矣。盖缘钱价高贵也。"④ 这里透露了一个比较重要的信息，即当时日本食品的价格比中国昂贵多了。

（八）风土

在本节中，郑舜功记载了较多的战国日本世相，其中有"夷中列国有刺史，向相吞并，而若敌者亦鲜假救，辄又耻告日本王，多自剖腹而死。胜敌据地或本部民不服者，乃告日本王，别选择人以守之"。⑤ 各国相互倾轧，战败者多半剖腹自杀，一般不惊动幕府将军。如果胜者不能顺利统治所获部民，则由将军另择他人。实际上，此时的幕府将军已经没有这个权力了。

再者，"夷中列国之民有犯罪者，惧逃夷中他国，为求生计。他

---

① 郑舜功：《日本一鉴·穷河话海》卷3，第8页。
② 同上。
③ 同上书，第10页。
④ 同上。
⑤ 郑舜功：《日本一鉴·穷河话海》卷4，第19页。

国之主或怜罪逃之人，与之遣使至日本国（'日本国'疑为'本国'之误），为请宥罪。本国之主虽恕罪人，他国之主乃宥本罪而不究。或是恶慝，民众恶之，虽本国主不究而民必告日本王，本恶不能逃诛矣。"① 这里记载了一个有趣的执法现象，当有邻国罪犯逃入本国时，只有得到罪犯所在国的宽恕后，才能宥其罪行。但是，如本国民众上告将军的话，即使国主不行追究，还是要将罪犯绳之以法。可见，在战国时期的日本，尽管诸国间相对独立，但在法制上仍保持合作之态。

总之，郑舜功的《日本一鉴》是16世纪中国人研究日本的一部专著，应该说是同时期质量最高的一部作品。作者本人两度赴日，在写作该书时又参考了日本的文献，所以可信度较高，是了解战国时期日本甚至是中世日本不可多得的作品，其价值有待进一步挖掘和探究。

## 二　弗洛伊斯眼中的战国日本

### （一）《日欧文化比较》

天文十八年（1549）七月，圣方济各·沙勿略来到日本宣教以后，很多的宣教师随之而来。其中，永禄五年（1562）来日的路易斯·弗洛伊斯在丰臣秀吉的支持下，积极活跃于在日的宣教活动。在布教的同时，弗洛伊斯还细致观察了日本的政治、经济、文化等形势，从第三者的视角详细记载了日本文化、宗教、思想、风俗、生活等情况。尤其值得注意的是，他还专门撰写了《日欧文化比较》一书，详细阐述了日本与西洋之间在风俗习惯上的不同。原著由葡萄牙语撰成，日本人冈田章雄把它译成了日语，我国商务印书馆于1992年出版了范勇、张思齐的中译本，使我们能够了解16世纪中后期日本的社会情况。虽然从时间上判断，与我们所定义的战国时期有所出入，但是，作者认为一个国家的社会习俗并不会朝秦暮楚，反复无

---

① 郑舜功：《日本一鉴·穷河话海》卷4，第19页。

常，而是具有相对的稳定性的，所以《日欧文化比较》中记载的日本社会情况对于我们了解战国时期的日本具有重要参考价值。

《日欧文化比较》主要分为十四章，各章名如下：第一章，男性的风貌和服饰；第二章，女性的风貌和风习；第三章，儿童及其风习；第四章，僧侣及其风习；第五章，寺院、圣像及宗教信仰；第六章，日本人吃饭和饮酒的方式；第七章，日本人的进攻性武器和防御性武器——附战争；第八章，马及马具；第九章，疾病、医生和药剂；第十章，日本人的书法、书籍、纸张、墨水以及书信；第十一章，房屋、建筑、庭园和果品；第十二章，船舶、航行习惯及船上工具；第十三章，日本的戏剧、喜剧、舞蹈、歌曲以及乐器；第十四章，前面各章没有谈到的奇风异俗和特殊情况。

（二）弗洛伊斯眼中的日本社会

下面具体看一下弗洛伊斯眼中的日本到底有何特别。

第一章中记载，欧洲人以胡须来显示名誉和优越，而日本人则凭结在头后部的很小的发结来显示名誉和优越。日本人不认为秃头是一种侮辱，反而自己用镊子将头发全部拔掉，尽管这让他们痛得流泪。在日本男人中，有痘痕的很多。他们喜欢留长指甲，夸耀脸上的刀痕等。[①]

关于日本男子服饰的记载中认为，日本人一年中三次更换衣服，夏天穿麻布单衣，秋天穿夹衣，冬天穿棉衣，而欧洲人一年四季几乎都一样。而且除和尚和老人外，几乎都穿花衣。从质地上来看，日本人的上衣有用丝绸做成的，裤子则普遍用棉布。衣服非常肥大，可以毫不顾忌地裸露上身。好衣服穿在里面，不好的衣服穿在外面，这一点正好与欧洲人相反。和服从左往右合。[②]

日本人用纸做手巾；以脱鞋表示礼貌；主张在死人身上测试刀剑的快钝；不分贵贱都穿草鞋，都戴斗笠、蓑衣来防雨；除非为了工作

---

[①] 路易斯·弗洛伊斯：《日欧文化比较》，冈田章雄译注，范勇、张思齐译，商务印书馆1992年版，第6—7页。
[②] 同上书，第7—10页。

第十章　战国时代的经济与生活

和悔过，否则日本人不散步；治丧用白色；不吐痰而咽下；双手操刀，脱鞋进屋；平时以戴黑色帽子、使用扇子显示高贵；烤火取暖时撩起后衣襟烤屁股；和尚与多数王侯穿丝绸或带袖的纸衣；日本贵族和士兵的口袋里主要装的是香料、药品和打火石；不仅男女共浴，连和尚也一起洗澡；走路时只是脚尖着地。①

在第二章"女性的风貌和风习"中写到：日本女性根本不重视处女的贞操；头戴假发，常涂发蜡以致发臭；眉毛用镊子一根不剩全部拔光；不戴耳环；脸上施用层层"白粉"；以黑齿为美；②大多时间光脚走路；日本人走路，妻子在前，丈夫在后；夫妻各有自己的财产份额；堕胎、弃婴现象比较普遍；分娩后的妇女可以洗澡，连续坐着休息二十多天；尼姑卖淫现象盛行；男子负责做饭、女子负责裁缝衣服；常常酩酊大醉。③

第三章"儿童及其风习"中记载：日本小孩三岁就开始用筷子吃饭；全部在寺院跟从和尚学习；上身裸露；举止稳重；十二三岁开始佩刀行走；一生中要改五六次名字，等等。④

弗洛伊斯对当时日本和尚的印象极差，将其批判得体无完肤。他在第四章"僧侣及其风习"中写到：日本和尚在安逸和休养中过日子，为了逃避劳役而加入僧团；肆意犯下内心和肉体上一切禁忌的罪孽；依靠施主吃喝，用尽一切手段图谋发财；穿锦着绣，争官夺利；公然饮酒吃肉，结婚生子；有十三个佛教宗派，各宗派之间的礼拜和尊崇都不一致；喜欢穿黄色和绿色的衣服，以黄为贵；主人去世时，有的切腹自杀，大多切掉指尖投入焚尸间，等等。⑤

---

① 路易斯·弗洛伊斯：《日欧文化比较》，第11—19页。
② 据称，在日本古画中，有一种妖怪叫"呜哇"，它的牙齿呈铁浆染就的黑色，大张着嘴露出舌头，举起双手怒吼着。在中世纪的日本，朝廷和武士门第流行用铁浆染牙，据说"呜哇"也是出身名门，它的三根手指是鬼怪的特征。参见于森编著《图画百鬼夜行》（上），北方文艺出版社2018年版，第108页。
③ 路易斯·弗洛伊斯：《日欧文化比较》，第20—34页。
④ 同上书，第35—39页。
⑤ 同上书，第39—48页。

室町时代的禅林在取得长足发展的同时，也催生了一些诟病，其中比较突出的是僧侣间的男色问题。室町时代初期，足利义持在相国寺的寺规中就有关于禁止给"喝食"穿花衣、施粉黛的规定。所谓"喝食"，即禅林中大众食斋时，立于食堂一侧，作就食之呼号与呼报食物之名者，称为"喝食行者"，一般以未得度之童子任此职，也称"沙喝"。在严禁女色的寺院里，僧侣们往往通过这些被精心打扮的美少年来刺激和满足性的需要。这种同性恋现象，其实在日本早有记载：乾元二年（1303）北条贞时就明令禁止喝食入寺。到了室町时代，这种变态的性倾向只是发展到了一个新的历史高度而已。

在第六章"日本人吃饭和饮酒的方式"中，弗洛伊斯详细记载了当时日本人的饮食习俗，读来生动有趣，描写得栩栩如生、入木三分。但其中描写的大部分饮食方式与当今的日本很像。限于篇幅，不一一介绍了。

而第九章"疾病、医生和药剂"对我们了解当时日本的医学史非常有参考价值。其中提到日本很少有瘰疬（淋巴腺结核）、结石、痛风和鼠疫之类的疾病；日本人用水蛭放血，或用小刀在额头上开口放血；日本人宁死也不愿意接受欧洲人残酷的外科疗法；日本的病人躺在铺有席子的地面上，枕木枕头，身盖和服；为了谋生，日本人谁都可以当医生；身患性病一点羞耻感都没有，等等。①

因限于篇幅，后面的五章就不一一介绍了。总之，路易斯·弗洛伊斯的这部《日欧文化比较》对了解16世纪前后的日本社会非常有帮助，感兴趣的读者可以试着一读。

## 三 结语

天正十八年（1590）随着小田原城的陷落，战国时代宣告结束。那么，究竟是什么终结了战国时代呢？

---

① 路易斯·弗洛伊斯：《日欧文化比较》，第78—82页。

第一，为了保持和经营自己的领地，国人就像雪崩似地向强者聚集，以寻求保护。同时，势力衰弱的战国大名轻而易举地被瓦解了。

第二，货币使得人们从土地的束缚中解放出来，可以建立与小领主的动员形式不同的、能够脱离土地的军队。也就是说，那些掌握了土地和货币的人成为当时的最强者。

第三，火枪的传入加速了战国时代的结束。从当时的记录资料可知，战争中的死伤几乎全由火枪所致，决定战斗胜利的因素不再是人数的多寡和挥舞刀枪的勇气，而是火枪的数量和射击技术。

# 第十一章

# 战国时代的对外关系

随着大航海时代的到来,中国、日本、朝鲜、琉球、葡萄牙等国之间的联系更加密切,商船、布教人员的往来把上述国家钩织成一张巨大的网络。此时已经基本游离在明朝海禁秩序之外的日本,与中国的往来尤其频繁。如博多这样的港口城市,一次就有百余明人来居,而据记载,浙江人一次就有三百余人跟随日本人东渡。嘉靖时期的倭寇队伍中经常混有大量中国人,而其实当时因日本人的介绍东渡的中国人也不在少数,当然他们主要的目的是贸易。

16世纪前半期,见于日本国内明确史料记载的外国船只来到日本的就有十多例,它们分别是:

1. 天文三年(1534)正月十五日,异国船十六艘炮轰种子岛西之表。

2. 天文八年(1539)十一月,中国船只漂至国上村港口。

3. 天文九年(1540)六月二十六日,中国船只靠岸种子岛竹崎浦。

4. 天文十年(1541)七月二十七日,中国船只停靠丰后神宫寺,船上明人共计280名。

5. 天文十一年(1542),80余名中国人漂至丰后。

6. 天文十二年(1543)八月七日,五艘中国船只停靠佐伯浦,来日从事织物贸易。

7. 天文十三年(1544)七月二十七、二十九日,中国船只登陆阿久根。

8. 天文十三年（1544）七月前后，外国船只停靠小祢寝。

9. 天文十八年（1549）七月二十六日前，中国船只停泊江之岛，以日御碕神社为中介进行贸易。

10. 天文十八年（1549）七月二十七日，中国船只停泊伊势湾，很有可能从事水银贸易。

11. 天文二十年（1551）七月二十一日，中国船只进入越前三国，船上有中国人120人，当时寄宿在小谷六郎左卫门家。据说吸引了很多当地人前来一睹中国人的风采。[①]

图 11-1 江之岛（笔者摄于 2013 年 5 月）

---

[①] 伊川健二：《大航海時代の東アジア——日欧通交の歴史的前提》，第 201—202 页。

## 第一节 对明交往

### 一 勘合贸易

战国时期尽管战火纷飞，时局动荡，但中日之间的勘合贸易并未因此中断。在1476年（即"应仁之乱"结束前一年）至1493年的18年时间里，幕府组织了三次遣明船，寺社、朝廷以及大名分别遣船共同参与对外贸易。因此，这一时期的对明贸易实权还是由幕府掌控。但是进入16世纪后，勘合贸易权完全落入大内氏和细川氏两大名之手，幕府船只从此退出历史舞台。除表11-1中的第5次外，当时中日之间勘合贸易的周期是8—10年，由于在嘉靖二年（1523）发生日本贡使武力斗殴事件，即"宁波争贡事件"，导致明朝暂时中断日本船只来贡。因此，待到1538年以湖心硕鼎为正使的遣明船再次出发时，已经离上次遣使达十五年之久。当天龙寺僧策彦周良于1547年最后一次率众来贡时，因不到贡期规定时间，所以被拒绝登陆达数月之久。

关于此时期中日之间勘合贸易的情况，可以参见曾两次入明的禅僧策彦周良撰写的日记《初渡集》和《再渡集》，同时，作为一名外交使节，策彦周良与明朝各阶层人物都有着广泛的文化交流。[①]

表11-1　　　　　　战国时期遣明船一览

| 次数 | 出发时间 | 正使名 | 船团组成 |
| --- | --- | --- | --- |
| 1 | 1476年 | 竺芳妙茂 | 幕府船、相国寺船 |
| 2 | 1483年 | 子璞周玮 | 幕府船、皇家船 |
| 3 | 1493年 | 尧夫寿蓂 | 幕府船、细川船 |
| 4 | 1506年 | 了庵桂悟 | 大内船、细川船 |

---

[①] 有关策彦周良与明代人士的交流情况，可参阅拙著《明代中日文化交流史研究》下编"文化传播与宗教习俗"。

续表

| 次数 | 出发时间 | 正使名 | 船团组成 |
| --- | --- | --- | --- |
| 5 | 不明 | 谦道宗设 | 大内船 |
| | 1520 年 | 鸾冈省佐 | 细川船 |
| 6 | 1538 年 | 湖心硕鼎 | 大内船 |
| 7 | 1547 年 | 策彦周良 | 大内船 |

## 二 其他贡使

其实,战国时代除了上述公认的七次遣明使外,还有鲜为人知的以下几次遣使,它们分别是:

1. 嘉靖二十三年(1544),种子岛氏遣使寿光来贡。"六月,倭船一只,使僧什寿光等一百五十八人称贡。验无表笺,且以非期,却之。"① 虽然遭到明廷的拒绝,但寿光一行并没有马上回国,而是留在中国进行贸易。回国之际,倭寇头目王直、许栋随船东渡日本。

2. 嘉靖二十四年(1545),肥后相良氏派遣节佚来贡。② 其中有一乘员名叫松下五郎三郎,船上还载有火枪。③

3. 嘉靖二十五年(1546),大友义鉴遣使梁清来贡。据郑舜功《日本一鉴·穷河话海》的记载,"嘉靖丙午,夷属丰后国刺史源义鉴得请勘合于夷王宫,遣僧梁清等来贡"。④ 然明朝以不到贡期为由拒绝了。

其实,上述三次遣使是同一批使团成员,有"种子岛渡唐船"之称。使船出发后遭遇暴风雨,结果梁清所在的一号船沉没,节佚所在的三号船飘回种子岛,只有寿光所在的二号船顺利抵达中国。翌年,

---

① 郑若曾著,李致忠点校:《筹海图编》,中华书局 2007 年版,第 173 页。
② 《明实录》"嘉靖二十四年四月癸巳朔"条中载:"日本国,自己亥入贡,辛丑还国。逮甲辰三岁耳。复遣使来贡,以其不及期,不许。督令还国。而各夷嗜中国财物,相贸易,延岁余不肯去。"
③ 伊川健二:《大航海時代の東アジア——日欧通交の歴史的前提》,第 160 页。
④ 郑舜功:《日本一鉴·穷河话海》卷 7,民国二十八年据旧抄本影印,第 5 页。

三号船再次出发并成功抵达中国。而一号船通过两年的整修后重新渡航至中国。①

4. 嘉靖三十二年（1553），满载杂物的两艘船只从明朝归来。② 这两艘船只很有可能也是遣明使船。③

5. 嘉靖三十五年（1556），山口都督大友义长、丰后国的大友义镇遣使随同蒋洲来到明朝朝贡。《明实录》中作如下记载："于是，山口都督源义长，具咨送回被掳人口，咨乃用国王印。丰后太守源义镇，遣僧德阳等，具方物，奉表谢罪。请颁勘合修贡，护送洲还。"④

6. 嘉靖三十五年（1556）十二月，大友义镇遣使朝贡。《明实录》中有以下记载："及前总督杨宜所遣郑舜功，出海哨探夷情者，亦行至丰后。丰后岛遣僧清授，附舟前来。谢罪言：前后侵犯，皆中国奸商，潜引小岛夷众，义镇等初不知也。"⑤

7. 嘉靖三十六年（1557）十月初，山口、丰后等岛主大友义镇等"亦喜即装巨舟，遣夷目善妙等四十余人，随直等来贡市"。⑥ 这艘日本巨舟的载物量超过一千五百石，可船只在舟山的岑港登陆后，倭寇头目王直随即被明军捕获，毛海峰和大友义镇的使者善妙和明军进入相峙阶段。结果受到明军的强烈进攻，朝贡大船沉没。⑦ 幸亏在当地人的帮助下，于翌年的十一月十三日重造新船扬帆回国。⑧

8. 嘉靖三十七年（1558），周防国遣使熙春龙喜出使明朝。⑨

---

① 伊川健二：《大航海時代の東アジア——日欧通交の歴史的前提》，第146—170页。
② 《八代日记》，青潮社1980年版，第77页。
③ 桥本雄：《室町・戦国期の将軍権力と外交権》，《歴史学研究》708，1998年。
④ 日本史料集成編纂会：《中国・朝鮮の史籍における日本史料集成明実録之部（二）》，第477页。
⑤ 同上。
⑥ 同上书，第480页。
⑦ 鹿毛敏夫：《15、16世紀大友氏の対外交渉》，《史学雑誌》2003年第112编第2号。
⑧ 鹿毛敏夫：《戦国大名領国の国際性と海洋性》，《史学研究》2008年第260号。
⑨ 郑舜功：《日本一鉴・穷河话海》卷7，民国二十八年据旧抄本影印，第6页。

## 三 民间往来

### （一）走私贸易

明代的正德年间（1506—1521）及嘉靖三十年（1551）前后，曾有人倡议放宽海禁政策，但因反对声占据多数而未能奏效。隆庆（1567—1572）初年，右金都御史涂泽民再次奏议废除海禁政策，结果获准，朝廷准许国人往返东西二洋，但仍禁止通商日本。然而，这实际上并不能约束海商的行动，前往日本的走私商船与日俱增。朝廷虽然再三申令，但前往者仍然络绎不绝。因此，因涂泽民的奏议而解除部分海禁在客观上使与日通商接近自由。

表11-2 郑舜功《日本一鉴·穷河话海》中的走私贸易记载

| 时间 | 走私贸易记事 |
| --- | --- |
| 嘉靖十三年（1534） | 比日本僧师学琉球，我从役人闻此，僧言日本可市，故从役者即以货财往市之，得获大利而归 |
| 嘉靖二十四年（1545） | 王直……往市日本，始诱博多津倭助才门等三人，来市双屿 |
| 嘉靖二十五年（1546） | 随许四往日本国价以归，舟至京泊津 |
| 嘉靖二十六年（1547） | 胡霖等诱引倭夷来市双屿，而林剪往自彭亨国，诱引贼众来 |
| 嘉靖二十七年（1548） | 林珀诱引倭夷稽天私市浙海，官兵获之。又王直、徐铨（即惟学、一名碧溪）诱倭私市马迹潭 |
| 嘉靖二十八年（1549） | 冬，王直等诱倭市长途 |
| 嘉靖二十九年（1550） | 徐铨等勾引倭夷，俱市长途 |
| 嘉靖三十年（1551） | 王直等船泊列港 |
| 嘉靖三十一年（1552） | 徐海诱引倭夷亦泊列港，阳则称商，阴则为寇。又别倭船来，称海市 |
| 嘉靖三十二年（1553） | 叶宗满（即碧川，一名五龙）勾引倭夷来市浙海，比惧舟师不敢停泊，往市广东之南澳 |
| 嘉靖三十三年（1554） | 佛郎机国夷人诱引倭夷来市广东海上……自是佛郎机夷频年诱倭来市广东 |
| 嘉靖三十五年（1556） | 南澳倭夷常乘小舟，直抵潮州广济桥接买货财，往来南澳 |

（二）陈氏家族与九州唐人町

标题中的陈氏家族是指1506年3月亡命日本的陈李长一家。祖先陈安顶出生于元代至正二十六年（1366），到了陈李长这一代时，因其遭受李明义的谗言，一家一百三十余人被迫背井离乡，经过数年的颠簸，毅然决定东渡扶桑，于是在1506年漂泊至肥前国彼杵郡森崎。陈李长有五个儿子，他把带来的家产，如宝冠、宝剑、御笔墨迹以及观世音菩萨像等均分给他的儿子们后，就让他们四散至九州、周防各地。其中一个儿子名叫陈觉明，娶日本人"大冈三平则久之女"为妻。1515年，陈觉明移居丰后府，从事佛像雕塑工作，自称"智元佛师"，翌年儿子陈义明出生。陈义明长大成人后，同样娶日本人"福永二郎兵卫照近之女"为妻，1536年，儿子陈元明出生，陈元明之妻为"吉冈太七郎盛国之女"。之后，陈元明一家便定居丰后国臼杵唐人町。

丰臣秀吉在建造京都方广寺大佛之际，向全国征求佛像雕塑中灰浆涂抹方面的能工巧匠，陈元明因其出色的技术获得丰臣秀吉的褒奖。在与陈元明一起应征的技术人员中，中国人不少。见诸记载的就有萨摩岛津氏手下的陈哥、茜六，平户松浦氏手下的古道，丰后唐人町的德凤、平湖等。此外，在天正年间（1573—1592）的一份记录丰后人参拜伊势神宫的名单中，也有多名中国人的名字出现。

1571年7月13日，署名为"浙江省台州府庐高、平阳县阳爱"的两位东渡日本的明朝人，捐钱特铸梵钟一个，寄赠九州丰后国大分郡府中的称名寺。至于上述的庐高、阳爱于何时、因何故来到日本均不得而知，但基本可以认为他俩也住在丰后的唐人町。特别值得注意的是，寄赠的日期为"7月13日"，因为前一天，即7月12日为丰后府内"大风流"的活动日，这一天称名寺前的道路挤满跳"念佛舞"的人们，尽情享受宗教带来的欢乐。

可见，生活在以九州为中心的西日本各地的中国人并不是一个孤立、封闭的集团，他们虽然居住在唐人町，但大多与日本人杂居，与当地人有着同样的信仰，邻里间的交流比较频繁，而且与日本人通婚。生活在这个华侨社会的人们，大多凭借自己的专门技术活跃在日本各地，他们不仅传递着先进的中华文明，还深深地融入日本的社会之中。①

（三）私人贸易船旗

图 11-2　日明贸易船旗

日本永禄十年（1567），丰后的大友义镇曾向在澳门的司教要求每年用银购买上等硝石 120 公斤，拟以此来阻止对毛利氏的硝石提供。但毛利氏则通过赤间关代官向中国商人购得硝石。这在图 11-2 的"日明贸易船旗"上可以得到佐证。这枚船旗现由高洲家所藏，

---

① 鹿毛敏夫：《戦国大名領国の国際性と海洋性》，《史学研究》2008 年第 260 号。

长167cm，宽95cm。船旗上部为高须家家纹，下部为中日商家的约定文字。从内容可知，万历十二年（1584）泉州府晋江县的商人们与毛利氏的赤间关代官高须氏相约第二年的六月再次进行交易。毛利辉元①也曾命令高须家调度生丝、绢织物、硝石等紧俏物资，而这些商品也许正是通过福建商人获得的。这也可以证明，自从永禄十年明朝海禁政策有所缓解后，福建商人的活动范围已经扩展到日本下关的赤间关一带了。

提到赤间关，不得不说说它与日本妖怪之一"砚之魂"的关系。赤间关的特产之一是砚台，据称这种砚台的爱好者在阅读《平家物语》之际，会看到砚台上出现海面和源平合战的场景。赤间关是平家的绝命地，据称在坛浦之战中战败的平家怨灵始终盘桓在此。相传宋朝赐给平清盛的名砚"松阴"最后落于法然和尚之手，可见砚台和平家一门渊源很深。②

## 四 嘉靖大倭寇

进入战国时代后，倭寇骚扰我国沿海地区的次数和频率都大幅减少，从成化十三年（1477）至正德十六年（1521）的45年时间里，有记载的共计9次，平均5年1次，实际上主要集中在广东。但是，到了嘉靖年间，倭寇活动的次数出现了爆炸式的增加，骚扰地区也集中到了直隶、浙江和福建等地。那么，究竟是何原因导致了"嘉靖大倭寇的爆发"呢？学界普遍认为导火线是嘉靖二年（1523）的"宁波争贡事件"。事件发生之后，明朝政府中断了中日之间的勘合贸易，因此走私贸易迅速蹿红。同时，倭寇侵扰的次数也随之猛增。日本战国时代倭寇侵扰我国的大致情况参见表11-3。

---

① "壬辰倭乱"被掳人、浙江杭州人孟二宽（？—1657、日本名"武林次庵"）与胞弟武林兵助都曾做过毛利辉元幕僚。明末遗民陈元赟与辉元也有交流，陈元赟还留有"陪毛利宰相游野鹿院"一诗："鹤步闲寻野鹿游，白云迎客上南楼。快人清籁当窗发，泼翠浓阴傍栏流。坐久日移槐绿影，眺遐山现佛青头。烟萝好处多牵兴，珍重支公一醉留。（小松原涛：《陳元贇の研究》，雄山阁1962年版，第89页）

② 于森编著《图画百鬼夜行》，北方文艺出版社2018年版，第312页。

表11-3　　　　日本战国时代倭寇入侵明朝一览（次）

| 时间＼区域 | 直隶 | 山东 | 江南北 | 浙江 | 福建 | 广东 | 合计 |
|---|---|---|---|---|---|---|---|
| 成化十三年至成化二十三年 | 0 | 0 | 0 | 2 | 0 | 0 | 2 |
| 弘治年间 | 0 | 0 | 0 | 0 | 0 | 3 | 3 |
| 正德年间 | 0 | 1 | 0 | 0 | 0 | 3 | 4 |
| 嘉靖年间 | 95 | 3 | 0 | 72 | 83 | 14 | 267 |

资料来源：范中义、仝晰纲：《明代倭寇史略》，中华书局2004年版，第33、114—158页。

关于"嘉靖大倭寇"的性质，学界出现了两种截然不同的观点：一种认为它是外族入寇，而另一种认为是中国内部的阶级斗争。后一种观点在日本的20世纪50年代前后就已经出现了，而我国大约在三十年后的20世纪80年代前后才开始见到这种观点。但对这种观点持反对意见的学者也不在少数。关于此问题目前还没有定论，争论还在持续。但有一点必须交代，那就是"嘉靖大倭寇"包括了日本海盗、葡萄牙海盗商人、中国的海盗集团，从人数来看，中国海盗集团占据绝大多数。除此之外，还出现了如王直、徐海、陈东、叶麻等倭寇头目。

## 第二节　对朝交往

### 一　牙符制

"牙符制"就是把刻有文字的象牙一分为二，左符由朝鲜王朝保管，右符归日本保存，日本船只赴朝进行贸易时，需携带此牙符与朝鲜的核对。所以，牙符制是日朝贸易的通行证，类似明代中日之间的勘合。最初由幕府八代将军足利义政提出，目的是想让幕府独占贸易利益。据称，足利义政死后过了八个月，继任将军的足利义材仍然找不到所藏的牙符，可见义政有多珍惜这一权力。但实际颁发的对象除日本国王使外，还有上述的王城大臣使，1474年朝鲜首次交付日本牙符十枚，正面篆书"朝鲜通信"四字，反面刻有"成化十年甲午"字样。1482年日本国王使荣弘首次携带牙符赴朝贸易。1504年朝鲜再次颁发新牙符给日本，牙符制贸易一直持续至"文禄庆长之役"为止。

## 二　日本遣朝使节

### （一）"夷千岛王遐叉"之使

朝鲜成宗十三年（1482），自称是"夷千岛王遐叉"之使的宫内卿渡海赴朝，并呈书请求《大藏经》。因"夷千岛王"在日本历史上乃实际不存在的人物，所以学界就本次遣使的真相展开了讨论。较早关注这一问题的是日本学者高桥公明，他把"夷千岛王"比拟为阿依努族的酋长。此论一出，引起了强烈的反响，尤其是对研究中世东北、北海道地区来说，意义重大。但随之而来的是批判和反对的声音。最初是学者海保岭夫，他认为本次遣使的真实人物应该是下国安东氏的安东政季。之后，村井章介提出，由于本次遣使朝鲜的记载实在疑点太多，十有八九是伪使，真正的使者可能是与阿依努也有密切交往的津轻十三港的安藤氏。根据宫内卿与室町幕府所遣使节一起活动的情形判断，村井章介认为"夷千岛王"一名乃安藤氏故意编造的，目的是求得当时朝鲜王朝只给日本国王使者的《大藏经》。

当学界正在为幕后遣使人物是"安东氏"还是"安藤氏"争论不休之时，学者长节子提出两者皆不是，而是对马岛人派遣的伪使。[①]因此，关于本次遣使的真实人物目前没有定论，但它是伪使这点是确凿无疑的，目的是求取《大藏经》。无独有偶，成宗九年（1478）一个自称"久边国主李荻"的日本使者萨摩人闵富也曾渡海赴朝求取《大藏经》，这为揭开"夷千岛王"的身份提供了启示。

---

① 长节子：《朝鮮前期朝日関係の虚像と実像——世祖王代瑞祥祝賀使を中心として》，九州大学朝鮮学研究会《年報・朝鮮学》第八号。

## 第十一章 战国时代的对外关系

### (二)"日本国使臣"

前面已经对15世纪遣往朝鲜的"日本国使臣"做过分析,那么,进入16世纪后"日本国使臣"的派遣情况又如何呢?研究表明,从1501年至1568年,即至战国时代结束,向朝鲜派遣"日本国使臣"共24次,其中作为正使出访最多的是弸中道德和安心口楞,各3次;其次是一鹗和景辙口鞠(所缺字为车字旁),各2次,正使不明的有4次。确定以"源义高"之名义遣使1次,以"源义晴"名义遣使3次,其余不明。从遣使目的来看,求取经文4次,"三浦之乱"相关4次,岁遣船相关2次,"宁波之乱"相关2次,"蛇梁倭变"相关2次,漂流明人送还1次,贸易相关3次,求取新牙符1次,莘浦开路2次,目的不明3次。①

### (三) 大内氏使节

进入战国以后,大内氏利用其特殊的地理条件积极展开对朝交流。在起初的十多年时间里,共遣使3次,但都是伪使,因此也称之为"伪使期"。而到了大内政弘、义兴以及义龙时代,为求取《大藏经》以及军用物资,在将近80年的时间里,共遣使32次。

表 11-4　　　　　　　　大内氏遣使分期

| 次序 | 分期 | 时间段 | 派遣者 | 派遣理由 | 使者次数 |
| --- | --- | --- | --- | --- | --- |
| 1 | 伪使期 | 1466—1478 | 不详 | 化缘、求《大藏经》、遣明船物资准备 | 3 |
| 2 | 转包期 | 1479—1557 | 大内政弘、义兴、义龙 | 求《大藏经》、军用物资等 | 32 |

### (四) 朝鲜遣日使节

在1468年至1590年将近120年的时间里,朝方共向日本遣使11次(参见表11-5),其中以通信使名义3次,敬差官名义3次,宣

---

① 桥本雄:《中世日本の国際関係——東アジア通行圏と偽使問題》,吉川弘文馆2005年版,第198—199页。

慰使（致慰官）名义4次。交涉对象主要是对马岛，共计8次，八代将军足利义政（源义政）2次，丰臣秀吉1次。因此，朝方遣使的主要目的是和对马岛进行各种交涉，例如后面提到的"三浦之乱"的善后处理等。

表11-5　　　　　　　　朝鲜使节一览

| 时间（朝鲜史料） | 使节名目 | 使节姓名 | 派遣对象 |
| --- | --- | --- | --- |
| 1468年7月30日回国 | 敬差官 | 金好仁（行护军） | 对马岛 |
| 1470年9月1日辞 | 宣慰使 | 田养民（司译院金正） | 对马岛 |
| 1475年7月16日辞 | 通信使 | 裴孟厚（议政府舍人）<br>李命崇（弘文馆修撰）<br>蔡寿（吏曹正郎） | 日本国王源义政 |
| 1476年2月12日辞，7月19日复命 | 宣慰使 | 金自贞（承文院判校）<br>徐有山<br>许得江（通事） | 对马岛 |
| 1479年4月4日辞，10月15日复命 | 通信使 | 李亨元（直提学）<br>李季仝（昌城都护府使） | 日本国王源义政 |
| 1487年3月26日辞 | 宣慰使 | 郑诚谨（直提学） | 对马岛 |
| 1494年3月26日辞，7月27日复命 | 敬差官 | 权柱（弘文馆副应教） | 对马岛 |
| 1496年闰3月20日辞，6月13日复命 | 致奠官、致慰官 | 金硉<br>张珽（汉城判官） | 对马岛 |
| 1510年2月3日 | 敬差官（致慰官） | 康仲珍（济用监正）<br>李轼 | 对马岛 |
| 1522年5月6日决定派遣 | 垂问使 | 不明 | 对马岛 |
| 1590年3月6日出发，翌年1月13日回国 | 通信使 | 黄允吉<br>金诚一（礼宾寺正）<br>许筬 | 丰臣秀吉 |

资料来源：表格主要根据中村荣孝《日本と朝鲜》（日本历史新书，至文堂1966年版）以及韩文钟《朝鲜前期对日外交政策研究》（全北大学校大学院史学科博士学位论文，1996年）编制而成。

## 三　三浦之乱

即使进入16世纪，倭寇留下的罪恶残影还深深烙在朝鲜人民心中，21世纪初热播的韩剧《大长今》就是其中一例。《大长今》讲述的是 16 世纪初一代奇女子徐长今是如何通过自己的努力,成为朝鲜王朝历史上首位女性御医并被朝鲜国王中宗赐予"大长今"称号的故事。其中,第 31 集提到突袭济州的倭寇以岛上居民的性命相要挟,请当地大夫为其主将治病,无奈之下,大长今被逼上阵施针,终于成功治愈倭将并且协助闵政浩击退倭寇。但官府却因大长今救治了罪大恶极的倭寇首领,而将她逮捕问罪。大长今虽然挽救了岛上众多居民的性命,但为倭寇治病乃不义之举,这就是她被问罪的主要原因吧。从中至少可见两点:一是朝鲜深受儒家思想的影响,视顾全大义为无上之价值;二是即使到了 16 世纪,朝鲜还有倭寇肆虐的行迹。

言归正传。所谓三浦,前文已略有提及,是指 15 世纪朝鲜王朝指定的位于朝鲜半岛南部的三个倭船停泊港,分别是荠浦、釜山浦和盐浦。在三浦中,居住着有众多的日本人,其中包括使节和常居人口("恒居倭")。在"恒居倭"中,对马岛民占多数。

15 世纪末至 16 世纪初,在鹿岛、马岛、加德岛等地多次发生日本人掠夺事件,鉴于频发的"倭变",朝鲜王朝一方面通过恒居倭的头领"倭酋"与日本人进行交涉,另一方面剥夺了一些恒居倭的特权,限制他们的贸易额,这引发了恒居倭的不满。

永正七年(1510),4 名荠浦的恒居倭被朝鲜军队误当作倭寇杀害。恒居倭倭酋大赵马道、奴古守长率领日本人手持武器聚众抗议。4 月 4 日,对马岛主宗盛顺的代官宗盛亲率领四五千人支援恒居倭,三浦倭乱爆发,这就是历史上的"三浦之乱"。6 月末,动乱彻底失败,恒居倭撤回对马岛,朝鲜关闭了荠浦倭馆,中断了与对马岛的交流。在对马岛多次交涉下,永正九年(1512),日朝缔结《壬申条约》,对马岛与朝鲜的交流得以重开,但是日本船只停泊港口只限于荠浦,并且废除了恒居倭制度。大永元年(1521),釜山浦也允许日本船只上岸。天文十三年(1544)发生"甲辰蛇梁倭变",天文十六年(1547)根据《丁未条约》,荠浦禁止倭船登陆,日朝交涉主要是在釜山的倭馆进行的。在此期间,朝鲜王朝禁止日本人在所有的浦所定居,不过实际上在倭馆长期居住的日本人("留馆倭人")还是存在的。

## 第三节　对琉交往

前面已经提及，在室町时期，琉球的船只曾多次到日本进行贸易，两国往来密切。但是这种关系因"应仁之乱"而疏远了。代之登场的是九州地区的商人，于是形成了九州、琉球、朝鲜三个地区的通商圈。博多商人好为琉球国王使节，或者伪称琉球国王使节前往朝鲜。这是因为国王使节所受到的待遇不仅比一般商人好，所携带的商品的出售价格也较高。

日本文明十二年（1480），幕府致书岛津氏，敦促琉球来贡。翌年，琉球船只来到萨摩，这在《岛津国史》中有所记载。另外，堺市周边的渡琉球船只也不断增多，有的是走私船只。文明三年（1471），右卫门尉行赖（幕府方）在给岛津氏的文书中提到，因此前前往琉球者较多，故今后如果未持幕府所颁发的文件，将被禁止渡航，如有私运铜钱者，令将其转押至京都。可见，当时九州与琉球之间关系的密切。当然，由此观之，幕府也不得不承认岛津氏在琉球的特殊地位。根据萨摩的传闻，当地武将岛津忠国因功获赐琉球，使琉球成为岛津氏的附庸。其实这仅是传闻而已，没有任何史实依据，只是为使萨摩与琉球之间的特殊关系正当化而故意捏造的。

室町幕府式微后，岛津氏与琉球之间的关系更为密切，从文明年间（1469—1487）开始，琉球派遣正式的交通船——绫船至岛津氏处，以祝贺岛津氏世子之嗣立等。如1527年，琉球国世主尚清对送来"武具之两种"的岛津忠良回以"北绢十段""素丝十斤"等礼物。万历五年（1577）八月二十一日，琉球国王尚永为了祝贺岛津义久平定萨摩、大隅、日向三国，特向义久订购以下物品：黄金三枚、红线六斤、苏木千斤、绢子廿端、织物卅端、唐纸二帖、蚕锦五十把、太平布百端、唐烧酒一瓮、老酒一瓮、烧酒一瓮等。①

---

① 关周一：《中世の唐物と伝来技術》，吉川弘文馆2015年版，第40—41页。

随着非法贸易船只的增多，以致于岛津家第十三代家主岛津忠治在1508年致书琉球国王尚真，通告琉球国对于没有携带符印的商人要加强盘查，没有证明的船只可以将其没收。①

在此，有一现象值得关注，那就是日琉之间的"冠船贸易"。所谓"冠船"就是指明朝的琉球册封使乘坐的船只，册封使节团从中国携带大量商品来到琉球，在他们滞留那霸期间进行贸易。鉴于当时日本国内对唐物的大量需求，以岛津氏为主，日本各地的商人都会集那霸求购唐物。琉球王国一方面吸引日本商船前来贸易，另一方面对前来船只采取严厉的防卫措施，以防日本海商和倭寇浑水摸鱼，滋生事端。但是，尽管琉球方采取了各种对策，瞄准冠船贸易的日本人还是蜂拥而至。嘉靖十三年（1534），明使陈侃出使琉球，国王尚清因考虑到前来那霸贸易的日本人实在太多，待他们散去后才接见了陈侃。到了万历年间，琉球建造了日本馆，冠船一到，上千名全副武装的日本人集体前来交易。

为了求购唐物而到琉球的日本人，主要以日本银作为支付手段。而白银对于琉球来说，正是对明贸易的急需之物。因此，日琉之间的这种经济合作得到了加强。那么，白银是如何来到琉球的呢？主要的路径是从石见银山经由萨摩这条西日本航路通到了琉球。

顺便一提，日本在1540年至1644年之间生产的白银，绝大多数流入中国，陈梧桐先生的研究表明，其数量多达7500吨。而明代后期倭患表面上的平息，实际上与此时日本发现了银矿，从而可以通过输出白银而非抢劫的方式换取中国财富有一定关系。

日本元龟元年（1570），广济寺的雪岑出使琉球，告知岛津义久就任三州守护之事。回国后的雪岑向岛津义久汇报说，萨摩的书状是从小门递呈进去的，而琉球的回书是从大门交付的，诉说了琉球的不敬。更为重要的是，琉球竟然许可没有携带萨摩许可证的船只入港交易。

---

① 梅木哲人：《新琉球国の歴史》，法政大学出版局2013年版，第95—96页。

天正二年（1574），琉球派遣天界寺僧南叔、金大屋子赴日，祝贺岛津义久的就任。南叔受到了严厉的责问，只能推辞说是因尚圆王去世，无暇顾及日本来的非法船只。于是，岛津氏为了加强对出海船只的管理，开始对合法船只颁发"琉球渡航许可状"。

# 第十二章

# 室町文化

室町时代是一个极具活力的时期，它打破了日本自古以来的秩序，一切都陷入混沌，甚至连最高权力者都无法得知自己明天将面临何种命运。因此，他们纵然享有奢侈的物质生活，也难以从过度的政治和经济操劳中解脱出来。

室町时代与战国时代是先将旧日本打碎，然后再按照日本式的秩序重新组合的时代。很多日本独特的文化在这一时期形成，成为近世庶民文化的基本要素。这些文化大多具有双重性：一方面扎根于以能力主义为基础的激烈竞争社会，另一方面又力求挣脱上述社会，对寂静空间充满渴望。这种激荡与静谧的并存，正是室町时代的特征。

这一时期也可以见到中国文化再次在日本掀起高潮，但和早期的奈良时代不同，在室町时代，日本人不仅在引进外来文化方面显得更加审慎和具有选择性，在吸收消化的速度上也表现得更为迅速。

迄今为止，谈到室町文化时，总是免不了要提到"北山文化"和"东山文化"。所谓的"北山文化"，大致包括了繁荣的五山文学、连歌、猿乐能、水墨画萌芽等，而"东山文化"具体是指盛行的枯山水、成熟的水墨画、兴盛的古典学、茶道、插花等一系列与现代生活密切相连的文化现象。但是，对于上述传统的观点有学者提出了质疑，他们认为，从14世纪到16世纪的文化种类大致可以进行以下划分：

第一期：14 世纪后期——南北朝文化
第二期：15 世纪前期——北山文化（应永、永享文化）
第三期：15 世纪后期——东山文化
第四期：16 世纪前期至中期——天文文化

其中第二期的公家与大陆融合的文化与第四期的都市文化是整个室町时代的顶点，之前一直强调第三期的"东山文化"是日本文化之源，但其作用有待重新评价，其充当的更多的是一种转型时期的地位。①

室町时代初期文化的形成可以说主要归功于武家和贵族，而中期以后，町众和公家对文化的传承和创造作用则是不可低估的。但是，井上清认为，室町时期的公家没有任何文化创造力，甚至连保持他们传统的文化都不可能了。室町文化不能简单地被认为是公家文化和武家文化的融合物，文化的融合性是几乎每个时代都有的现象。被认为是东山文化典型代表的金阁建筑也只是足利义满个人的爱好而已，不能用统治者的个人爱好来代表那个时代的文化。室町和战国时代文化的根本特点并不是什么贵族文化和武家文化的融合和综合，而是群众文化在所有领域的发展，而其中有的只是在武士阶级中得到提炼而已。②

## 第一节　佛教的发展

郑舜功在《日本一鉴》中参考日本书籍的记载说，日本当时共有佛寺 2958 所，由此可以略见当时日本佛教隆盛之一斑。主要有天龙禅寺、相国寺、建仁寺、东福寺、万寿寺、南禅寺、大德寺、延历寺、八幡寺、仙翁寺、清水寺、清闲寺、东大寺、良平寺、兴福寺、天龙寺、上善寺、飞龙寺、三宝寺、修善寺、圣福寺、海藏寺、龙护寺、到明寺、

---

① 山家浩树：《日本文化の源流というイメージはもう古い？》，《日本の歴史》(25)，朝日新闻社 2013 年版。
② 井上清：《日本历史》上册，天津市历史研究所译校，天津人民出版社 1974 年版，第 256—257 页。

太智寺、同慈寺、妙观寺、妙贤寺、能贤寺、净居寺、天德寺、建长寺、圆觉寺、寿福寺、净智寺、净妙寺、汤川寺、劝修寺、报恩禅寺、如法寺、营原寺、药师寺、法隆寺、仁和寺、东寺、紫金台寺、大安寺、圣梵人寺、白马寺、六波罗寺、云居寺、园城寺、祇园寺、长谷寺、仁王寺、天王寺、法性寺、坂山寺、山上寺、胜尾寺、伽蓝寺61座。① 郑舜功本人曾在海藏寺的龙宝庵住过一段时间。

图12-1 寿福寺（笔者摄于2013年5月）

图12-2 净智寺（笔者摄于2013年5月）

---

① 郑舜功:《日本一鉴·绝岛新编》卷3，北海图书馆1939年版，第5页。

图12-3　东大寺（笔者摄于2015年11月）

## 一　五山禅寺

在室町时期的新兴佛教宗派中，占据统治地位的是禅宗，尤其是受到室町幕府和朝廷公卿皈依的临济宗在此时期非常盛行。而另一派曹洞宗则在地方上取得了稳定的发展。建武五年（1338），足利尊氏接受梦窗疏石的建议，下令各国建造安国寺和利生塔。据统计，当时在全国的61个国建置了安国寺，27个国建有利生塔。

元中三年（1386），足利义满制定了禅寺的阶位，设立了"五山十刹"制度，重用无学祖元门派的梦窗疏石及其门下弟子，设立"僧录"一职管理全国禅寺，甚至委任禅僧处理内政外交事务。

在日本，五山制度开始于镰仓末期，完善于室町时期。一开始，五山皆在镰仓，京都的南禅寺仅为"准五山"资格。"建武中兴"之后，改变了五山皆在镰仓的局面。由于室町幕府位于京都，所以室町时期日本禅宗以京都地区的禅宗五山为中心，形成了一个覆盖日本全国的禅宗网络，这个网络包含大约三百座禅宗庙宇，如果把下级庙宇和庙宇的分部、支部全部计算在内，总数将达到数千个。

"京都五山"包括南禅寺（五山之上）、天龙寺、相国寺、建仁寺、东福寺和万寿寺。镰仓五山包括建长寺、圆觉寺、寿福寺、净智寺和净妙寺。

为了与旧寺院势力抗衡，幕府予以五山禅寺极大的保护和权限。五山禅寺不仅负责撰写外交文书，而且还出任外交使节，调和大名与幕府间的矛盾等。在经济上，由于拥有广大的庄园，五山禅寺也是幕府重要的财源。因此，五山寺院在政治上具有重要的发言权。同时，五山禅僧日益贵族化、官僚化，使旧有的禅风渐失。而排除在五山之外的大德寺、妙心寺则宗风依旧，并结合日本的社会习俗和文化有了新的发展。

前文已有所提及，大德寺原属五山，为了维护开山之祖宗峰妙超的枯淡禅风，大德寺规定只有同派僧侣才能担任该寺住持，然而这一规定与幕府意见相左，于是，大德寺在永享三年（1431）脱离五山成为私寺，但也因此保留了自己枯淡的禅风。一些不满意文学为中心而形式化的五山禅僧，便相继从五山禅寺改门大德寺，如著名的华叟宗昙及其弟子一休宗纯等。

妙心寺原为大德寺的末寺之一，应永六年（1399）因其住持拙堂宗朴支持幕府反叛军而得罪足利义满，寺院从此式微。直至日峰宗舜入寺，因获得细川氏的庇护，妙心寺再度隆兴。到了雪江宗深时，迎来了寺院的鼎盛时期，势力发展到全国各地，尤其是在地方武士、医生、工商业者、农民之间有着深厚的信仰基础。与此同时，妙心寺又吸收了五山派僧侣，故其势力到战国末期已经超越了大德寺。

然而，江户幕府成立以后，大德寺、妙心寺均因失去支持者而日渐式微。江户中期，妙心寺派的白隐慧鹤复兴临济禅，上述各派皆归附于白隐慧鹤之下，形成了今日所见的临济宗六千座寺院的规模。

日本学术界把受室町幕府保护和统治的、以五山为中心的禅宗各流派称为"五山派"，而把其他禅宗诸派称为"林下派"。属于五山派的有临济宗的黄龙派、圣一派、法灯派、大觉派、佛光派、一山派、大鉴派、古林派和曹洞宗的宏智派。其中最有势力的是圣一派和佛光派，在全国300多所五山派的官寺中，圣一派有70余座，佛光派也有70座。属于林下派的有曹洞宗和临济宗的大应派。在曹洞宗的发展过程中，以峨山派（始祖峨山韶硕）势力最大。南北朝时期，有着浓厚传奇色彩的玄翁心昭（1329—1400）就是在其十八岁之际改习曹洞宗，师法总持寺的峨山韶硕的。据称，正是这位曹洞宗的玄翁（也作"源翁"）和尚降服了从中国东渡日本的九尾狐狸精玉藻前。玉藻前被阴阳师安倍晴明作法现出原形后，变成一块奇形怪状的大石头横亘在栃木县那须的旷野中，但仍然具有妖气，伤害路人，即日本历史上著名的"杀生石"。至德二年（1385），玄翁用一个巨型的金槌击碎杀生石，最终安抚了一直作祟的狐狸精的魂魄。因此，日语中把"巨大的金槌"也称为"玄翁"。足利义满为了表彰玄翁的功绩，特意赠其大米千石，后小松天皇也赐予玄翁和尚"法王能昭禅师"之号。

图 12-4　围捕玉藻前（选自《玉藻前物语绘卷》日文研图书馆藏）

　　峨山派通过在室町时期的发展成为日本曹洞宗教团的主流。战国时期，曹洞宗受到各地大名和武士的支持，在全国有了很大发展。迄至江户时代，成立以永平寺、总持寺为两本山的统领关系，形成了今日拥有一万五千座寺院的曹洞宗。

　　"可以说，室町时代是中日两国以禅宗为代表的佛教文化的交流最密切，是日本禅宗发展最迅速和进行独立的宗教哲学思辨期，同时也是用和文著佛书最多、在思想表达上实现本土化，使外来佛教走向日本化的关键时期，影响持续几个世纪，在日本文化史上留下重要的一页，对于日本文化和文学的影响是无法估量的。"① 随着禅宗的普及，它的思想不仅作为宗教，而且作为文学艺术思想乃至整个文化思

---

① 叶渭渠、唐月梅：《日本文学史》"近古卷"（上），昆仑出版社2004年版，第13页。

想而被日本社会所接受，禅宗成为室町时代的最具代表性的文化，甚至连这时期的审美意识也完全禅宗化了。室町时代以前，日本所具有的以"真实""物哀"为主体的审美观，到了这一时期转为以"空寂"的幽玄、"闲寂"的风雅为主体的审美观。"空寂"和"闲寂"的美学意识自此渗透到日本艺术生活和精神生活的各个层面。①

### 二 真宗和日莲宗

进入足利时代之后，出现了武士信仰禅宗，农民信仰真宗，商人信仰日莲宗的状况。而信仰人数最多的农民宗教，即真宗，可以说是法然的弟子——亲鸾将其师父的教导更加彻底化的东西。

#### （一）真宗

真宗，也称"一向宗"，在室町时期发展很大。其创始人——亲鸾不认为现实世界是秽土，而认为正是现实世界才是救济的场所，把在这个场所生存作为念佛的目的。而且，只有坚信能够被阿弥陀佛拯救的这种"信"，才是是否能够得到拯救的决定因素，因此念佛并不是为了寻求救济而念，而是对因笃信而得到欢喜的一种感谢之声。但是他的说教并没有立刻被广泛接受。真宗真正成为农民的宗教，成为一大势力，是在天才的传道师莲如出现以后。

被称为"书信传教士"的莲如将亲鸾的思想全部灌注在书信里，并否定异端之教说。正是他浓缩了亲鸾的教义，把它写成民众一听就能了解的东西，并前往各村落亲自布教。

莲如否定权威主义，在传教的集会中不拘礼节，身心放松，没有任何宗教禁忌，只要信众认真听佛法即可。莲如从宗教性和世俗性两个方面，带给当时的农民一种他们渴望已久的精神满足，并由此形成了精神上的纽带。与此同时，他还宣扬只要信仰便可获得阿弥陀佛的拯救。但是，莲如的这种传教方式受到了其他宗教团体的阻挠，其中之一就是受到了比睿山僧兵的袭击。对此，真宗也不得

---

① 叶渭渠：《日本文化史》，陕西师范大学出版社2005年版，第176页。

不进行防御，于是就发生了"一向一揆"。其实，"一向宗"是别的宗派，这是社会上的一种误称，莲如讨厌这种称呼，但这已经成为当时社会上对真宗的一种通称了。另外一个问题就是各个惣村的信仰内容，对此，莲如本人尽可能进行巡回传教，同时也向各地发送大量的书信。

（二）日莲宗

1253年，日莲在故乡安房（千叶县）的清澄山顶高唱"南无妙法莲华经"，此为日莲宗的立教开宗。

到了室町时代，日莲宗有了很大发展。四条门流的日隆在京都创建了本能寺，在北陆、摄津、河内、和泉、濑户内岸一带传教，不少富商皈依其中。中山门流的日亲赴京都传教，曾向幕府将军足利义教进谏，劝他受持法华宗。在遭到拒绝后，日亲写《立正治国论》欲再次劝谏，结果受到严刑拷打，不仅被割掉舌头，而且还把烧热了的铁锅扣在他头上，因此日亲也有"锅冠日亲"之称。晚年的日亲在备后、但马、出云、九州等地传教，建寺30余座。

"应仁之乱"后，日莲宗在信徒的支持下，势力得以恢复。天文元年（1532），日莲宗在京都已有21座大寺院，称"廿一本山"。天文元年至五年，以京都为中心发生了日莲宗的武装斗争，史称"法华一揆"。享禄五年（1532），日莲宗信徒与细川晴元合作对抗真宗武装集团，把山科本愿寺彻底焚毁。此后，也应细川晴元的请求，日莲宗武装到堺，再次与真宗武装教团作战。从天文元年至三年期间，以日莲宗为中心的町众掌控了京都的自治权。

天台宗教团对日莲宗的迅速发展和控制京都自治感到不满。天文五年（1536），以"松本问答"，即日莲宗辩论失败为借口，天台宗教团决定用武力驱除在京都的日莲宗。天台宗教徒在六角定赖及兴福寺僧兵的支持下，攻入京都，与日莲宗信徒展开激战，"廿一本山"全部焚毁，势力遭到彻底破坏。日莲宗内称之为"天文法难"，史称"天文法华之乱"。天文十一年（1542），朝廷允许日莲廿一本山回归京都，日莲宗在信徒的支持下，迅速恢复了原有的势力。

### （三）时宗

时宗，旧称"时众"，是日本佛教净土宗系统的一个宗派，与净土真宗一样，它是一个独立于净土宗各个分派之外的宗派，其创始人是一遍智真。到了镰仓末年南北朝初期，时宗分为十二派，即游行派、当麻派、一向派、奥谷派、六条派、四条派、解意派、灵山派、国阿派、市屋派、天童派、御影堂派。

到了室町时代中期，时宗的发展迎来了它的极盛时期，除一般庶民外，还得到了很多武士的支持和皈依。尤其是在战争频发时期，很多的战败者开始笃信时宗，以躲避残酷的现实，这是室町时代时宗的一大特色。为了救世，时宗信徒作为从军僧活跃在各种战场上。当然，他们不是来作战的，而是来扮演"战地医生"的角色进行救死扶伤的，他们的行为颇有现代红十字会组织的性质。根据当时文献《太平记》《明德记》《大塔物语》等的记载，这些时宗信徒的作用一是不分敌我，安置双方战死人员的遗骸，并为他们建塔超度；二是对伤病人员进行治疗和护理；三是慰问战士，鼓舞士气。他们的名字很有特点，一般都带着"阿"，同时往往有一技之长，如室町时代特有的艺能，大都是由"阿弥"号的人所开拓。在医疗领域也一样，正是时宗信徒首先注意到了战地医疗，直接带来了日本金创医疗和外科医学的问世和发展。

## 第二节 文学艺术

室町时代的文学形态主要有连歌、战记物语、随笔、御伽草子、谣曲、五山文学以及俳句等。

### 一 御伽草子

"御伽草子"是通俗的故事性短篇小说的统称。"御伽"是指那些专门服侍君主、为其闲聊解闷的人。按题材可将其分为公家、武家、僧侣、平民、异国和异类等；按主题则可将其分为童话、寓言、传记小说、恋爱小说、鬼怪故事等。这些故事没有固定的作者，广泛流传于民间，主要读者和受众是城市的市民、下级武士和部分识字不多的农民。御伽草子大多图文并茂、浅显易懂、朗朗上口。

御伽草子是从"拟古物语"（平安物语的模仿作品）到"浮世草子"之间大众文学发展的一种过渡形式，大多只有人物和事件的叙述，而缺乏对人物的个性和心理的描写，但其内容往往富有知识性、教育性和启蒙性，受到上至公家、新兴武士，下至庶民的普遍欢迎。对于了解室町时代日本人的人生观、宗教观和信仰生活具有参考作用。一些故事可能受到中国文化的影响，如《后汉书》中的"蔡顺分葚"一事，在御伽草子中也有相似故事，但最直接的影响因素可能是中国的明代通俗文学。

这些讲述民间故事的御伽草子之前一直没有受到足够的重视，到了近代，才被整理出来。据说原有500余篇，但大多数已经散佚，现保存完整的不过20余篇。代表性作品有《文正的故事》《懒汉的故事》《酒天童子》《田村草子》《源义经荒岛奇遇》《弁庆的故事》《浦岛太郎》《桃太郎》《素食鱼类的故事》以及《鸦鹭战争的故事》等。

## 二 谣曲

谣曲，实际上就是能乐的脚本。它是日本最古老的传统戏曲，意义特殊。谣曲一般包括对白、词及曲，篇幅短小。著名的谣曲家有观阿弥、世阿弥、观世十郎元雅、金春禅竹、金春禅风、观世小次郎信光以及观世弥次郎长俊等。从14世纪到16世纪，能乐基本是世家传承。

谣曲的剧情虽然简单，但也有一定的情结与美学范式。剧中人物包括主角、副角、配角、旁白等。大部分科白和唱词使用和歌的"五七调"，在美学风格上追求幽玄、典雅与哀怨的贵族趣味，具有抒情诗歌的特征。

从题材来看，绝大多数取材于日本固有的文学作品，如《源氏物语》《平家物语》《太平记》等，此外还有一小部分则属于中国题材，如《石桥》《钟馗》《唐船》以及《杨贵妃》等。写作中国题材最多的是金春禅竹。

从类别来看，大致可以分为五大类：一是"胁能"，即神事能或祝言能，以神为主人公；二是修罗能，以武人为主人公；三是假发能，以男人戴假发扮美人为主人公；四是鬼畜能，以鬼神、畜生为主人公；五是狂女能，以狂女为主人公。

## 三 五山文学

镰仓时期，禅宗传入日本，随着两国僧侣交往的日益频繁，中国宋元文学也传至日本，形成日本文学史上汉文学的鼎盛时期。因为是以禅宗的"五山"为中心发展起来的文学活动，文学史上称之为"五山文学"。而所谓"五山"指的是镰仓、室町幕府管辖下的镰仓、京都的各五大寺，以及被称为"五山之上"的京都南禅寺在内的十一所寺院。当然，这一文学现象其实还包括了"五山"以外的禅宗寺院的文学，所以也有学者认为将其称为"禅林文学"更为贴切。其基本特点是受到同时代中国文学的影响，具有宗教性、学问性等要素。内容多为宗教性较强的偈颂、法语等语录类文章以及四六骈俪文。

### （一）五山派儒学

镰仓时代传入日本的朱子学到了室町时期已成为儒学的主流。南北朝时期的虎关师炼编写了日本第一部韵书《聚分韵略》以及日本佛教史《元亨释书》和文集《济北集》，为日本的儒学史做出了较大贡献。此外，中岩圆月[①]、义堂周信以及岐阳方秀等都是著名的儒僧，是五山派儒学的泰斗。

---

① 中岩圆月深受中国文化之影响，曾欲著书立说，主张日本人为泰伯子孙。结果，书尚未成，竟遭焚毁，本人也受到处罚。后来桃源瑞仙对此事深表遗憾，在其所撰的《史记抄》中说："中岩师私撰《日本纪》，有анной议不行，惜哉！"又《本朝通鑑》"续编"历应三年（1340）在"僧圆月在镰仓藤谷修《日本纪》"项下注曰："传称：'圆月谓本朝吴泰伯之后也，故有姬氏国之称，且曰东方君子国，亦以此也。'其书未成，闻于朝廷。朝议谓：'圆月私修国史，除天神地神所以开此国，漫称出自异方之人，其书不可行于世，乃焚其章。'"这也是日本史上有名的文字狱。

五山儒学又可分为以下几个学派：第一是公卿学派，代表人物是一条兼良、三条西实隆和壬生雅久。第二是萨南学派，代表人物是桂庵玄树。他在萨摩出版的《大学章句》是日本最早出版的朱子新注。第三是海南学派，代表人物是南村梅轩。第四是博士家的折中学派，代表人物是清原业忠和清原宣贤。

流传于五山禅僧之间的朱子学具有浓厚的佛学气息。而最初使朱子学脱离僧侣之手而独立的，应是藤原惺窝（1561—1619）。藤原惺窝自幼为僧，后读宋儒性理之书，发奋还俗。也曾拟赴明留学，无奈遭遇飓风阻于萨摩未达目的，获得桂庵玄树加和点的《四书新注》，苦心钻研，终于成为一代大儒。

顺便交代，儒学在日本的大盛要到江户时代，江户幕府把程朱之学作为官方学说加以推崇。当时，日本几乎所有的藩均以儒学为本，有超过255所（日本全国共有300个藩左右）的藩校传授儒家经典。面对普通民众的学校——寺子屋讲授的也是孔孟之道。但是，尽管有着如此尊崇儒学的文化传统，日本却最终没能成为像中国或韩国式的"儒教国家"。究其原因何在，著名作家司马辽太郎的观点可供参考。他认为，儒教是需要经典来传承的，但是，假如只有书籍而没有相应的政治体制，没有将理念渗透到社会生活的每个环节中去，就不能成为完整的儒教，只有当人们的日常生活中充满了长幼秩序、各种礼仪规范等内容时，才能成为真正意义上的儒教。而日本恰恰就是重点汲取了儒教中的教养和知识，而规避了其中压抑人性的部分。所以，我们也可以认为，日本人的生活观实际上始终是游离于儒教核心价值体系的。正因为如此，才会有普及全国的裸体祭祀活动、男女混浴等与儒教完全不搭调的行为存在。

（二）五山文学

所谓"五山文学"，狭义来说，是指镰仓末期至室町时代盛行于京都、镰仓五山禅林中的汉文学。事实上，当时五山十刹之外，还存有许多重要的宗派，他们也创作了大量的汉文诗。因此，从广义上来说，五山文学不应限定五山派的禅僧文学，而是应该包括非五山派的

## 第十二章 室町文化

其他宗派的诗歌和骈文的创作。例如一休宗纯、寂室元光等就不属于五山的文学僧。

镰仓时代末期室町时代初期，五山文学处于萌芽状态，以记录禅师言行的语录为表现形式，主要是阐述宗教哲理。1386年，室町幕府正式将五山制度确定为新的宗教政策后，五山不仅获得了宗教的繁荣，而且聚集了一批文学僧，五山文学也从以前的"语录"形式中分离，形成了独立的汉诗文形态，开始走向纯文学方向。

五山文学之祖是东渡扶桑的宋僧一山一宁，其门下诗才辈出。弟子梦窗疏石的《梦窗国师语录》和雪村友梅的《岷峨集》被视为前期五山文学的代表作。其后，有"五山文学双璧"之称的义堂周信和绝海中津把五山文学推向了高潮。其代表作有义堂周信的《空华集》《空华日工集》，绝海中津的语录以及诗文集《蕉坚稿》等。顺便说明，因躲避元末之乱而东渡日本的原苏州教授陆仁与义堂周信、绝海中津都有交往，并于洪武元年（1368）随同绝海中津回了国。

五山文学的题材十分广泛，有入寺、住山的上堂法语、佛事、诗文、随笔及论说文。它的发展主要可分为三个阶段：第一阶段是14世纪前期，以宗教的偈颂和古典主义作品为主。第二阶段为14世纪后期，以带有世俗倾向的诗文为主。第三阶段为15世纪到16世纪前期，作品彻底世俗化和日本化，汉诗与传统的万叶集恋歌一脉相承，以歌颂恋情为主。

在五山文学没落的时候，有两种现象特别值得关注，第一是一休宗纯的出现。这位自称"狂云"的"疯癫和尚"，用自己的实际行动对禅林的腐败和颓废风俗进行了体无完肤的嘲讽和反拨。第二是策彦周良等被称为颓废的五山文学中的奇葩。

叶渭渠先生曾对日本文学从古代向近古（镰仓时代至江户时代）的发展过程的变革做了总结，共有五个特点：一是公家文学与武家文学的对立、并存与消长；二是以英雄叙事诗为代表的战记文学的兴起；三是文学走向多元化、庶民化和大众化；四是新佛教文学和禅林文学的兴起；五是禅文化精神育成近古的审美主体。① 笔者认为，叶先生的上述总结也非常有助于我们对室町文学的认识。

在五山文学中，还有一类作品非常有特色，那就是艳诗。前面已经提及，在室町时期的禅林中，同性恋倾向比较突出，满足变态性欲的其中一个方式就是给身边的美少年（往往是喝食）写艳诗，著名的有心田清播的《心田诗稿》、三益永因的《三益艳词》等。详细描写寺院同性恋的书籍很少，但是成书于镰仓时代的《弘儿圣教密传》（现藏比睿山麓的睿山文库）把同性恋现象借以密教经典仪轨的形式，作了详细介绍，有兴趣的读者可以一览。

对于室町时代的寺院同性恋现象，来看一则真实记录。《碧山日录》"宽正三年四月一日"条中有如下记载：

等久侍者来曰："前夕有招余者，乃入其居，同床终夜。一团和气，寔似回春。于复欲尽之时也，作词欲以谢焉。然而不知所以为谢也，请为余作一诗，赐之不亦幸乎。"乃领之曰："九十韶光流景频，又知故意为君新。同床今夜只须睡，纵到晓钟犹是春。"久笑而净书赠之。②

引文大意为：来访者等久侍者某日应邀和一少年同床，那夜感觉和气回春，后欲作诗以谢，无奈自己不会，只得求助云泉太极。从等久侍者堂而皇之地告知太极的口吻判断，当时禅林这种现象可能已经是司空见惯的了。

当然，室町时代除了上述的文学形式外，还有以下几点值得关注：一是对古典的研究，二是歌集的出版，三是抄物（讲义笔记）的流行。公家因其在政治上的失意，把精力转向了对古典的注释研究，其中首推对《日本书纪》的研究，主要表现在对该书的抄录、校勘和讲解上。

---

① 叶渭渠、唐月梅：《日本文学史》"近古卷"（上），昆仑出版社 2007 年第 2 次印刷，第 28—40 页。
② 史籍集览研究会：《碧山日录》，すみや書房 1969 年版，第 260—261 页。

如一条兼良的《日本书纪纂疏》、吉田兼俱的《日本书纪抄》等。其次是对《古今和歌集》《伊势物语》和《源氏物语》等文学作品的研究。例如北畠亲房的《古今和歌集注》和一条兼良的《古今集童蒙抄》《伊势物语愚见抄》《花鸟余情》等。再如曾居正二位内大臣的三条西实隆一生致力于古典的书写、校勘、注释，著有《弄花抄》《细流抄》《伊势物语直解》以及《万叶一叶抄》。日记《实隆公记》是一部记述公家生活的珍贵史料。顺便提一句，在此日记中，曾提到东渡日本的明朝宁波人宋素卿与三条西实隆会面的情景。

在抄物上取得成就的主要有桃源瑞仙（1430—1489）的《史记抄》和《百丈清规抄》，惟安妙高（1480—1567）的《诗学大成》和《玉尘》，清原宣贤（1475—1550）的《长恨歌抄》以及《神代卷抄》等。

有趣的是，如果翻阅当时听讲座者的笔记可以发现，除了记录讲义内容外，还记录了杂谈时谈及的最新医学知识、经营庄园的技巧等，可见，五山禅院的汉文授业，不仅是普及汉文知识的场所，也是幕府官僚、朝廷官员进行信息交流的重要场所之一。[1]

由一条兼良和三条西实隆等开创的古典研究，后为中御门宣胤等人承袭，为近世的日本学奠定了基础。

而南北朝时期代表性的歌集是完成于贞和二年（1346）的《风雅和歌集》和完成于弘和元年（1381）的《新叶和歌集》。前者是京极派和歌的集成，后者是吉野朝廷侍奉者作品的荟萃。而进入室町时代以后，作为公家文化象征的"敕撰和歌"的传统逐渐消逝，而相对应的是连歌作为一种新的文艺形式开始兴起，这是室町时代文化动向的一个重要现象。到了室町时代后期，连歌的地位被俳谐连歌所取代。

## 第三节　建筑艺术

中世时贵族府邸建筑的神社风格逐渐被书院风格所替代，书院

---

[1] 川本慎自：《五山僧の学問》，《日本の歷史》（25），朝日新闻社2013年版。

风格定型于 16 世纪。神社风格建筑的房间一般铺设地板，只有抬高的睡觉区域铺席子。而武士统治者们则将他们用于公务处理的房间（也称"会所"）铺满榻榻米。进而采用禅宗寺院的窗户风格及其他特点，如障子、拉门的使用，使得这样的房间可以随着聚会人群的性质、人数和目的提供不同的场所。16 世纪随着"佗茶"这种仪式性的饮茶活动的兴起，室内设计的以上特点就汇合成为一种相当标准的形式，即房舍的书院风格了。在江户时代它成为一种标准化，直至今天成为典型的日式房屋。

与上述房屋的变化相适应，此时的园林设计也由原先那种开阔、明亮、以池塘为中心的格局变为林木遮荫、小而精巧的景观园林。中国禅宗寺院的精神意味更加浓厚，常以石、沙、草木与水来装饰园林，显得较为朴素和平淡。在日本庭园艺术中，受禅文化精神影响最大的莫过于禅院的"枯山水庭园"。所谓"枯山水"就是利用石头、石子造成偏僻的山庄、缓慢起伏的山峦的景象，或者造成山中的村落等模样，试图让人产生一种身处野景的情趣。"枯山水庭院"作为一种独立的庭院模式，成为室町文化最具象征意味的标志。

上述建筑和园林设计的主要代表有金阁寺、银阁寺和大德寺中的大仙院、龙安寺等。

### 一 金阁寺与北山文化

1950 年 7 月 2 日黎明时分，一名叫林养贤的僧人放火烧掉了日本国宝金阁寺，据说纵火的理由是嫉妒金阁寺之美。六年后，日本作家三岛由纪夫以此事件发表了长篇小说《金阁寺》，当年就获得了日本"读卖文学奖"（1949 年由读读卖新闻社设立的日本文学奖）。之后小说被翻译成各种文字出版，我国读者也因此进一步了解了金碧辉煌、美轮美奂的金阁。

应永四年（1397），足利义满以河内领地作为交换，从西园寺公宗处换得了位于京都北山的西园寺，并加以改造修建，使之成为自己的山庄，时称"北山殿"或"北山第"。在把将军职位让给儿子足利义持之后，足利义满仍于该处处理朝政，接待天皇等政界要人。足利义满死后，以其法号将此山庄命名为"鹿苑寺"。寺内的中心建筑就是舍利殿的金阁，因此也将整个寺院称为"金阁寺"。

舍利殿金阁共有三层：底层为寝殿造风格，名曰"法水院"，中央供奉宝冠释迦如来像；二层为书院造风格，名曰"潮音洞"，安放岩屋观音坐像和四天王像；三层为禅式佛殿风格，名曰"究竟顶"，安置佛舍利。

放眼望去，整座建筑金光闪闪，无比耀眼。其实底层未施金箔，乃纯粹的白墙、素木结构，二、三层则贴满金箔。

金阁寺的建筑风格充分体现了当时的武家文化和时代风貌，是北山文化最杰出的代表。

## 二 银阁寺与东山文化

足利义政迁居东山山庄后，也称其为"东山殿"。由于足利义政的后半生醉心于文化艺术，且颇有建树，因此把这一时期的文化统称为"东山文化"。

自宽正六年（1465）起，足利义政就着手准备建造东山山庄，但是不久就发生了"应仁之乱"，计划被迫中止。"应仁之乱"结束后的文明十四年（1482）二月四日，足利义政再次开始营造山庄，其巨额的费用就摊派给各国的守护大名。但是因费用难以顺利筹措，工期一再延误，所以，银阁虽比金阁小，却用了整整九年时间。这山庄的建造，招致了守护大名和农民的强烈不满。

东山山庄的正式名称是"东山慈照寺"，山号"东山"，开山者为梦窗疏石。把它称为"银阁"是从江户时代初期才开始的。至于"银阁"一名的由来，主要有两种说法，一是模仿金阁所造，所以有此名。二是原来计划贴银箔，但由于特殊情况（幕府财政困难抑或足利义政去世）而中止。

现在山庄还留有当时的历史建筑观音堂和东求堂，实际上，"银阁"本来是对观音堂的称呼。观音堂分为上下两层，上层潮音阁为书院造，底层心空殿为禅宗样式，这种融合的形式与金阁寺如出一辙。但是银阁的上层宽大，建筑整体上有一种不稳定感。

尽管东山的建造历尽艰辛，但是给后世带来的影响很大。如一直保存至今的东求堂就是典型的代表，其中只有四块半榻榻米大的"同仁斋"是举世闻名的初期书院造的典范。从寝殿造到书院造这种建筑样式的变化，在日本建筑史上具有划时代的意义。日本人现在日常生活中常用的隔扇、榻榻米以及拉门都可以追溯到书院造。此外，隔扇的使用，催生了隔扇画的问世；因整个地面铺设了榻榻米，所以插花、挂轴这种室内装饰艺术也随之兴起；从四块半榻榻米的空间里还诞生了传统的茶道艺术。总之，书院造的出现，是多种室町文化绚丽展现的开端。

### 三　枯山水

前文已对"枯山水"稍有涉及，这里再展开说明一下。禅文化对建筑美学也产生了极大的影响，其代表就是"枯山水庭院"的出现。应该说，足利义政本人对造园有着深厚的艺术造诣，还在自己身边聚集了一批大多号称"弥陀"的同朋众，他们精通各种技能，畅游在艺术的世界中。例如，造园专家善阿弥，猿乐艺术家音阿弥，狩野派之祖狩野正信等。而他中意的园林艺术家中有一称作"河原者善阿弥"的人物。所谓"河原者"，是指那些住在河滩从事饲养牲畜、清扫、染色等职业的人群，把其中从事造园的称作"山水河原者"。善阿弥得到足利义政的信任，为东山山庄等建造了很多的园林，有"天下第一名手"之称，其孙子又四郎也是杰出的造园艺术家。

所谓的"枯山水"就是不用一滴水而来表现大海的造园艺术，最著名的就是龙安寺的石庭。在其特有的环境气氛中，以经过细细耙制的白砂石铺地，几尊石组叠放有致，致使原本有限的空间可以对人的心境产生神奇的力量。这种独特的简朴美发展成了日本独特的"闲寂幽雅"的审美意识。

"枯山水"作为造园用语，最早可追溯至藤原赖通之子橘俊纲编写的《作庭记》一书。它也可被称为"假山水""故山水""干泉水""涸山水""唐山水"等，读法也五花八门。在日本造园史上，枯山水一般可分为前后两期，前期的庭院一般位于山麓，后期则多建于平地。

而关于"唐山水"一名，在瑞溪周凤的《卧云日件录拔尤》文安三年（1446）十月十二日条中有如下记载："建仁瑞岩相逐来，定水庵主携胡饼号唐山水者来，盖不入水之佳饼也。"①

当然，定水庵主给瑞溪周凤拿来的不是庭院枯山水，而是一种不加水的上等好饼。可见，所谓"唐山水"与"枯山水"有着相同之处，即皆为无水之作。

如今提到"枯山水"，当属京都龙安寺最为著名。而江户时代的造园文献《筑山山水传》中记载说，龙安寺的"枯山水"可能源自在中国南宋时期有五山之首之称的杭州径山禅寺。②

图 12-5　龙安寺枯山水

---

① 瑞溪周凤：《臥雲日件録拔尤》，岩波书店1992年版，第4页。
② 白井隆：《試論「竜安寺の石庭は径山寺の写し也」》，《径山大慧禅国际学术研讨会论文集》，杭州径山禅寺，2013年。

## 第四节　书画艺术

### 一　书坛概况

纵观室町时代的书法，可以说是对镰仓时代的一种继承而已，但因公卿、武士势力的衰弱，书法也显得缺乏生气和魄力，呈现出衰退趋势，是一个缺乏个性书法家的时代。同时也许是受到南北朝分裂的影响，轻视个性而追求技法，拘泥传统而受规范束缚，扼杀了自由发展的书风。不但如此，书法还与道德、宗教的世界相结合，形成了一种"道"文化。这种书法之道推崇口授秘传，重视师承胜过技法和艺术性。因此，日本书法史上第一次出现了门派意识，各种流派林立。① 这种强调师承、强调流派嬗变的现象虽然在大文化的考察中是一个了不起的文化现象，但过于单一的固定师承不但视野狭窄、趣味靡弱，其技巧也逐渐衰退而变得机械化了。②

享禄二年（1529）藤原行季去世，世尊寺流后继无人。这时持明院基春（1453—1535）崭露头角，另立持明院流派而取代了世尊寺流派，但因其一直奔走于官方文告宣旨之类，缺乏生命力。而青莲院尊圆亲王创立的青莲院流在此期间得到了空前的发展，不仅得到了公卿和武士的青睐，还远播琉球等地。作为一种大众化的实用书体青莲院流无疑是成功的，但从书法意义上说，它固守传统，沉滞不前。尽管派生出许多支流，但墨守师风，束缚于传承，缺乏创造性。

继镰仓时代之后，虽然镰仓时代的书法风格得以延续，但无创新之作，唯一例外的是一休宗纯：其书笔锋尖锐，气势逼人，自成一家。同时值得一提的是，在该时期末期，出现了古笔风潮，鉴赏家辈出。

---

① 堀江知彦：《室町時代の書風》，《書の日本史》第四卷 "室町·战国"，平凡社1975年版，第35页。
② 陈振濂：《日本书法通鉴》，河南美术出版社1989年版，第438—439页。

## 二 明代书风的传入

洪武元年（1368），日僧绝海中津、汝霖良佐、权中中巽、如心中恕、伯英德俊、大年祥登、元章周郁等入明留学。其中"五山文学双璧"之一的绝海中津来到中国后，跟随名僧季潭宗泐问学，又跟随清远怀渭学书。两位高僧都是书法名手，绝海中津也不负师望，留下不少格调高雅的佳作。应永八年（1401），仲方中正来到中国。仲方中正精通楷书，因受明成祖之命书写"永乐通宝"四字而闻名遐迩。明成祖也特赐一幅写有"相国承天禅寺"六字的法被以示褒奖。关于这段逸闻的真实性，曾有不少人表示过怀疑。日本学者东野治之认为，这一事件是在事件后七十余年的某一天，仲方中正的儿子心月梵初拿着一幅山水画给当时著名的五山禅僧横川景三观看时，横川景三首次披露的，因此应该不会是横川景三的臆造。另外，"永乐通宝"主要被用于赏赐外国，并不是国内的通用货币。基于以上这两点，东野治之认为仲方中正题写"永乐通宝"是可信的。①

明初陶宗仪的《书史会要》"补遗"部分的"外域"中载有"释中巽，字权中，日本人，书宗虞永兴"，即前文提及的与绝海中津一起入明的权中中巽也善书法，宗法唐朝的虞世南。洪武元年（1368）入明后，曾任杭州中竺藏主一职。洪武五年（1372），明使仲猷祖阐、无逸克勤出使日本之际，曾充任通事一度回国。

继陶宗仪《书史会要》之后，同时代的朱谋垔认为，喜陶氏《书史会要》有益书家，于是择取明代善书者续其卷后，即《续书史会要》，其中有"释永杰，字斗南，扶桑人，书宗虞永兴"的记载。关于斗南永杰的出生地、生卒年皆不详，只知为临济宗焰慧派僧，师从南禅寺少林庵的春谷永兰，中年入元，② 回国后以一介平僧而归隐。日本学者上村观光认为，归国后斗南永杰曾住城州鸣泷村妙光寺，而玉村竹二则认为

---

① 东野治之：《日本僧が書いた「永樂通寶」》，载《書の古代史》，岩波书店1994年版。
② 玉村竹二：《五山禅僧傳記集成》，思文阁2003年版，第496页。

这没有任何根据，所以不足为信。斗南永杰善书，深得唐朝虞世南笔法之精妙，有"杰斗南样"之称。据季弘大叔《蔗轩日录》"文明十八年十二月廿九日"条的记载，"贞庵、双桂、斗南为少林三绝。斗南为兰春谷之弟子"。① 可见斗南的书法被认为是南禅寺少林庵的一绝。日本相国寺的兴彦龙评其书法曰："斗南翰墨续谁灯，咄咄休言逼永兴。书止晋人人不会，梅花直指付倭僧。"②

明初以宫廷为中心，流行虞世南的楷书，而上述的权中中巽和斗南永杰不仅善书，而且书风直逼虞世南。可见明朝的这种风气也波及日本。室町时代，禅院的匾额往往以唐楷品味为高，大概与此不无关系吧。

绝海中津、权中中巽等人是因私来中国留学，其对中国文化东传的作用当然不可小视。据称，自从朱元璋和绝海中津在宫廷唱和徐福东渡诗文后，秦姓在日本的地位得到猛升，以至于著名的戏剧大师世阿弥都自署"秦元清"，一是表明自己与秦氏有关，二是显露自己对中国文化的崇尚。③ 此外，明朝文化得以持续对日本产生影响的另一个渠道就是政府定期派遣的使节团。建文三年（1401），室町幕府将军足利义满任命肥富为正使，祖阿为副使出使明朝，拉开了明代中日朝贡贸易的序幕。在这之后的将近一个半世纪里，日本共派遣使团十九次，日本历史上称其为"遣明使"，其人员、船队规模都可以和遣唐使相媲美。除了第一次的正副使外，其余十八次都是由著名的五山禅僧担任正副使。这些禅僧均具有很高的汉学④造诣，来到明朝后，除完成贸易任务外，还

---

① 东京大学史料编纂所：《大日本古记录·蔗轩日录》，岩波书店1953年版，第261页。
② 上村观光：《五山文学全集》别卷，思文阁1973年版，第536页。
③ 孟宪仁：《日本戏剧大师世阿弥的血缘奥秘考——兼论世阿弥的中国意识》，《日本研究》1990年第3期。
④ 纵观日本的中国研究史，大致可以以明治维新为界，分成前后两个阶段：前期称作"汉学"，在江户时代达到鼎盛；后期才叫"中国学"，一直延续至今。从严格意义上讲，"汉学"既是中国学也是日本学，或者说两者兼有。明治以前的日本人是将"汉学"作为本国传统文化的一部分进行研究的。明治维新以后，在"脱亚入欧"的风潮下，日本经受"欧风美雨"的洗礼，文化结构发生变异，西学从某种程度上替代了汉学的角色，汉字负载的文化遭到疏远和异化，逐渐衍生出"中国学"这一新型学科。日本把中国作为外在的客观对象，进行真正科学意义上的研究，无疑起始于明治时期，并在大正、昭和时期趋于成熟。

## 第十二章 室町文化

积极展开了文化交流。当然书画也是其中的一个重要内容。

此外，宁波文人对日本室町时代，尤其是禅林书法的影响很大，其代表人物主要有詹仲和、方仕、丰坊、张楷一家以及以金湜为主的高年社成员等，他们都有相当多的作品流播东瀛。①

### 三 和样流派

书法流派并不是室町时代的产物。但出现了能写各种书体的书法家，尽管他们大多大同小异，缺乏特色，但确实为后来流派的形成打下了基础，主要有以下几个派别：敕笔流、素眼流、宋雅流、彻书记流、尧孝流、飞鸟井流、宗祗流、二乐流、堺流、三条流、后柏原院流、宗鉴流、尚通流、稙家流等。

### 四 五山样

前面已经提到，镰仓时代日本与宋、元交流频繁，宋风的禅宗样盛行一时。但是到了室町时代，特别是从 14 世纪后半期开始，禅宗因其贵族化而衰落。禅僧普遍沉溺于文辞之流，即所谓的五山文学极其隆盛。但另一方面，书法沦为风流韵事一类，虽然当时五山禅寺崇尚中国文化，流行宋、元、明书风，但技法可观者不多。在日本书法史上，也把五山书风称为"五山样"。五山样的一个特点是书画一体，即将书法与山水画或高僧顶相相互结合。当时五山禅僧所推崇的中国书法家主要有黄山谷、赵子昂、张即之，而王羲之、虞世南、颜真卿这种讲究技法的书体反倒反响平平。五山样的代表书法家主要有梦窗疏石、铁舟德济、绝海中津、一休宗纯、了庵桂悟②等。值得一提的是一休宗纯，其书体笔锋尖锐，气势逼人，于书坛无愧中外，卓

---

① 具体可参见海老根聪郎《宁波の文人と日本人—十五世纪における—》《东京国立博物馆纪要》——号；王慕民、张伟、何灿浩《宁波与日本经济文化交流史》第五章的第四节"明代宁波与日本的文化交流"（海洋出版社 2006 年版）。

② 朱云影在《中国文化对日韩越的影响》（广西师范大学出版社 2007 年版，第 28—29 页）中指出，阳明学传入日本，可溯源至日本永正十年（1513）。那年日僧了庵桂悟于回国前亲访王阳明，并承阳明赠序一篇。不过阳明学的发扬，仍有待于百年后的中江藤树。

然自成一家。

## 五 绘画

应永年间（1394—1428）在日本美术史上是一个重要的转折期。禅僧、武士和贵族频繁举行赋诗会，因此，诞生了"应永诗画轴"，即在一幅画上具有多首题赞的画轴。其中具有代表性的就是京都五山禅林中的渡唐天神像。[①] 以往一般认为此传说诞生于南北朝初期，但根据大塚纪弘和上田纯一的研究表明，在镰仓时代末期的大宰府光明寺已经出现这一传说，并推定该传说的创作人为入宋僧圆尔的弟子铁牛元心。[②]

到了15世纪，日本出现了"大和绘"和"墨绘"两大绘画流派。大和绘的代表是土佐光派的艺术家们，他们担任着朝廷画师的职务，《融通念佛缘起绘卷》《慕归绘》等是大和绘的名画。而墨绘则在寺院内较为繁荣，代表人物是禅宗僧人们，其在绘画方面取得了巨大的艺术成就。天章周文和雪舟等杨将如拙开创的水墨画，即"墨绘"发扬光大了，其最大的特点就是运用大幅的余白和省笔，从空漠的"无"中创造出一种超然物外的艺术力量，从"无"中发现最大的"有"，体现日本"空寂"的艺术精神。

与此同时，肖像画继续保持着兴盛的局面，尤其是被称为"顶相"的禅僧肖像画独树一帜。

足利义政在位时期，幕府对其收藏的艺术品首次系统地进行了整理和归类，这些艺术藏品为这一时期艺术家们从事创作提供了重要的参考资料。当然，部分画僧还到中国、朝鲜游历山川风物，直接师从大自然。

---

[①] 有关渡唐天神像的起源、传说以及演变可以参见陈小法、江静的《径山文化与中日交流》（上海辞书出版社2009年版）第四章"无准师范与渡唐天神像"。

[②] 大塚纪弘：《渡唐天神説話源流考》（《日本宗教文化史研究》9卷2号，2005年）、上田纯一：《渡唐天神説話の発生をめぐって》（《日本宗教文化史研究》5卷1号，2001年）。

而狩野元信则融合了大和绘和中国画的一些最流行因素，创建了一种新的作画风格，即世俗水墨画。

图 12-6　白衣观音图（狩野元信画，波斯顿美术馆藏）

顺便提一句，此时期的雕塑显得呆板，与生动的绘画形成鲜明对比。康拉德·托特曼认为，当时能剧中使用的面具堪称雕塑艺术的杰作。①

## 第五节　趣味与文化

为了躲避"应仁之乱"的兵祸，公家贵族纷纷离开京都逃往地方，贵族文化也随之普及地方并生根发芽。与此同时，一些文化人也在地方大展宏图，庶民文化也在这一时期争奇斗艳。其中著名的就有被称为"小京都"的山口和土佐中村等。

---

① 康拉德·托特曼：《日本史》，王毅译，上海人民出版社 2008 年版，第 184 页。

同时，一些由公家社会传承、武家社会所吸收的传统文化也逐步渗透到庶民生活中，许多传承至今的生活文化开始在那个时代出现雏形。服装方面，庶民开始穿着简略化的武家服装。饮食方面涌现了越来越多的以稻米为主食的百姓，一日三餐的习惯也在这个时候形成。在居住方面，"书院建筑"取代古代贵族的住宅"寝殿建筑"，成为现代和式建筑的原型；开天窗、铺榻榻米、使用纸拉窗也是从此时开始的；京都居民的房屋多呈"口"字形，中间为公用地带；民间塔婆形式的墓标制作也始于室町时代。除此之外，一些从公家经武家传承的年中行事也被百姓所接受，为庶民生活增添了丰富的色彩。还有一点就是14世纪、15世纪前后也被认为是古代日语向近代日语转变的过渡期。

### 一　唐物崇拜

在日本，对唐物（中国货）的崇拜和追捧自古就没有间断过。大宰府作为中国货的进口基地长期发挥着作用，无论是平氏还是镰仓幕府，都积极进口中国商品。在中国元代，尽管中日之间曾经开战，一直也没有建交，但14世纪前期被称为"寺社造营料唐船"船只在中日间的往返非常频繁。1976年打捞上来的新安沉船（实为"东福寺造营料船"）上有铜钱28吨以及大量的青瓷、白瓷等中国货就是一个很好的证明。

唐物并不一定来自中国大陆，也包括从朝鲜半岛、琉球进口的物品。这些物品包括铜钱、绘画、书籍、丝织品、香料、药材、工艺品、陶瓷器、金属器皿等，也有像大象、孔雀、鹦鹉之类的珍奇动物。尤其是中国铜钱，在室町时期曾大量流入日本，除了人们熟悉的永乐通宝之外，宋朝铜钱也是日本人尤其钟爱的唐物之一。[1]

获取唐物的渠道主要是官方的勘合贸易和民间的走私贸易，当然也可以像九州岛津氏以及掌控濑户内海的大内氏那样，通过自己独特

---

[1] 东野治之：《貨幣の日本史》，朝日新闻社2004年版，第105—124页。

的外交渠道获得。

对于大量流入日本的中国货,吉田兼好法师曾尖锐批评说:"大唐的货物,除药材外,其余的没有也无妨。书籍一类已经广为流传,没有的,也可以转抄下来。到大唐的航程很艰难,如果尽把些无用之物运回我国,是极愚蠢的事。"①

唐物主要用作皇族、贵族、武士、僧侣之间的赏赐物或高级赠品,并常作为装饰道具陈列于会所这样人多会集的地方。像足利义满这样特别偏爱唐物的将军,不仅收藏了大量的宋元画作,连花瓶、香炉、屏风等生活用品也都是一些珍贵的中国古董。而管理、鉴赏、陈设这些唐物的就是被称为"同朋众"的特殊艺术家们。

## 二 茶道

现在提起茶道或茶会,大家首先会联想到"侘"(wabi)"寂"(sabi)等典雅、幽玄、风趣的词汇吧。其实在室町时代初期它只是一种宴会式的斗茶游戏,以区分"本茶"和"非茶"为目的,而后进行奖赏。

《大日本史》中有多处记载了军中斗茶之事。如"卷之184""列传第一百一十一""将军六"的"足利尊氏"条目记载有"尊氏将士,日斗茶博饮"句,"卷之230""列传第一百三十""将军家臣十三"的"大佛高直"条目记载高直战败后,"博弈酒茶,赋咏以慰军士。"在"卷之230""列传第一百三十五""将军家臣十八"的"佐佐高氏"条目还记载有"酒三行,乃斗茶"句。因斗茶具有赌博性质以致它与后面提到的连歌会一样,在《建武式目》中明令禁止。之后,出现了当今茶会的雏形。到了室町时代中期,幕府的经济陷入窘境,奢侈的茶会也自然没了市场。到了八代将军足利义政时期,他在在慈照寺内建造了银阁、东求堂,把政务放在一边,而沉湎于自己的兴趣爱好中。在同朋众能阿弥的引荐下,茶人村田珠光向足利义政表演了草庵茶。草庵茶在将军的推崇下,迅速在一般民众中普及开

---

① 吉田兼好:《徒然草》,文东译,第107页。

来。同时，茶法越发简单化，用具越趋朴素化，街头也出现了一钱一碗的庶民茶摊，因此也有"一服一钱茶"之称。

村田珠光去世后，茶道也一时停滞不前，加之战火不停，爱好和平、崇尚风雅之士也纷纷逃离京都，寻求安居之地。鉴于天然的地理位置优势和高度的自治管理，大阪的堺市成了这些人的理想之选。创立"佗茶"的武野绍鸥也是移住堺市的茶人之一，他是村田珠光的再传弟子。所谓"佗茶"也就是邀上几位好友，在小而简朴素净的茶室中，以茶礼茶香以及简单的饭食来共同忘却尘世烦恼，净化心灵。

然而，真正集茶道大成者是千利休，他使过去铺张奢华的茶风变得孤独清闲，成为修身养性的一种手段。

典型的茶道仪式中弥漫着朴素静谧的氛围。客人们通过一个窗户大小的小门爬进一个约九英尺平方大小的房间里，体验茶道主人缓慢有序的、富有艺术性的泡茶手法。在饮过浓烈的绿茶茶水之后，主客之间会就茶碗和插花布置交换感受。足利幕府时代的很多建筑都采用了茶室的建筑特征。

此外，随着时间的推移和物质文明水平的提高，人们的生活方式也发生了许多变化。例如一日三餐的饮食习惯是在室町时代后期基本定型的。在烹饪过程中开始使用酱油、砂糖，方式上也出现了水煮、烧烤、清蒸、锅炒、油炸等多种不同的烹饪方法。随着饮茶习俗的进一步普及，不仅是甜食，油炸豆腐、纳豆、笋干、核桃、柿饼等作为茶点也开始被食用。比起装饰性，服装的实用性更被人们看重。这一时期还出现了现代和服的雏形。

## 三 能乐

这一时期的普通民众具有多种多样的文化艺术追求，尤其是在京都城里，富商们热衷于各种收藏，而普通民众也可在茶会、诗会以及连句比赛等文艺场合与贵族们进行交流和接触。此外，在"狂言"和"猿乐"的大众演员中也可见普通大众的身影。富民们也创作一些业余的水墨山水画。在一些以宗教为主题的庆典活动中，如京都地区的"祇园祭",城镇居民不惜显露财富,为游行活动准备华美的花车,活跃街道文化。

"不忘初心"——这是日本有名的谚语,可大家并不一定知道它的来历。其实这出自足利义满时代著名的能剧大师世阿弥(1363—1443)撰写的能乐专著《风姿花传》。世阿弥具有深厚的中国汉文化修养和中国情结。在他自编的能乐脚本、戏剧论述中,随处可见对中国的"四书五经"、《史记》、《庄子》、《老子》等经典的引用。他的中国情结,特别表现在以中国题材融入能乐这一方面。能乐中有个类别叫做"唐事",即指中国故事的舞台化。例如《邯郸》是唐人小说《枕中记》的舞台化,《三笑》取材于中国佛教公案《虎溪三笑》,此外还有《咸阳宫》《昭君》《项羽》《钟馗》《东方朔》《西王母》等,都是如此。①

世阿弥和父亲观阿弥以猿乐、田乐为基础,创立完成了能乐。他们父子俩既是戏剧作家又是演员,同时世阿弥还为这种艺术确立了基本的审美标准——"幽玄",即一种含蓄的神秘主义。能乐是一种避开现实主义的艺术形式,这种艺术形式积极地传达一种超越舞台表演和台词的深刻含义。

"能"又称"能乐""能剧",是一种将戏曲、文学、歌唱、舞蹈、对话等各种因素和形式组合起来的综合艺术。能乐形成时期没有专用舞台,只是在比较平坦高出的地方演出。现在常见的磨得精光滑溜的方形木质舞台,是在江户时期固定下来的。早期的舞台大多建在佛寺神社的院内,可见能乐与佛教、神道教之间有密切关系。舞台由"正台""桥挂""镜间"三部分构成。"正台"是表演的主体部分,其宽幅没有纵深的长度长。正台后部有镜板,一般画着三棵小松树。台面用松动木铺成,前低后高。舞台前还散落着一些鹅卵石,这些布景是能剧艺术原来在户外表演的象征性残留迹象。舞台上一般没有道

---

① 孟宪仁:《日本戏剧大师世阿弥的血缘奥秘考——兼论世阿弥的中国意识》,《日本研究》1990年第3期。

具，偶尔有一些象征性的布景。"桥挂"是演员出场和退场的通道，连接着"镜间"和"正台"。而"镜间"则相当于后面，一般观众是看不到的。舞台三面面向观众，在舞台和道具室之间，有一个穿越观众的能道相连，舞台和通道上建有屋顶。

能乐的结构一般可分为"序（一段）""破（三段）""急（一段）"，共五段；而从整体结构来分，又有"单式能"和"复式能"两种。

能剧的音乐具有独特的形式，演唱、笛子、鼓是其中三个组成部分，但三部分保持一致节奏的状态是不存在的。其音阶没有绝对的高音，每一音不是以平均律的音程关系组成的。其节奏也有两种类型，一是有音乐节奏的部分，二是完全自由的部分。表演时会使用合唱团，但一般不参与到戏剧的剧情中去，合唱团一般跪坐于舞台一角，和着演员跳舞时的节拍以歌声来表达演员的想法。剧中的音乐伴奏通常由笛子、击掌以及各种鼓类乐器完成。

能剧的演员一律为男性。戴着精致面具的演员通过细微的肢体动作和头部的微微倾斜来表现角色的思想和情感变化。素面表演的演员也是满脸木讷，毫无表情，宛如戴了面具。这种独具匠心的舞台效果可以使观众全身心地投入到体验戏剧所传达的精神信息中去，而不关注饰演角色的演员。

能剧的文学剧本称为谣曲，是在室町后期才出现的，之前仅有宴席用的节选谣曲本，大致可分为胁能、修罗能、蚝能、鬼畜能和狂女能五大类。

能剧剧本的情节很多来自日本的传统文学作品，如《源氏物语》《平家物语》和《伊势物语》等，也有一些来自中国的文学、历史或传说，如《七夕》《杨贵妃》以及《唐船》等。在采用中国题材的作品中，道教题材所占比重相当大，这似乎可以证明道教文化对谣曲创作产生过较大的作用。[1]

---

[1] 张哲俊：《中国题材的日本谣曲》，宁夏人民出版社2005年版，第286页。

当然，能乐不一定非得在专用舞台上演出，在野外燃起篝火演出的称为"薪能"，这种形式据说始于平安中期。但可以想见，在这样的临时舞台演出，许多细腻的舞台效果是无法得到呈现的。

能乐在国外的第一次公演是在1954年8月，地点是意大利国际戏剧节。在中国最早的公演是在1981年6月，地点是北京的首都剧场、天津的科学会堂剧场和上海的艺术剧场，曲目是《隅田川》《船弁庆》及狂言《盗瓜人》。由于能乐与古希腊戏剧有着相似性，所以能乐的演出在欧美各国引起了强烈的共鸣。同时，能乐还与西方艺术彼此互相吸收，出现了各种新的艺术探索，如复活古希腊悲剧的尝试，现代派艺术与能乐的结合等。

### 四 狂言

能剧的舞台气氛非常严肃，简直可以说是宛如坟墓般阴森沉郁，加之剧中的各种表演也都是象征性的，即使是一位情趣高雅并热爱沉郁的京都贵族，也难以持续几个小时观赏能剧。若想长时间吸引观众就需要在剧情之间穿插诙谐滑稽的内容来缓解情绪和气氛，"狂言"应运而生。

狂言一般都是些滑稽的插科打诨，表现幽默、愚蠢的行为，主要取自民间的现实生活，讴歌一般民众的勤劳、勇敢和机智幽默，讽刺掌权者，具有强烈的现实意义和批判性。与能剧相比，它要显得更加生动活泼，对观众素质的要求也低些。在狂言中，以主仆对手戏最为多见，并且仆人多以"太郎冠者""次郎冠者"命名。

狂言的曲目大致可以分为大名类、僧侣类、女婿女人类、鬼神类以及杂类五大类，其中大名类最为主要。著名的曲目有《武恶》《附子》等，两剧都活灵活现地展现了不盲从权威的中世日本民众的形象。

### 五 其他

如有急事，中世的村民会举行集会，以商量对策共同应对。这种

◆ 坐看风云起

集会也是一揆的雏形,所以政府经常进行取缔。和平时期村民们也会举行集会,主要的活动是进行祭祀以示感谢。这时通常要举行几种娱乐活动,上面提到的连歌就是集会中最重要的娱乐活动之一。其次是茶会、舞蹈等,以此来加深和谐的气氛。

此外,"盂兰盆会舞"是当时的群众娱乐之一,京都的"祇园祭"也成为民间带有娱乐性质的活动。

# 参考文献

郑舜功:《日本一鉴》,北海图书馆 1938 年版。

陈懋恒:《明代倭寇考略》,人民出版社 1957 年版。

名幸芳章:《冲绳佛教史》,护国寺 1968 年版。

呼子丈太郎:《倭寇史考》,新人物往来社 1971 年版。

井上清:《日本历史》,天津市历史研究所译校,天津人民出版社 1974—1976 年版。

上岛有:《戦乱と一揆》,讲谈社 1976 年版。

吴于廑主编:《十五十六世纪东西方历史初学集》,武汉大学出版社 1985 年版。

郑梁生:《明代中日关系研究——以明史日本传所见几个问题为中心（1368—1644）》,台湾文史哲出版社 1985 年版。

田中健夫:《倭寇——海上历史》,杨翰球译,武汉大学出版社 1987 年版。

宋希璟:《老松堂日本行録——朝鮮使節の見た中世日本》,村井章介校注,岩波书店 1987 年版。

赵建民、刘予苇主编:《日本通史》,复旦大学出版社 1989 年版。

永原庆二、青木和夫、佐佐木润之介:《日本の歴史第 2 巻·武士の社会》,读卖新闻社 1990 年版。

网野善彦:《中世再考——列島の地域と社会》,日本エディタースクール出版部 1991 年版。

上里贤一:《琉球漢詩選》,ひるぎ社1991年版。

宿久高:《日本中世文学史》,吉林大学出版社1992年版。

路易斯·弗洛伊斯:《日欧文化比较》,冈田章雄译注,范勇、张思齐译,商务印书馆1992年版。

瑞溪周凤:《臥雲日件録拔尤》,岩波书店1992年版。

文艺春秋编:《エッセイで楽しむ日本の歴史》(上、下),文艺春秋1993年版。

李领:《倭寇と日麗関係史》,东京大学出版会1999年版。

竹内诚、佐藤和彦、君岛和彦、木村茂光编:《教養の日本史》,东京大学出版会1999年版。

林明德:《日本中世近世史》,(台北)三民书局2000年版。

久野健、辻惟雄、永井信一编:《日本美术简史》,蔡敦达译,上海译文出版社2000年版。

真人元开:《唐大和上东征传》,汪向荣校注,中华书局2000年版。

大石直正、高良仓吉、高桥公明:《周縁から見た中世日本》,讲谈社2001年版。

汪向荣、汪皓:《中世纪的中日关系》,中国青年出版社2001年版。

姜在彦:《朝鮮通信使がみた日本》,明石书店2002年版。

何慈毅:《明清时期琉球日本关系史》,江苏古籍出版社2002年版。

村井章介:《分裂する王権と社会》,中央公论新社2003年版。

川崎桃太:《フロイスの見た戦国日本》,中央公论新社2003年版。

峰岸纯夫编:《日本中世史の再発見》,吉川弘文馆2003年版。

郑梁生编著:《日本史——现代化的东方文明国家》,三民书局2003年版。

叶渭渠、唐月梅:《日本文学史》近古卷(上、下册),昆仑出版社2004年版。

范中义、仝晰纲:《明代倭寇史略》,中华书局出版社2004年版。

王忠和编著:《新编日本王室史话》,百花文艺出版社2004年版。

桥本雄:《中世日本の国際関係——東アジア通行圏と偽使問題》,吉川弘文馆 2005 年版。

汪公纪：《日本史话——中古篇》，（台北）联经出版事业股份有限公司 2005 年版。

吴于廑主编：《十五十六世纪东西方历史初学集续编》，武汉大学出版社 2005 年版。

笠谷和比古编：《国際シンポジウム・公家と武家の比較文明史》，思文阁 2005 年版。

叶渭渠：《日本文化史》，陕西师范大学出版社 2005 年版。

张哲俊：《中国题材的日本谣曲》，宁夏人民出版社 2005 年版。

吉成直树、福宽美：《琉球王国と倭寇——おもろの語る歴史》，森话社 2006 年版。

今谷明：《戦国期の室町幕府》，讲谈社 2006 年版。

鹿毛敏夫：《戦国大名の外交と都市・流通——豊後大友氏と東アジア世界》，思文阁 2006 年版。

李寅生：《论宋元时期的中日文化交流及相互影响》，巴蜀书社 2006 年版。

小野正敏、五味文彦、萩原三雄编：《考古学と中世研究 3・中世の対外交流——場・人・技術》，高志书院 2006 年版。

服部敏良：《室町安土桃山時代医学史の研究》，吉川弘文馆 2007 年版。

伊川健二：《大航海時代の東アジア——日欧通行の歴史的前提》，吉川弘文馆 2007 年版。

李庆新：《明代海外贸易制度》，社会科学文献出版社 2007 年版。

滕军、黄玉梅、张瑜、王善涛：《叙至十九世纪的日本艺术》，高等教育出版社 2007 年版。

王向远：《中国题材日本文学史》，上海古籍出版社 2007 年版。

榎本涉：《東アジア海域と日中交流（九~一四世纪）》，吉川弘文馆 2007 年版。

朱云影：《中国文化对日韩越的影响》，广西师范大学出版社 2007

年版。

王仲涛、汤重南：《日本史》，人民出版社2008年版。

康拉德·托特曼：《日本史》，王毅译、李庆校，上海人民出版社2008年版。

坂本太郎：《日本史》，汪向荣、武寅、韩铁英译，中国社会科学出版社2008年版。

华晓会编著：《新编日本历史》，黑龙江大学出版社2007年版。

桃木至朗编：《海域アジア史研究入門》，岩波书店2008年版。

杨曾文：《日本佛教史》（新版），人民出版社2008年版。

王金林：《日本神道研究》，上海辞书出版社2008年版。

伊藤正敏：《寺社勢力の中世——無縁·有縁·移民》，筑摩书房2008年版。

张龙妹、曲莉：《日本文学》，高等教育出版社2008年版。

冯玮：《大国通史·日本》，上海社会科学院出版社2008年版。

知名定宽：《琉球仏教史の研究》，榕树书林2008年版。

边土名朝有：《明代册封体质と朝貢貿易の研究》，新星出版株式会社2008年版。

小岛毅：《足利義満：消された日本国王》，光文社2008年版。

王述坤：《日本史纵横谈》，上海人民出版社2009年版。

池享：《日本中世の歴史6·戦国大名と一揆》，吉川弘文馆2009年版。

陈鹏仁：《日本文化史导论》，台湾致良出版社有限公司2009年版。

小林一岳：《元寇と南北朝の動乱》，吉川弘文馆2009年版。

久留岛典子：《一揆と戦国大名》，讲谈社2009年版。

竹内正浩：《戦国名将物語》，讲谈社2009年版。

郑梁生：《日本中世史》，三民书局2009年版。

陈小法、江静：《径山文化与中日交流》，上海辞书出版社2009年版。

尾藤正英：《日本文化的历史》，彭曦译，南京大学出版社2010

年版。

肯尼斯·G. 韩歇尔（Kenneth G. Henshall）：《日本小史——从石器时代到超级强权的崛起》，李忠晋、马昕译，叶渭渠配图，世界图书出版公司2010年版。

茂吕美耶：《战国日本》，广西师范大学出版社2010年版。

吴廷璆主编：《日本史》，南开大学出版社2010年版。

榎本涉：《僧侶と海商たちの東シナ海》，讲谈社2010年版。

陈小法：《日本书法艺术》，上海文艺出版社2010年版。

韩毓海：《五百年来谁著史：1500年以来的中国与世界》，九州出版社2010年版。

韩毓海：《天下：包纳四夷的中国》，九州出版社2011年版。

桥本雄：《中華幻想——唐物と外交の室町時代史》，勉诚出版社2011年版。

滕军等编著：《中日文化交流史考察与研究》，北京大学出版社2011年版。

上田纯一：《足利義満と禅宗》，法藏馆2011年版。

Charlotte Von Verschuer：《モノが語る——日本对外交易史（七—十六世紀）》，河内春人译，藤原书店2011年版。

陈小法：《明代中日文化交流史研究》，商务印书馆2011年版。

山里纯一：《古代の琉球弧と東アジア》，吉川弘文馆2012年版。

桥本雄：《偽りの外交使節：室町時代の日朝関係》，吉川弘文馆2012年版。

桥本雄：《"日本国王"と勘合貿易》，NHK2013年版。

梅木哲人：《新琉球国の歷史》，法政大学出版局2013年版。

王金林：《日本中世史》（上下），昆仑出版社2013年版。

上田信：《海与帝国：明清时代》，高莹莹译，广西师范大学出版社2014年版。

陈杰：《幕府时代》（《镰仓幕府》《室町幕府》《江户时代》），陕西人民出版社2014年版。

韦立新:《日本中世文化研究》,世界图书出版公司2014年版。

竺济法编:《"海上茶路·甬为茶港"研究文集》,中国农业出版社2014年版。

王敏:《汉魂与和魂——中日文化比较》,世界知识出版社2014年版。

崔官:《壬辰倭乱——四百年前的朝鲜战争》,金锦善、魏大海译,中国社会科学出版社2015年版。